イノベーション実現のための

価値分析のすすめ

創始者マイルズ師の思想を生かし越える

櫻井敬三 著

文眞堂

はじめに

　「バリュー・エンジニアリング」（以下 VE）を創始したローレンス・D. マイルズ氏が他界され早三十有余年が経過した。筆者は幸いにもマイルズ師（以下この記述とする）の晩年，直接お話し手紙を交わす機会や日本への最後の来日（1983 年 10 月）中には 2 日半ほど行動を共にする機会を有することができた。その中での師との会話内容や行動の一端をできるだけ客観的に記述したモノを残しておくことが必要ではないかと思えて来た。これは筆者が高齢者の仲間入りをする年齢となり，発達心理学者のエリクソンの研究[1] によるところの人生の最終段階における死を目前とした人間が自らの体験や知見からの「語りごと」をまとめ伝承したいとの思いで執筆したものである。したがってマイルズ師の名を語っての売名行為や VE に関する過去の出版物や VE 関係者への誹謗中傷を意図した内容では全くないのである。強いていえば，筆者が VE との接点を持ったことからの私見をまとめた内容で，「役立つことがあれば参考にしてください」程度の内容である。したがって執筆，そして出版をためらっていたのであるが，いよいよ自分の死期を感じ取り，筆者がこの世にいなくなれば誹謗中傷からも免れると楽観的思いで書き出した次第である。

　そもそも，本書執筆動機は，マイルズ師が他界（1985 年 8 月 1 日）され，マイルズ・バリュー・ファンデーション（以下マイルズ財団）が 1987 年にマイルズ師の偉業を親交が深かった友人らのエッセイで編纂された『ローレン

1　発達心理学の E. H. エリクソンらの著書 *Vital Involvement in Old Age*（『老後の活力に満ちた関わり方』（筆者訳））（1986 年）によれば 29 名の 80 歳代の高齢者への綿密な面接調査から人生の最終段階では人間は漠然とした死が近づいた恐怖からくる「絶望感」と自らが過去培った経験を糧とした超然とした関心に基づく新たな「統合化」の対比の葛藤の中，深遠な道理をさとりうる優れた才知を生み出す「英知（Wisdom）や聡明（Intelligence）」で新たな知見を創発すると結論づけている。高齢者にとっての英知や聡明とは死そのものを目前にして身体的精神的機能の衰えにも関わらず経験の統合を保持し超然とした態度で「総括的に見通す力」を発揮することができるようになるということである。

ス・D. マイルズ回想録』をマイルズ夫人のエレノアさんから筆者に送られてきたことに始まる。ただし，図書を手に取っ手って読んだのは，それから25年以上経ってからであった。日常の忙しさに紛れ自宅の書棚の隅に眠っていたのである。その後企業人から大学教員となり書棚から手に取ることとなったのである。最初は筆者と絡む内容でも書いてないかと気楽な気分で読んでみた。その中で，回顧録だからマイルズ師の悪口を書く方はいないのは当然としても，マイルズ師の人柄（性格や行動）について好意的な文面が多数の著者から書かれていることを知った。その人柄での共通項とは「どのような人に対しても否定する言動を一切しなかった」とある。その後に続けて「私はそれが自信となり今日があるように思える」と記述されていた。筆者も全く同感で，筆者はいつか機会があったらマイルズ師の描いたVEの世界（価値分析）を再考しようと心に決めたのである。

その後数年経って，日本VE協会にあるマイルズ師の執筆図書の原著[2]を見せていただく機会があり，第1版と第2版の各目次を見較べながら，第1版の第1章と第2章が第2版に対応する章より詳しく記載されていることを知った。筆者はこの第1版の第1章と第2章を翻訳してみた。具体的には第1版が価値やその重要性についてより詳しくかつ一般人に理解してもらえるように記載されていたのである。その後この第1版がすでに1962年に著明な先人たちによって翻訳出版されていることを第2版の日本語版翻訳の中で知ったのである。もし，知っていれば翻訳しなかったのにと悔いたのであるが，1962年の翻訳内容と筆者の本書第Ⅲ部資料1の翻訳（2017年に翻訳済み）内容とではニュアンスが少々違うことに気づいた。50年以上の歳月の差と翻訳者の相違による原英文の捉え方（解釈）の差が出るので当然翻訳文章は異なるものであった。

2　図書題名 *Techniques of Value Analysis and Engineering* は1961年に第1版が出版され，その後，1972年に第2版（second Edition）が McGraw-Hill Book Company, Inc. から発売された。なお，日本語版は第1版が1962年に『価値分析の進め方—生産コスト引き下げのために—』として産業能率短期大学価値分析研究会の翻訳で日刊工業新聞社から発売された。第2版が1981年に『VA/VE システムと技法』として玉井正寿・田中武彦・中神芳夫の翻訳で同じく日刊工業新聞社から発売された。なお，回想録を読むと，マイルズ師は第3版を発刊する希望があったようである。筆者がマイルズ師から指南いただいた時期（1983～1985年）と合致する。

さらにマイルズ師が米国 VE 協会の機関誌に投稿された論文を読んだりしてみた。そして筆者がマイルズ師から直接学んだ内容（レターや当時書き残してあった直接聞いた内容メモなど）や思い出したことなどをワーキング・ペーパーとして記載してみた。その中から価値分析に関していくつかの知見を得たのである。増々，執筆する気分となったのである。本書はマイルズ師の書かれた図書（含む論文）と筆者が直接マイルズ師から伝授された事柄から筆者が考えをめぐらせたことを筆者なりにまとめたエッセイ（随筆）である。

その内容を本書では 5 つの区分（序章，第 I 部，第 II 部，結章，第 III 部）に分けてまとめた。マイルズ師が命名した『価値分析』について今日的解釈を加え，追加の新概念なども盛り込んだ。序章と結章を含め 16 章で構成されている。その後に第 III 部「VA 創始者マイルズ師の思想」として 110 頁余でマイルズ師の書かれた図書，論文そしてマイルズ師が死去されてから出版されたマイルズ回想録，マイルズ師の肉声インタビュー内容を筆者が翻訳したものを掲載した。本翻訳内容は本書の前半 200 頁に記載した内容のヒントになっていることは言うまでもないことである。翻訳に 2 年，その後で，今日的 VA のあり方を考えまとめるのに 1 年近くが経過した。

具体的には，序章ではマイルズ師が創始した VA（価値分析）についてまとめる。日本の VE 教科書にない新事実を紹介している。第 I 部では「価値向上はなぜ必要か」の命題を解くために，マイルズ師が志向した VA を踏まえながら，価値分析，価値判断基準，機能分析，価値評価基準，VA 定義式についてまとめる。第 1 章では「価値と機能と価格の関係性」について整理する。第 2 章では「価値概念の今日的再解釈」として所有から利用の時代になりマイルズ師の創始した「顧客価値分析」の他に「意味的価値分析」や「競争的価値分析」が有効ではないかと考え事例を含め紹介する。第 3 章では「価値判断を明らかにする方法」としてマイルズ師の創始した「金銭的価値」による判断基準の他に「目的別価値観創出」と「作業のボトルネック解消策結果」による判断基準が有効と考え事例を含め紹介する。第 4 章では「機能分析」について，機能表現の意味や 5 種類の機能整理法について電球事例を用いて説明する。第 5 章では「価値評価基準」としてマイルズ師が創始した価格比較以外の方法が適切な事例を紹介しながら価値評価の意味を説明する。第 6 章では「VA 定義

式」について，GE 社以外では各組織別の分析式や概念式があるがマイルズ師は生涯 VA 定義式を認めなかった理由を明らかにする。

第Ⅱ部では一旦マイルズ師の価値概念を離れ，価値向上概念を広く捉えてみるために各専門分野の価値向上の概念について経済的価値を含む 7 つの価値概念を個別に論議する。具体的には第 7 章では「価値とは何か」について，世界の賢者たちが会議で結論づけた価値とは「非譲渡性」と「非分割性」と「非置換性」があることや価値がもたらすこととして「行動を決定する」と「自身と多少異なる価値であっても容認する」と「個々人が信奉する」ことを整理する。また，これから価値を見極める上で大切なことについていくつかの事象（国別・地域別の相違，即決即断のテクニック（ディベート），日本人の価値判断基準の「三性の理」，改善や改革が素人集団が寄って集って行う活動でないこと）を個別の事例を交えて説明する。なお，第 8 章から第 14 章までで，経済的価値，道徳的価値，美（芸術）的価値，社会的価値，政治的価値，宗教的価値，司法的価値の 7 分野の価値について，各分野の著名な図書や講演や筆者の実施事例等を基に考察する。結章では「VA 創始者マイルズ師から学んだこと」について，筆者がマイルズ師から直接指南されたことやマイルズ師が執筆したモノから知り得たこと，マイルズ師の日本（筆者の当時所属していた企業）での講演の要約について整理した。第Ⅲ部では「VA 創始者マイルズ師の思想」として，本書を書き上げる上で当初まとめた「マイルズ師の図書（第 1 版の第 1 章と第 2 章）」や「マイルズ師の論文（研究開発における価値工学）」，「マイルズ師の業績をまとめた回想録の抜粋」，「マイルズ財団のビデオによるマイルズメッセージ」の翻訳したものを掲載した。

筆者の翻訳文は，名訳ではなく迷訳であることを言及したい。興味を持たれた方は，原著を英文で読んでほしい。きっと発見があるはずである。

なお，本書は冒頭にも書いた通り，筆者が経験した知見からの見解である。従って，その内容の解釈は読者の優れた英知で見直し修正願いたい。

もう一点，本書に記載の「VA」と「VE」のニュアンスについて述べる。本書がマイルズ師の創始した価値分析を基にその内容そのものまたはそこから派生したものを記述した時にはすべて「VA」と記載した。どうしても VE と言わざるを得ないところは「VE」と記した。したがって，固有名詞の日本 VE

協会は「VE」，筆者が行った VE 活動はマイルズ師の創始した VA を活用しているから「VA」なのである。大半が VA 表現であることをご容赦いただきたい。したがって「VA」と「VE」の相違に大きな違いはなく，筆者の思いのみである。

　最後に，VE をはじめとする管理技術として括られたカテゴリーの分野について少々私見を述べておきたい。それは，日本の管理技術に関する著書は総じて概念論よりも方法論が中心で，その方法論の具体性が良著の判断を決めるきらいがある。これも即実施できる点で大事かも知れない。しかし，筆者は世の中に存在する沢山の課題の解決には１つの方法論だけからでは到底，特定化されたユニークで最適な解決策（これしか解決策はあり得ないという解決案）を見つけ出すことはできないと考える。もし，一義的解決法でできるのであれば，どのような企業でもすべて勝者になれるのである。そうでないから外部コンサルタントも必要だし，各企業の経験豊富な社員の力も必要なのである。そのためには VE をはじめとする管理技術を手法といったレベルで捉えるのではなく，原理・原則そして基本的方法論として捉え，都度，新たな課題ごとに，その原理・原則を生かしてその部分利用をしていくことが大切と思う。その点で本書はその範囲（原理・原則）に留めることとする。なお，本書に記載された事例は筆者が直接関わった内容を記述した。理由は，マイルズ師の図書には沢山の事例が紹介されているのだが，そのすべてが，師が自ら実施ないし内容を把握した上で実践指導した内容であったと思われるからである。そこでマイルズ氏を師と仰ぐ筆者としては，弟子として自らが実践してきた事例で図書に紹介すべきと考え，本書の多くの事例は筆者の関わった事例であることを記述しておく。

2019 年 4 月 3 日
自宅書斎にて

目　次

はじめに ……………………………………………………………………… *i*

序章　マイルズ師の VA（価値分析） ……………………………… *1*

1. マイルズが創始した VA とは ……………………………………… *1*
   1-1 「不必要なコストの特定化」と「創造的手法」が重要 ………… *1*
   1-2 VA の活動の根本原理 …………………………………………… *2*
2. 米国国防省が始めた価値工学（VE）とは ……………………… *3*
3. GE 社で VA が創始されたきっかけは，軍事用新製品の開発 VE だった ………………………………………………………………… *5*
4. VE 定義と VE 定義式 ……………………………………………… *6*
   4-1 米国国防省の VE 定義と VE 定義式 …………………………… *7*
   4-2 米国 VE 協会の VE 定義と VE 定義式 ………………………… *7*
   4-3 日本 VE 協会の VE 定義と VE 定義式 ………………………… *8*
   4-4 マイルズ師が創始した VA の定義と VA 定義式 ……………… *8*
5. マイルズ師自身が実施した VA ワークショップ活動とは ……… *9*

第 I 部
価値向上はなぜ必要か

第 1 章　「価値」と「機能」と「価格」の関係性と「価値向上」とは ……………………………………………………………… *13*

1. 「価値」概念とは …………………………………………………… *13*
2. 「価値」と「機能」と「価格」の関係性 ………………………… *14*
3. 「価値向上」と「割引き・格安」の違い ………………………… *16*

第2章　価値概念の今日的再解釈 ……………………………………… 17

1．価値志向の取り組みの必要性 ……………………………………… 17
2．価値概念の多様化（所有と利用）………………………………… 18
3．3つの価値分析法について …………………………………………… 20
　3-1　意味的価値分析（延岡（2008 年）の価値分析）………………… 21
　3-2　競争的価値分析（ナウマン（1995 年）の価値分析）…………… 25
　3-3　顧客価値分析（マイルズ（1961 年）の価値分析）……………… 27

第3章　価値判断を明らかにするための方法 ………………………… 30

1．価値観の創出から顧客価値を判断する ………………………… 31
　1-1　小学生の自宅学習は何をすべきか（図表 3-2 参照）…………… 31
　1-2　A 製品動翼の監視方法の開発方針の決定（図表 3-3 参照）……… 33
　1-3　新発足した環境研究所の研究テーマの設定（図表 3-4 参照）…… 34
　1-4　小括：価値観の創出から価値判断 ……………………………… 36
2．金銭的価値から顧客価値を判断する …………………………… 36
　2-1　冷え太（ビールジョッキーの冷却装置）の開発（写真 3-1 参照）… 37
　2-2　ラインファーン用消音装置の開発（写真 3-2 参照）…………… 39
　2-3　小型焼却炉施設の全体コスト 30％削減の活動（写真 3-3 参照）… 40
　2-4　小括：機能を基に金額的比較から価値判断……………………… 42
3．ボトルネック解消策結果から顧客価値を判断する ……………… 43
　3-1　新事業本部発足に伴う管理システムの設計…………………… 44
　3-2　真空下水システムの構築 …………………………………………… 45
　3-3　VE 全国大会の会場変更準備 ……………………………………… 46
　3-4　小括：まず課題解決のネックを発見解決する ………………… 47

第4章　機能概念の再考………………………………………………… 49

1．機能を「名詞＋動詞」で表現すべきか………………………… 49
2．機能表現「名詞＋動詞」が役立つのは，どのような時か ……… 50
　2-1　新製品開発や価値判断（機能や代替策の評価）をする時 ……… 50

目　次　*ix*

　　2-2　既存製品の改良アイディアを創出する時 ……………… 51

　3．我々が日常的に機能を意識できるようにする工夫はあるか ……… 51

　4．目的と働きの整理 ……………… 53

　5．FAST ダイヤグラム（含む機能系統図）とアイディア展開図 ……… 54

　　5-1　FAST ダイヤグラム（バイザウェイ）とは ……………… 54

　　5-2　FAST ダイヤグラム（ラグルズ）とは ……………… 55

　　5-3　FAST ダイヤグラム（スノードグラス）とは ……………… 56

　　5-4　FAST ダイヤグラムの作図の目的 ……………… 57

　　5-5　機能系統図（玉井正寿）とは ……………… 58

　　5-6　アイディア展開図（櫻井敬三）とは ……………… 59

　6．機能の捉え方のまとめ ……………… 62

第5章　価値評価基準は価格だけか ……………… 65

　1．価格による価値判断の正当性 ……………… 65

　　1-1　改善後は加工箇所が大幅削減，材料費も大幅削減したが，
　　　　改善前より改善後が高くなった ……………… 66

　　1-2　加工費はどれが最も安いのかの検討が必要である ……………… 67

　　1-3　今まで内製していた製品を一括外製する意思決定 ……………… 68

　　1-4　購入品はたとえば 0 円から 650 万円の見積額の差があった ……… 69

　　1-5　4 事例からの知見 ……………… 69

　2．価格以外の価値判断はあるだろうか ……………… 70

　　2-1　テレビ番組製作の直接的指標は何か ……………… 70

　　2-2　インタネットサイト広告の直接的指標は何か ……………… 71

　　2-3　ダイレクトメッセージの直接的指標は何か ……………… 71

　　2-4　消費財の直接的指標は何か ……………… 72

　　2-5　生産財の直接的指標は何か ……………… 73

　　2-6　管理間接費の直接的指標は何か ……………… 75

　3．価値判断基準となる直接的指標とは何か ……………… 75

第6章　マイルズ師は V＝F／C 式は生涯認めなかった ……………… 80

x　目　次

1．VE定義式の整理 ··· 81

1-1　米国国防省のVR（価値指数）＝F（機能）／C（コスト）式 ········ 81

1-2　米国VE協会のV（価値）＝F（機能）／R（資源）式 ·········· 82

1-3　日本VE協会のV（価値）＝F（機能）／C（コスト）式 ············ 82

1-4　Functional Value（機能的価値）＝Performance（性能）／Cost
（コスト） ·· 83

2．マイルズはV＝F／C式は生涯認めなかった理由 ················· 83

2-1　マイルズ師が選択した経済価値だけで価値分析は十分か？ ········ 84

2-2　マイルズ師が思い悩んだこと ································· 84

2-3　マイルズ師の発刊図書をチェック ····························· 85

2-4　マイルズ師の肉声をチェック ································· 86

2-5　Function（機能）とWorth（価値）の関係 ······················ 87

2-6　今日の価値概念とマイルズ師の価値概念 ······················· 88

3．マイルズ師が抱いていた価値概念とは ························· 90

3-1　「Value Analysis（価値分析）」の命名 ························· 90

3-2　マイルズ師の抱いた価値概念と価値の見極め方 ················· 92

第II部
各専門分野の価値向上概念

第7章　価値を論じるに当たり考慮すべきことなど ····················· 97

1．価値とは何か ··· 97

2．世界価値観調査の結果 ··· 99

3．米国MBA大学院で見聞したディベート ························ 102

4．日本人の価値判断の基準は「三性の理」 ······················ 104

5．教育や分析しかできないコンサルタントの横行とそれを許す日本
社会 ··· 106

6．小括 ··· 109

第8章　経済的価値とは ··· 110

目　次　*xi*

　　1．使用価値と貴重価値について　……………………………………… *110*
　　　1-1　使用価値誕生の歴史認識と意匠デザインの出現　……………… *110*
　　　1-2　現市場での使用価値と意匠デザインの関係性　………………… *111*
　　　1-3　貴重機能の評価は如何にすべきか　……………………………… *112*
　　2．ビジネスにアートのセンスが必要か　……………………………… *114*
　　3．100円ショップの功罪　……………………………………………… *116*
　　　3-1　大学生 250 名弱のミニテスト結果から見えてきたこと　………… *116*
　　　3-2　筆者が 100 円ショップを利用する理由は何か　………………… *119*
　　　3-3　価値があるか，無いかの問いかけを学生たちにすることは良い
　　　　　　価値教育と考える……………………………………………… *121*

第9章　道徳的価値とは…………………………………………………… *127*

　　1．道徳観が購入品選択時の基準となる　……………………………… *127*
　　　1-1　我々は社会によって，ある程度感情を制御することを要求さ
　　　　　　れる……………………………………………………………… *128*
　　　1-2　感情の果たす役割を学べ　………………………………………… *128*
　　　1-3　人間の根源的欲求とはどのようなモノなのか　………………… *129*
　　　1-4　製品そのものが家庭団らんを引き裂くかのチェック　………… *130*
　　2．小括　………………………………………………………………… *131*

第10章　美的価値とは　………………………………………………… *132*

　　1．美的価値とは何か？　………………………………………………… *132*
　　2．オリジナリティーの評価に思う　…………………………………… *135*
　　3．科学的価値（経済的価値の 1 つ）と文学的価値（美的価値の 1 つ）
　　　　の比較　………………………………………………………………… *137*

第11章　社会的価値とは　……………………………………………… *139*

　　1．小学生がスマホに 2 時間向き合っている社会　…………………… *139*
　　2．大学生の大半がアルバイトで日々過ごしている社会……………… *141*
　　　2 1　地方大学生の日常の過ごし方（プレ調査）

（2012 年 1 月 30 日筆者調査）………………………………………… *141*

  2-2 地方大学生の日常の過ごし方（本格調査）

（2013 年 2 月 8 日筆者調査）………………………………………… *142*

  2-3 首都圏大学生の日常の過ごし方（本格調査）

（2017 年 6 月 16 日筆者調査）……………………………………… *144*

 3．社会的価値はだれがつくり，だれが啓蒙し，だれが認知し，だれ

によって引き継がれるのか……………………………………………… *145*

 4．現実には社会的価値は，官僚（中央，地方）が仕切る ……………… *147*

第 12 章　政治的価値とは …………………………………………………… *149*

 1．アイアンズの「政治と価値」についての言及とは ………………… *149*

 2．民主主義において我々は自由な選挙に大きな価値を置いている …… *150*

  2-1 筆者の住まいのある町の区長選挙 ……………………………… *150*

  2-2 選挙に行く・行かないは個人の自由か ………………………… *151*

第 13 章　宗教的価値とは …………………………………………………… *153*

 1．世界に現存する宗教の分類…………………………………………… *153*

 2．各宗教の概要と価値観 ………………………………………………… *154*

  2-1 各宗教の概要 ……………………………………………………… *154*

  2-2 各宗教の信者人口数と価値観比較 ……………………………… *156*

 3．不可知論や無神論の観点での国際比較 ……………………………… *159*

 4．日本人が「お客様は神様」とする根源的理由 ……………………… *161*

第 14 章　司法的価値とは …………………………………………………… *163*

 1．司法的価値は「正義」の実行 ………………………………………… *163*

 2．違法駐車対策強化を目的とした駐車監視員制度 …………………… *164*

  2-1 駐車監視員制度の概要 …………………………………………… *164*

  2-2 筆者が目撃・見聞した内容 ……………………………………… *165*

  2-3 反則金はどう使われるのか ……………………………………… *165*

  2-4 国家的損失に目を向ける時期ではないか……………………… *166*

3．自動車業界の自動運転と法整備 ……………………………………………… 167

　　3-1　自動車業界の動向は如何に …………………………………………… 167

　　3-2　世の中の動きと法律改訂の動き ……………………………………… 167

　　3-3　自動運転車開発で先行する米国の状況 …………………………… 168

結章　VA 創始者マイルズ師から学んだこと …………………… 171

　1．マイルズ師との出会い …………………………………………………………… 171

　2．エンジニアは成果を出すことが大切（マイルズ師からの最初の手
　　　紙）……………………………………………………………………………………… 173

　3．マイルズ師作成ワークショップ活動の指導書からの学び（マイル
　　　ズ宅訪問時の指導書拝見）…………………………………………………… 175

　4．航空機の計器取付け用スペーサースタッドの現物を頂いた時の学び
　　　……………………………………………………………………………………………… 176

　5．成田空港帰国夕食時のマイルズ師のされていた腕時計からの学び
　　　……………………………………………………………………………………………… 177

　6．筆者手紙へのマイルズ師からの回答からの学び ……………………… 180

　　6-1　1984 年 3 月発信（第 2 回目）の返信手紙
　　　　　（マイルズ師直筆サイン入り）………………………………………… 180

　　6-2　1984 年 10 月発信（第 3 回目）の返信手紙
　　　　　（マイルズ師直筆サイン入り）………………………………………… 181

　　6-3　1985 年 2 月発信（第 4 回目）の返信手紙
　　　　　（マイルズ夫人代筆）…………………………………………………… 181

　　6-4　1985 年 4 月発信（第 5 回目）の返信手紙
　　　　　（マイルズ夫人代筆）…………………………………………………… 182

　7．所属企業内でのマイルズ師の講演内容からの学び ………………… 183

　8．マイルズ氏の著作原書 *Techniques of Value Analysis and
　　　Engineering*（1961 年）の第 1 章と第 2 章からの学び ………… 186

　　8-1　事例を沢山紹介 ……………………………………………………………… 186

　　8-2　VA（価値分析）の考え方 ……………………………………………… 187

　　8-3　VA の活動方法 ……………………………………………………………… 188

xiv　目　次

　　8-4　VA の作業計画 ……………………………………………………… *188*

　9.　マイルズ氏の著作原書 "Value Engineering in R&D"（1962 年）

　　　S.A.V.E. Journal Vol. 9-62-1 からの学び ……………………………… *189*

　10.　マイルズ財団編著 *Lawrence D. Miles Recollections*（1987 年）

　　　からの学び ……………………………………………………………… *190*

　　10-1　VA 誕生のきっかけ ……………………………………………… *190*

　　10-2　マイルズ師が VA で初めて成果を上げた事例 ………………… *191*

　　10-3　マイルズ師は温厚な性格で，接触する人々全員に誠実な対応

　　　　　………………………………………………………………………… *191*

　　10-4　マイルズ師の行ったワークショップの 1 場面 ………………… *192*

　11.　マイルズ財団編著「Videos Message」（1984 年 4 月インタビュー

　　　メッセージ）からの学び ……………………………………………… *192*

　12.　Blast, Create, Refine（破壊し，創造し，洗練化せよ）からの学び

　　　………………………………………………………………………………… *194*

　13.　マイルズ師の好物 ……………………………………………………… *196*

　14.　マイルズ師の経歴 ……………………………………………………… *196*

第Ⅲ部
VA 創始者マイルズ師の思想

資料 1　L. D. Miles (1961), *Techniques of Value Analysis and
　　　　Engineering*, McGraw-Hill Book Company, Inc., pp. 1-35
　　　　（『価値分析と価値工学の技法（第 1 版）』の第 1 章と第 2 章の翻訳）

　　　　………………………………………………………………………………… *201*

第 1 章　価値分析—根本原理・概念・基本的段階・手法 …………………… *201*

　1-1　価値分析とは何か ……………………………………………………… *201*

　1-2　価値とは何か …………………………………………………………… *202*

　1-3　価値の重要性 …………………………………………………………… *204*

　1-4　価値を高めるための考察 ……………………………………………… *208*

　1-5　価値分析の概念 ………………………………………………………… *211*

目　次　xv

1-6　価値分析の基本的ステップ ································· 214
1-7　価値分析の手法 ·· 219
第2章　価値分析の作業計画 ···································· 223
2-1　計画の必要性 ·· 223
2-2　作業計画の段階 ·· 225
2-3　作業計画の実施例 ·· 228

資料2　L. D. Miles (1962), "Value Engineering in R&D,"
　　　　S.A.V.E. Journal, Vol. 9-62-1, pp. 6-8
　　　　(『研究開発における価値工学』の翻訳) ···················· 233

資料3　James J. O'Brien (editor) (1987), *Lawrence D. Miles
　　　　Recollections*, Miles Value Foundation, pp. 1-64
　　　　(『ローレンス・D・マイルズ　回想録』の翻訳) ············· 239

・前　　文 ·· 241
・はじめに ·· 242
　　「ラリー・マイルズは私に言った」 ························· 242
　　少年時代 ·· 244
　　大学時代 ·· 244
・ゼネラル・エレクトリック時代 ······························ 245
　　ゼネラル・エレクトリックでの価値分析 ·················· 250
・コンサルタントとしてのラリー・マイルズ ···················· 260
・回　　想 ·· 265
　　支援の手 ·· 265
　　コミュニケーター ·· 269
　　功績の共有 ·· 273
　　腰の低い人 ·· 275
　　熱心で前向きな思索家 ···································· 278
　　父親像 ·· 284
　　謙虚な偉人 ·· 285

資料4　Miles Value Foundation, Videos Message
（『マイルズ財団のビデオによるマイルズメッセージ』の翻訳）… *291*

- ・価値分析の物語（Part 1）　価値分析と呼ばれる問題解決プロセスの創造者ローレンス・D・マイルズとの討論 …………………………………… *291*
- ・価値分析の物語（Part 2）　社内・社外の人々を効率的に VA 教育するには…………………………………………………………………………… *295*
- ・価値分析の物語（Part 3）　価値分析は，皆さんが学ばねばなりません。そして教えなければなりません。他の人達に教えさせねばなりません。そして自分で使わなければなりません。（マイルズの結論）… *300*
- ・ローレンス・マイルズが遺してくれたもの……………………………… *305*
- ・ラリー・マイルズってどんな人？ ……………………………………… *309*

付記　筆者のマイルズ師との出合い，そして VA との関わり…… *311*

おわりに …………………………………………………………………… *314*

参考文献 …………………………………………………………………… *320*

索引 ………………………………………………………………………… *324*

1

序章

マイルズ師の VA（価値分析）

1．マイルズが創始した VA とは

　マイルズ師は価値分析（VA）を下記のように定義している（マイルズ師（1961 年））。

　「価値分析とは，不必要なコスト[3]を効率的に特定するための秩序だった創造的手法である」。

　ここで「不必要なコストの特定化」と「創造的手法」の 2 つのキーワードが重要である。米国において，マイルズ師が VA を創始した当時は第二次大戦が終結し，有力な製造企業は新たな製品を次々に市場に投入し作れば売れる時代であった。いわゆる高度成長時代である。その渦中で，マイルズ師は，企業が恒久的に市場競争に打ち勝つためにどうすればよいかを考えたのである。

1-1　「不必要なコストの特定化」と「創造的手法」が重要

　「不必要なコストの特定化」と「創造的手法」が重要であると結論付けた理由は下記である。市場競争に打ち勝つには，

　　a．顧客が求める性能を提供し，さらに適切なコストで販売する必要がある[4]。

　　b．顧客が望む使用価値と貴重価値[5]を最低限のコストでどれだけ提供でき

3　品質，用途，寿命，外観，顧客の基準に応じた特徴に関係のないコスト。
4　これを機能的価値と呼ぶ。マイルズ師は明確には言及していないが，その後の国防省の採用した VE はこれであった。

2

るかで決まる。

その実現のために,

- c. 各自[6]がどれだけ最高のアイディア,最高の情報,最高の価値を提供できるかで決まる。
- d. 不要コストがどれだけあるか特定できるかが重要である。
- e. 不要コストを生み出す原因は各部門で,① 最低限のコストを実現する情報を逃がしたままであること,② 検討時間がないこと,③ 価値志向の測定ができないこと,④ 価値志向の活動の共通ルールがないことによる問題の発生（コミュニケーション不足,誤解,摩擦）,⑤ 新しい方法（新プロセス,新製品,新材料）を取り込む努力を怠ることである。

以上の認識において,a・b・d 各項から「不必要なコストの特定化」,c・e 各項から「創造的手法」が重要なキーワードであることが導き出されたのである。

1-2　VA の活動の根本原理

GE（ジェネラル・エレクトリック）社が最初に始めた価値分析＝ VA

図表序-1　GE 社で始めた VA（価値分析）の根本原理

出所：筆者作成

5　使用価値とは製品が性能を発揮する機能を要求すること。貴重価値とは製品が売れる機能を要求すること。と記載あり。

6　本文章の前文として関係者（販売部員,設計エンジニア,生産エンジニア,製造専門家ら）が行うべき「性能と価値」の実現のために実践すべき行動が詳細に記載されている。したがって,VA を実施するには,企業の全部門が一致協力して実践すべきとし,そのために各自が何をすべきか記載してある。

（Value Analysis）とは，「顧客が望む使用価値と貴重価値を明確化した」上
で，「不要なコストを機能分析によって見つけ出す」という創造的手法を導き
出したのである。

　すなわち，顧客の要望からスタートさせる開発VE活動[7]であった。

2．米国国防省が始めた価値工学（VE）とは

　GE社の価値分析は，その後，GE社の客先である国防省の海軍艦船局での
マイルズ師のVAプレゼンテーション（1953年）が切っ掛けで，海軍でVA
を導入することが当時の局長（提督）によって意思決定された（マイルズ師
（1961年）とマイルズ財団（1987年））。その際「価値分析」[8]では価値分析エ
ンジニアを海軍として採用できないという理由から価値工学＝VE（Value
Engineering）と命名することとなった。

　マイルズ師の図書第1版（1961年），第2版（1972年）で「標題がVA/VE
の技術（*Techniques of Value Analysis and Engineering*）」となっていること
から，日本では同一アプローチであると解釈されてきた。その解釈は少なくと
も国防省が導入した当初はGE社の目的とは異なるものであった。

　当時，国防省は第二次大戦後大幅な防衛費削減に直面し，少ない予算で多大
な軍事装備を維持するため四苦八苦していた。そこで，VAに注目したのであ
る（土屋ら（1998年））。筆者はマイルズ師が寄稿した米国バリューエンジニ
ア協会（以下米国VE協会）のジャーナルに掲載された論文「研究開発におけ
る価値工学」（1962年）が重要であると考えている。マイルズ師はこの論文で

7　米国国防省資料では，これを「1st Look VE」と呼ぶ。筆者がそのように解釈する理由は顧客の
　望む価値の明確化からスタートする点にある。
8　「分析」では国防省の予算が付かないと言うことで「アナリシス（分析）」を「エンジニアリング
　（工学）」と名称を変更し価値分析から価値工学とすることになったのである。したがって，民間企
　業ではVA，国防省（連邦政府）ではVEと呼んだ。その後，日本ではVEとして導入され広まり，
　一般的にVEと言われるようになった。この理由は，VEの解説文章が国防省の外局（管理技術部
　門）から多数発信され，日本の産能短期大学（当時）の玉井先生らが翻訳され出版物として世に出
　されたことによる。

次のようなコメントを記載している。当初，海軍がVEを導入し目指そうとしていたことは，防衛上の兵器（含む関連機器）の製造コストを半減することにより，その低減費用でドル当たりの製造兵器数を倍増することであった。すなわち，兵器の研究開発は敵国との技術競争による最先端技術の導入が不可欠であるが，全システムコストの90%以上を占める既存技術（例えば躯体，サーボ機構，計器など）の製造コストにメスを入れ，新たなアイディアを注入することで大幅なコスト削減ができる。最先端技術部分ではなく，既存技術を利用した部分を再度見直すことによる軍事費の大幅な削減とそこで浮いたお金を更なる兵器製造に向けると言う内容である。国防省で実施されたVE活動は，その意味合いでは製造VEまたは製品VE[9]であった。

図表序-2　国防省で始めたVE（価値工学）の根本原理

創造的手法

価値分析	不必要コストの特定化
開発時の使用価値変えずに $V_f = P$（性能）／C（コスト）	機能分析による金銭的価値で比較 （機能変換 ⇒ コスト算出 ⇒ 比較）

出所：筆者作成

　図表序-2のV_f[10]とは機能的価値と称し，マイルズ師（1961年）の第1章1-4節「価値（機能的価値）を高めるための考察」で次のように述べている。「V_f式とは，顧客が求める性能（Performance）を提供し，しかもそれを適切なコスト（Cost）で行わなければならない」また「その状況（V_f式）は製品サイクルの研究開発段階から成熟段階まで通じて続くため，製品に不要なコストが含まれ続けていく要因となる」のである。国防省が実施したVE活動はこの不要コストの削減を目的とした活動である。

　9　米国国防省資料では，これを「2nd Look VE」と呼ぶ。すでに市場に投入された製品を対象に行う改善・改良活動である。

　10　V_fとは機能的価値である。使用価値の設計パラメータである性能値を一定として，コストを低減する活動を指す。なお米国国防省で語られるV_r（value ratio）＝機能（Funcution）／コスト（Cost）式はV_f式との関連性は否定できないが別物と考えられる。

3. GE 社で VA が創始されたきっかけは，軍事用新製品の開発 VE だった

　GE 社で VA が本格的に実施され出したのは 1947 年以降である。その第 1 号の VA 活動は，冷蔵庫用の温度調整器カバーとカバーを止めるクリップであった（マイルズ師（1961 年），マイルズ財団（1987 年））。冷蔵庫の耐用年数の間でせいぜい 6 回程度しか開閉しないカバーとクリップの材料がオーバースペック（過剰仕様）だったのである。そこで，材質変更して年間 684 万円の節約を実現した。

　さて，マイルズ財団（1987 年）によると，GE 社で VA が創始されるきっかけは，第二次大戦中で，マイルズ師が調達業務をしていた時の 1941 年の出来事であった。米国でも物資が不足したこととその部品生産が間に合わなかったことに由来する。マイルズ師は下記を考え実践したのである。「もし，その製品を手に入れられないのなら，その機能を手に入れなければならない。手に入れられる機械，労働力，材料を使って，どうやってその機能を提供することができるかを幾度となく行った」。具体的には，抵抗器やコンデンサの製造要件（戦闘機 B17・B24 のターボ・スーパーチャージャーの生産数を週 50 個から 1,000 個に増産する米国軍のニーズ対応）[11] を満たすために「探し，交渉し，入手する」一連の調達行動において，工場の図面に記載の仕様ではなく，使用目的やその働きを明らかにしてその要件を満たす部品を調達したのである[12]。その経験が第二次世界大戦後にマイルズ師は「機能重視の考え方」の重要性を意識したのである。その結果として，GE 社員がコストに興味を示さない現実を改善するために VA（価値分析）アプローチを創始したのである。こ

11　マイルズ財団（1987 年）原著 p.64 写真ではオハイオ州デトロイトの空軍博物館で陳列されている B17 スーパーチャージャーを見ているマイルズ師が写っている。その解説文には「部品ではなく機能を買う」方針で実施した内容であると記されてある。

12　日本人で VE を学んだことのある方はきっと，VA のきっかけは「アスベスト事件」であるという思う。筆者が，マイルズ財団（1987 年）やマイルズの直接インタビュー内容を見聞する限りは本書記載通りであったようである。詳細は結章 10 節を参照ください。

の1941年を実質的なVA開始と捉えると，機能から発想して製品を生み出す
という開発VEをGE社では最初から実施したことになる。

4．VE定義とVE定義式

GE社以外のVE定義は，米国の国防省のVEプログラムのVE定義に準じ
る内容が多い。具体的には下記の通りである。

米国国防省の海軍へのVE導入（1953年）後，翌1954年には空軍，1955年
には陸軍が導入し，1961年には，国防省でコスト低減プログラムが策定され
た。軍事調達規程にはVE奨励条項なども盛り込まれ，国家予算の削減の手法
としてVEが米国連邦政府内で適用実施されていった。

1975年には，連邦政府調達庁が政府調達品に関してVEを全面的に導入し
国家予算の削減に貢献した（土屋ら（1998年））。米国国防省[13]では，1968年
にVEハンドブック（DoD5010.8-H）が出版され，その内容がVEプログラム
の幅広い理解書として国内外で読まれた[14]。

以下に米国国防省，米国VE協会（以下SAVEと記述する場合もあり），日
本バリューエンジニアリング協会（以下日本VE協会）の各組織でのVE定義
とVE定義式（VE概念式）を紹介する。なお，VE定義式は各組織の文章情
報で開示されている直近の書式を記載した。またVE定義式に関しては第6章
1節で詳しく解説する。

13　米国国防省には内局と外局がある。国防そのものはペンタゴンで戦略が練られるが，国防を中心
　　とした効率的なマネジメント技術に関する研究は外局組織で実施される。VEプログラム制定や一
　　連のVE関係法規類の原案は外局で行われる。筆者はマイルズ師に会った1983年5月，この方々
　　ともお会いした。当時は日本のTQC活動に興味を持たれており，筆者がその話を国防省内の会議
　　室で30分ほど話した。その後，数名の方とつながりができ，管理技術の発展などでの資料交換や
　　情報交換をさせていただいた。
14　マイルズ師（1961年）はVAの根本原理・概念・基本的段階・手法を数多くのGE社および関
　　連企業で実施した事例を多数交えて解説したVA導入図書であった。一方，国防省のVEハンド
　　ブックではVEを体系化し，1学問分野として位置づけた上で，手法の各ステップなどのやるべき
　　ことなどを明確に記述し，かつVE契約など，新たにビジネス上のルール規程なども盛り込むなど，
　　VE導入企業やVE学を極める学者に取って極めて有用な内容であった。

4-1 米国国防省の VE 定義と VE 定義式

「VE とは最小の総コストで本質的な機能を達成する目的で, 必要な性能, 安全性と整合するために国防省のシステム, 設備, 手順, 供給の機能要件を分析する為の組織的努力である」(DoD5010.8-H による)。

VE 定義式　Value Ratio = Function ／ Cost（価値指数＝機能／コスト）

解説すると, 前述した通り,
・価値分析フェーズでは, 使用価値を変えずに V_f = Performance ／ Cost（価値分析）
上式の V_f とは Functional Value（機能的価値）を表す。
・不必要コストの特定化フェーズでは, Value Ratio = Function ／ Cost で機能分析を行い金銭的価値で比較するのである。価値指数はそのために活用する（機能分析）。

4-2 米国 VE 協会の VE 定義と VE 定義式

「VM[15] とは, プロジェクト, 製品, プロセスを改善するための体系的かつ構造化されたアプローチである。VM 実施で機能, 性能, 品質, 安全性, コストの最適なバランスを実現できる。最適なバランスはプロジェクトの最大値を実現できる」（米国 VE 協会のホームページによる）。

VE 定義式　Value = Function ／ Resource（価値＝機能／資源）

上式は, SAVE のホームページの VM 説明ビデオに登場する式である。本式が登場するビデオ内容を簡単に解説する。
・第1場面：人々は, 創り出されたモノとコストを天秤にかけ判断する（価値分析）。

15　米国 VE 協会では VA/VE を VM（Value Methodology）と呼んでいるが内容は同じであると解釈できる。

8

- ・第2場面：人々は,「知識の塊」を持ち,それで買うかどうか判断する（価値分析）。
- ・第3場面：Value＝Function／Resource 機能と資源で価値判断を下す（機能分析）。
- ・第4場面：「ランプの改善」というテーマが与えられる。
- ・第5場面：「知識の塊」からランプ改善ネタ（ヒント）を探す⇒1つを選択する。

4-3　日本 VE 協会の VE 定義と VE 定義式

　「VE とは最低のライフサイクルコストで, 必要な機能を確実に達成するために, 製品やサービスの機能的研究に注ぐ組織的努力である」（土屋ら（1998 年）による）。

VE 定義式　Value＝Function／Cost（価値＝機能／コスト）

　上式は土屋（1998 年）によると, Value とは「満足の度合い」, Function とは「得られた効用の大きさ」, Cost とは「支払った費用の大きさ」と捉え, Value を高める（価値向上）には4通りあるとしている。①F→／C↓, ②F↑／C↓, ③F↑／C→, ④F↑／C↑

4-4　マイルズ師が創始した VA の定義と VA 定義式

すでに序章1.で述べた GE 社で導入した VA の定義は下記であった。

　「VA とは, 不必要なコストを効率的に特定するための秩序だった創造的手法である」。

なお, VA 定義式は存在しない（マイルズ師（1961 年）, マイルズ師（1972 年）, その他論文含む）。GE 社以外には書式は異なるが「VE 定義式」があるにも関わらず, その創始された VA には, なぜないかについては第6章で詳しく解説する。

5. マイルズ師自身が実施した VA ワークショップ活動とは

　マイルズ師が創始した VA は GE 社内で 1948〜1952 年の 5 年間，毎年 1,000 名の工場系社員（含む調達部員，生産技術系エンジニア）に研修が行われた。研修とはいえ，実際の課題テーマの不要コストを見つけ出し，その改善を実践し，この 5 年間で 36 億円分の利益を計上できた。

　その当初のワークショップ活動は，1 回 60 名の受講者で 4 週間のプログラムであった。その後ワークショップ活動の効率化を図り，2 週間 40 時間でプログラムが終了できるよう工夫した。

　そのプログラムの概要は下記である。

・実際に成果を上げたゲストスピーカーによる事例発表
・マイルズ師の講話（価値分析（価値が高いか低いかの見極め）のために「習慣や態度」を劇的に変えるための実演（腕時計や新材料などのパフォーマンス））
・チーム編成されたメンバーによる実践テーマの不要コストの特定化とその改善演習

なお，参加者の上司に対するフォローアップを取り入れ，その結果，ワークショップ活動の参加者がラインに戻った後も VA を活用し成果を出し続けられるように工夫した。

　1953 年以降は国防省など連邦政府機関に同様な VA ワークショップ活動，さらに外注業者への VA ワークショップ活動，さらに GE 社内では 1960 年代に入ると研究開発エンジニア部門も対象範囲とした VA ワークショップ活動を実施するようになった。

　マイルズ師の VA ワークショップ活動に対する信念は，マイルズ財団（1987 年），荏原での講演（1983 年）によると，下記である。

・VA ワークショップ活動は現製品を改善するためではなく，人間の取り組む姿勢を変えるためにある。
・VA 思考を身に付けることによって意思決定能力（価値判断能力や不要コ

ストの特定化能力）が格段（2倍）に向上する。

第 I 部

価値向上はなぜ必要か

　第 I 部では，マイルズ師が創始した VA（価値分析）に関する知見をよりどころに，今日の経済や社会の動向を基に筆者が価値分析について創設時代と今日の価値概念，価値判断基準，機能分析，価値評価基準，VA 定義式の各項目ごとに再整理をしている。すなわちマイルズ師の VA にプラスアルファーすることにより今日でも通用するような価値分析のあり方を模索する。その際，筆者は，もしマイルズ師がご存命ならば，どのように VA 講話をされるか自問自答しながらまとめた。なお，第 III 部資料 1 ～資料 4 の関係ページを見ながら，確認してもらうとよりわかりやすいかも知れない。

第1章

「価値」と「機能」と「価格」の関係性と
「価値向上」とは

　ここでは，まず，マイルズ師がVAを創始した時代（1940〜1960年代）の
価値分析に関連する用語である「価値」と「機能」と「価格」と「価値向上」
の内容を明確化する。

1．「価値」概念とは

　「価値」という概念を明確化することはなかなか難しい。「価値」の定義は
VE図書を執筆したマッジ（1971年）によれば，歴史をたどると紀元前350年
にアリストテレスが価値を7種類に分類していると記載されている。具体的
には①経済的価値，②道徳的価値，③美的価値，④社会的価値，⑤政治的
価値，⑥宗教的価値，⑦司法的価値に分けている。この分類は今日でも通用
し，アーモンドら（1988年）の価値の概念の分類でもほぼ同一分類され討議
されている。

　マイルズ師（1961年）では価値の定義の参考文献としてウオールシュら「経
済的価値の4種類」（1926年）を引用している。マイルズ師は高度経済成長期
における企業間競争に打ち勝つためには経済的価値指標をベースとした価値分
析が必要と考えたのである。

　ウオールシュら（1926年）では下記の4つの価値を経済的価値の分類とし
ている。マイルズ師は著書の中で，この4つの価値を提示し，最初の2つの価
値を用いることが有用であるとしている。

14 第Ⅰ部 価値向上はなぜ必要か

図表 1-1 経済的価値の 4 つの分類

経済的価値
- 使用価値：使用，作業，サービスのための特性や品質
- 貴重価値：それを所有したいと望むような特性，特徴，魅力
- 費用価値：それを生産するための人件費，材料，その他の様々な費用の合計
- 交換価値：他の望むものと交換できる特性や品質

注：上記各価値の内容はマイルズ師（1961 年）第 1 章 1-2 節の「価値とは何か」に記載の文章をそのまま引用[16]。

出所：本書第Ⅲ部資料 1（マイルズ（1961 年）第 1 章 1-2 節）の筆者翻訳文

2. 「価値」と「機能」と「価格」の関係性

　以下では図表 1-1 を基に，「価値」と「機能」と「価格」の関係性について述べたい。そもそも経済的価値の原点となるマルクスの資本論では，「使用価値」を人間の欲望の対象と捉え，マルクスはある 1 つの「モノ」の「有用性」は，そのモノを「使用価値」にすると言明している。例えば，モノである「電球や蛍光灯」の有用性（機能）は「暗がりで明るく照らす」であり，それが『使用価値』と認識されるのである。また，「食器皿」の有用性（機能）は「① 食物をのせる」や「② 皿を鑑賞する」といった「使用価値」が認識されるのである（河野（1984 年））。以上から，経済的価値の内，「使用価値」は下記論理で形成される価値である。

　・「モノ」→「有用性（機能）」→「使用価値」・・・・・・・・・・・(1) 式

　すなわち，「使用価値」とは，使用する目的となる機能によって生じる価値である。

　2 つ目の「貴重価値」は対象製品（モノ）を製造する側に立てば，顧客が手に入れたいと思わせる価値であり，そのモノの機能ではなく，そのモノを欲し

16　なお，中川栄治著「アダム・スミスの価値尺度論についての海外における諸研究（2）」広島経済大学経済研究論集 1981 年 4 月 1 号によれば，ウオールシュら（1926 年）では『交換価値』の尺度基準が『貴重価値』であると記載されている。

第1章 「価値」と「機能」と「価格」の関係性と「価値向上」とは　　*15*

いと思わせることにより生じる価値である。ウオールシュら（1926年）では，「交換価値」の尺度基準が「貴重価値」であると記載されている。手に入れたい，すなわち交換したいと思わせる気持ちにさせる原動力としての価値である。「使用価値」は重要な価値であるが，「貴重価値」もまた，重要な価値であることがわかる。

　3つ目の「交換価値」は今日では，商品（モノ）を購入しサービスを受け取るのに代償として支払う価値，すなわち貨幣経済下ではお金（価格）である。「貴重機能」と「交換価値」の関係性は下記の流れで形成されている。

　　・「手に入れたい（貴重価値）」→「受け取る代償としてお金」→「交換価値」
　　　・・・・・・・・・・・・・・・・・・・・・・・・・・・・・・（2）式

　4つ目の価値は「費用価値」である。これは商品を製造しサービスを生み出すには，費用が発生しその費用が価値となる。この費用計算が今日の経済活動基準となるモノやサービスの発生費用算出基準となるのである。この一連の流れは上記の(1)と(2)を連ねることで実現できる。

図表 1-2　4つの価値と機能と価格の関係性

> 「モノ」→「有用性（機能）」→「使用価値」→「手に入れたい（貴重価値）」→
> 「受け取る代償としてお金（価格）（費用価値）」→「交換価値」

出所：筆者作成

　ここまでの経済的価値の説明を基に上記の文章からマイルズ師の記述した用語説明とは異なる表現で書き直すと下記となる。

　使用価値：効用・満足を得られる価値（使用する目的となる機能によって生じる価値）

　貴重価値：手に入れたいと思わせる価値（そのモノの機能でなく，欲しいと思わせることにより生じる価値）

　費用価値：商品を製造しサービスを生み出すには費用が発生し，その費用の価値

　交換価値：商品を購入しサービスを受け取るのに，代償として支払う価値で，貨幣経済下ではお金−価格で決まる価値

16　第Ⅰ部　価値向上はなぜ必要か

　マイルズ師も著書で指摘するように「4つの価値」と「機能」と「価格」は混同して使用される。その理由は，時系列的に見た場合には図表1-2のような関係性があり，「価値」を「価格」に置き換えたり，「機能」を「使用価値」と同義語に置き換えたりするためである。

　また，マイルズ師が著書で指摘している通り，「価値」概念にはいろいろな捉え方がある。具体的には下記（マイルズ師（1961年）をそのまま引用）である。

- ・価値とは元々定められているものではなく，多くの要因によって決定されるものである。
- ・価値とは不要なコストを特定して削減するために関連するコストの適正さを測る指標となる。
- ・価値とは適切な使用価値や貴重価値を生み出すために，製品を購入したり製造したりする際に支払わなければならない最低金額として説明できる。

3.「価値向上」と「割引き・格安」の違い

　経済的価値を論じる時の価値概念を理解する際には，下記を頭の隅に置いておくことが必要である。事例で紹介する。米国のスーパーマーケットに行くと「Value Up」という張り紙をよく見かける。その意味合いは決して discount（割引）でもないし，cheap（格安）でもない。「値打ちがあるよ」と言う意味である。「機能」に見合う「価格」であるということになろう。したがって，直訳する「価値向上」とは，「機能」と「価格」と深い関係性があることがわかる。価値向上が必要な訳は，いうまでもなく，企業が競合他社との競争に打ち勝つためである。マイルズ師は顧客の求めるであろう価値向上したモノやサービスを提供し続けることによって，その対価である金を受け取る行為を円滑にするために取る手段として価値分析を創始したのである。そのために，使用価値と貴重価値とを明確にすることは重要なのである。

第**2**章

価値概念の今日的再解釈

1. 価値志向の取り組みの必要性

　マイルズ師が1940年代から1960年代にかけて，企業経営を円滑に運営するために価値概念を用い企業の安定的利益確保を目的とした取り組みの根本原理・概念を明らかにし，その基となる考え方を提示した。その重要な点を以下に示す。

　それは社会要請から来る新製品誕生が実現し，その後，同業他社との価格競争による淘汰がなされる。まず，新製品誕生を目的とした研究開発活動が盛んな段階では「性能志向の戦略」で良かったものが，同業他社間の性能による差異がなくなることにより「売価引き下げの戦略」に変わってくる。この段階が成長段階から成熟段階に入る時期である。マイルズ師は「この段階では「性能志向の戦略」ではなく「価値志向の戦略」に切り替えねばならない」と言うのである。

　「対象となる製品やサービスの価値を抜本的に見直し，不必要なコストを特定化して代替案を見出し，その変更をすることが大切だ」と提唱したのである。マイルズ師は米国の台所の流し台にある生ごみを粉砕するディスポーザーを事例として紹介している。最初はGE社だけが発売していたが，その後，12社以上が本分野に参入し製品の利益率が低下する。その段階にくると，どのように不必要なコストを見つけ出し改善するかが重要となったのである。マイルズ師は「性能志向の戦略」と「価値志向の戦略」を下記のように整理している。

　性能志向の戦略：性能実現の資源は研究開発技術者の頭脳と実験・試験による性能確認で実証できる。しかし，必ず，近未来にこの戦略ではうまくい

18　第Ⅰ部　価値向上はなぜ必要か

かなくなる。

価値志向の戦略：価値実現の資源はすでに達成しているこれら機能群をより少ない材料で，少ない加工・組立時間で作り出すことである。その際の尺度はコストであるが，性能確認とは違い，その試験・実験方法はなく，正解の実証はできない。

2．価値概念の多様化（所有と利用）

　所有や利用などいろいろな目的による価値が存在する。以下乗り物（自転車，自動車，飛行機）を事例として挙げながら，価値の変遷について述べる。

　ヘンリーフォードは，Ｔ型フォードを開発し，1908 年から 1928 年の 20 年間，車の形状は変えずに流れ作業方式の採用と累積生産数の増加に伴う学習効果により生産性向上を実現し，当初 825 ドル／1 台だったものを，20 年後には 395 ドルまで売価を下げた（52％削減）のである。この取り組みは，多くの一般大衆が陸上を思いのままに目的地まで行ける手段としての乗り物へと自動車を変身させたのである。この取り組みは，マイルズ師が提唱した「使用価値が実現し最低コストも実現」したのであった。その結果，米国でのフォード社のシエアーは 60％近くまでになり，累積生産台数は 1,500 万台以上となったのである。しかしその後 GM（ジェネラル・モーターズ）社が巻き返しを図るためスタイルを重視した乗用車を市場に投入した。毎年，モデルチェンジを実施することにより，マイルズ師のいうところの「貴重価値の実現による所有したいと望む」乗用車の買い替え需要を喚起したのである。その結果，フォード社製の T 型フォード車のスタイルが飽きられてしまい，シエアーは長期の低落傾向に陥ってしまった。その過程でも，フォード社は T 型に変わる A 型・B 型など技術革新と低価格を同時に実現したが，乗用車を所有したい大衆は技術が劣り，価格が高い GM 社の車を購入するようになっていった（伊丹・加護野（1993 年），Abeunathy & Wane（1974））。この結果，乗用車市場は，「使用価値」よりも「貴重価値」の方が優先される傾向が顕著になった。この時代は乗用車を所有することが人々のステータスであり，その実現のため金が手に

第2章　価値概念の今日的再解釈　*19*

入れば，乗用車を所有することが夢の実現であった。

　さて，同時期に開発された空を飛ぶ乗り物である飛行機はどうであったのだろう。第二次大戦後ではあるが，お客を乗せる飛行機は所有ではなく利用する形でしか存在しなかったのである。

　しかし，近年，プライベートジェットと称して，個人所有の飛行機を持つ大金持ちが出現しているが，個人でジェット機を持つことは今日でもまれなケースである。

　一方，手軽な乗り物である自転車は，購入費用が安いことから，早い時点で所有することが実現できた。しかし今日中国全土や世界の観光地（日本を含む）では，安い利用料で，時間貸しや2点間移動貸しなどの自転車利用ビジネスが定着している。これらは，GPSなどを利用したシステムと組み合わせて合理的な安値で利用できる乗り物として重宝している。

　さて，乗用車であるが，近々，ドローンの原理を利用した空飛ぶ乗用車の出現も夢ではない状況になり，さらに技術的魅力がアップしつつある。

　図表2-1には乗り物別使用状況例と所有・利用区分をまとめてみた。「所有」とは個人がその対象品を購入し自分のモノとすることで，自身の好きな時間に好きなだけ使用できるのである。一方，「利用」とはリース，シェアリング，レンタル，サブスクリプション[17]など形態は違うが，必要な時に使用できるのである。ただし，自身が真にほしいモノではない場合もある。たとえば乗用車であれば赤色の車はなくシルバー色の車に乗ることになるのである。すなわち，満足感の観点で，妥協しなければならないこともある。

　乗用車，自転車，その他乗り物をみても，今日所有することを前提とした

17　2019年3月よりトヨタ自動車の子会社であるトヨタファイナンシャルサービスが銀行と共同経営してKINTO社を設立し，必要な時にすぐに現れ思いのままに移動できる「筋斗雲」をイメージしたサブスクリプションをはじめようとしている。自動車メーカーは従来乗用車を売ることを中心にビジネスを行ってきたが，近年「所有」から「利活用」にシフトする時代であるとし，3年間で1台のトヨタブランド車に乗ることができるサービスと，3年間で6車種乗り継げるサービスを始めるとするものである。いずれも任意保険，自動車税，登録諸費用，車両定期メンテナンスがパッケージ化された月額定額サービスとなっている。前者が4～9万円／月額，後者が18万円／月額を予定している。ただし，グレードやオープションの限定などはある。トヨタは自社ブランド車のファーンを作ることが目的とし，近未来に乗用車を買ってもらう（所有）ことを前提にビジネスを開始するようである。

20　第 I 部　価値向上はなぜ必要か

図表 2-1　乗り物別使用状況例と所有・利用区分

自転車	乗用車	その他乗り物 (飛行機・列車・バス)	所有：利用
マイバイク	マイカー	プライベートジェット 御召列車	所有
リースバイク	サブスクリプション	リースバス	利用
バイクシェアリング	カーシェアリング		利用
レンタバイク	レンタカー	貸切列車 貸切バス	

出所：筆者作成

「使用価値」と「貴重価値」の顧客が望む価値の明確化だけでは対応できなく
なりつつある。例えば，ドコモバイクシェア（NTT ドコモ子会社）の場合に
は，① 自転車が電動式であること，② 自転車の開錠の操作が面倒なこと，③
自転車のある場所がよく変更されること，④ 料金も高く設定されていること
から，利用者にとって利用したいとは思えないのである[18]。これは「所有する
システム」から「利用するシステム」に変わって，利用客がどのような目的で
利用するかを十分把握した上で新たな価値を明らかにする必要があると思われ
る。「所有」や「利用」などいろいろな目的による価値が存在する今日，今ま
での価値概念だけでは価値があるかどうかを見極めることができなくなりつつ
あることを示すものである。では具体的にいくつかの価値分析のやり方がある
ので以下紹介する。

3．3つの価値分析法について

　所有から利用へといった世の中の動向変化や貴重機能の行き過ぎによる顧客

18　筆者は，ハードを高級なモノにすること，利用自転車の開錠操作が複雑すぎないことなどの問
　題点があると思う。中国では自転車に取り付けてある QR コードを読み取るボタンを押し，スマホ
　をかざすだけで開錠されるが，日本では以下の手続きをしないと開錠しない（ブラウザ立ち上げ
　→ HP 開き→ ID・パスワード入力→移動区間 2 カ所入力→自転車番号入力→やっと貸出手続き完
　了→ 4 桁の記載番号を入力→開錠するのである）。こんな手間暇かけて対応する人がいるだろうか。

騙しが蔓延する中で新たな価値分析法が開発されてきた。ここでは「意味的価値分析」と「競争的価値分析」と「顧客価値分析」を紹介する。

3-1　意味的価値分析（延岡（2008年）の価値分析）

本価値分析は，

商品価値＝機能的価値＋意味的価値・・・・・・・・・・・・・・（1）式

と捉え，

機能的価値：顧客が基本機能によって客観的で直接的にもたらされる価値

意味的価値：顧客の主観的な意味づけで決まる価値である

以下，乗用車の有する「機能的価値」と「意味的価値」を明確に抽出した事例を紹介する（蘇哲・櫻井敬三・于金（2015年））。具体的方法は，レクサス（トヨタ）の総合カタログ（2014年4月版HAZ02000-1404）から逆展開法を用い，具体的カタログ表示内容（3次評価項目）→具体的な詳細内容（第2次評価項目）→自動車計画時区分内容（1次評価項目）とし乗用車が具備すべき価値が何かを明らかにするのである。一例を上げれば，3次評価項目（エアバック，シートベルト，ヘッドレスト，車両接近通報装置）→2次評価項目（単純化した衝突モデル）→1次評価項目（衝突安全性）とか，3次評価項目（室内長さ×幅×高さ，最低地上高さ）→2次評価項目（空間の広さ，動きに対する自由度，広さ感，ドア配置，ユニバーサルデザイン）→1次評価項目（居住性・乗降性）といった内容展開となる。これら逆展開法を実施し機能的価値（10項目）と意味的価値（7項目）に分けることができる。なお，筆者の経験的実践から，この延岡（2008年）が主張する機能的価値と意味的価値の他に全体価値（2項目）を加えることが重要と考える。

全体価値とは，顧客の対象に対する全体的な印象価値である。その理由は対象（この事例では乗用車）の全体をカバーする価値が必要で，「メーカーへの期待値」と「価格の安さ」の2点である。以下に乗用車の「機能的価値」と「意味的価値」と「全体価値」の項目を列挙する（図表2-2参照）。

この区分を利用して顧客が乗用車のどのような価値に値打ちを感じるかの市

22　第Ⅰ部　価値向上はなぜ必要か

図表 2-2　乗用車の「機能的価値」と「意味的価値」と「全体価値」

機能的価値	1	安全性（エアバック，シートベルト，ヘッドレスト）
	2	燃費の良さ（燃料消費率）
	3	パワー性能（最高出力，最大トルク）
	4	乗り心地（バネ，サスペッション，シート）
	5	操作性（ステアリング，ブレーキ，ミッション）
	6	視界・視認性（外界の見易さ，メータの見易さ）
	7	ブレーキ性能（異常時対応含む）
	8	操縦安定性（サスペッション，作動方式）
	9	整備性・修理性（市販部品との交換性（タイヤ・ランプ）車検対応）
	10	リサイクル性（下取り，故障少）
意味的価値	1	目新しさ（デザイン）
	2	色（ボディ外装・内装）
	3	室内広さ
	4	空調性能（エアコン・粉じん）
	5	情報性能（ナビ・警報ランプ・アラーム）
	6	音響性能（オーディオ）
	7	振動・騒音（室内での体感で）
全体価値	1	メーカーへの期待値（信頼性，品質，保守整備網充実，対応力）
	2	価格の安さ（購買価格，運転維持価格，保守点検等価格）

出所：蘇哲（2016 年）を基に筆者加筆修正

場調査を行なえば，今日の乗用車に求められる価値が明確になるのである。蘇哲（2016 年）では，日本と中国の比較を試みている[19]。

(1)　機能的価値の市場調査結果

機能的価値の日中順位の結果からわかることは下記である[20]。

19　アンケート調査用紙（日本語と中国語で作成を基に，中国（山東省・江蘇省）と日本（関東・近畿）で，① 車を買う意志があり販売店（ディーラー）を訪れる顧客と ② 当面購入する予定がない一般顧客とにアンケート調査を 2015 年 3 月 1 日から 6 月 14 日まで実施し，有効回答数 424 通を基に調査結果をまとめた。

20　データ平均値の t 検定結果は「安全性」は 10％水準で有意，「乗り心地」・「燃費の良さ」は 5％水準で有意，他の比較項目はすべて 1％水準で有意であった。

第2章　価値概念の今日的再解釈　*23*

・日中両国ともに最も重視する価値は「安全性（エアバックほか装置搭載)」である。

・日中両国ともに重視程度が高い価値は「ブレーキ性能（異常時対応を含む)」である。

・日中両国ともに重視程度が低い価値は「リサイクル性（下取り，故障頻度が少ない)」である。

・日中で大きく評価が分かれる価値は「操縦安定性」，「整備・修理」，「燃費の良さ」である（中国は「操縦安定性」，「整備・修理」を重視し，日本は「燃費の良さ」を重視する)。

(2)　意味的価値の市場調査結果

意味的価値の日中順位の結果からわかることは下記である[21]。

・日中両国ともに最も重視する価値は「室内広さ」である。但し，中国では機能的価値も入れた総合順位で6位（61％）であるのに対し，日本では総合順位で2位（86％）となっている。

・日中両国ともに重視度が高い価値は「振動・騒音」である。

・日中両国ともに重視程度が低い価値は「音響性能」である。

・日中で大きく評価が分かれる価値は「空調性能」，「目新しさ（デザイン)」である。中国は「空調性能」を重視し，日本は「目新しさ（デザイン)」を重視する。

(3)　全体価値の市場調査結果

全体価値の日中順位の結果からわかることは下記である。

・日本人：ディーラーに来た人と一般の人での差異がなかった。日本の購買層は過去の乗用車購入体験や情報を持っていて，ディーラーに来る・来ないの違いによることはないことが推測される。すなわち，ダイレクトメー

21　データ平均値の t 検定では，「室内広さ」「色」「目新しさ（デザイン)」は有意性がなかった。「振動・騒音」は5％水準で有意，「空調性能」「情報性能」「音響性能」は1％水準で有意であった。「室内広さ」「色」「目新しさ（デザイン)」について個人の趣味が関わることから個人差があり，バラツキが多かったものと推測される。

24　第Ⅰ部　価値向上はなぜ必要か

ルやカタログの郵送などの手段であっても購買動機になり得る可能性がある。

・中国人：ディーラーに来た人の方が一般の人と較べ，「メーカーへの期待値」と「価格の安さ」に敏感だった[22]（1％水準で有意）。

なお，機能的価値と意味的価値の市場調査結果ではディーラーと一般人の顕著な差異はなかった。

⑷　各価値の相関関係チェック

機能的価値と意味的価値の「個別の価値」と全体価値の「価格の安さ」との結果からわかることを下記する。

・日本人：機能的価値の「パワー性能」・「乗り心地」・「操作性」・「操縦安定性」は「価格の安さ」との各相関係数は 0.7 以上で負の相関（1％水準で有意）であった。これは，これら機能的価値を高めることは価格を高くする要因であることを認識している。

　　意味的価値の「目新しさ（デザイン）」・「音響性能」は「価格の安さ」との各相関係数は 0.4 以上 0.69 以下で負の相関（5％水準で有意）であった。この結果からもこれら意味的価値を高めることは価格を高くする要因であることを認識している。一方「室内広さ」は「価格の安さ」との各相関係数は 0.4 以上 0.69 以下で正の相関（5％水準で有意）であった。これは「室内広さ」に関する価値には価格アップを認めないということである。日本の被験者は「機能的価値」と「意味的価値」が「乗用車の価格」に影響を与えることをよく認識していることがわかった。

・中国人：結論は日本のそれと真逆である。すなわち「価格の安さ」については 17 価値項目すべてが無関係（0.3 以下）であった。このことは，被験者は，機能的価値や意味的価値は個別に評価するが，価格決定要素とは考えず，価値向上はすれども，価格アップは一切認めないという厳しい消費者であることがわかった。

22　ディーラーに来た人の「メーカーへの期待値」と「価格の安さ」の重視程度はそれぞれ 74.2％，79.2％で，一般の人では 47.8％，42.6％であった。なお日本人はディーラーに来た人も一般の人も重視程度はそれぞれ 25％程度であった。

第2章 価値概念の今日的再解釈　　*25*

　一方,「メーカーへの期待値」については機能的価値の「乗り心地」「操作性」「整備性・修理性」「リサイクル性」と意味的価値の「色」と「空調性能」との各相関係数が 0.4 以上 0.59 以下で正の相関であった。このことは乗用車に対する価値を決め実際に購入した経験が少ない（1 回とか 2 回しかない）ために,今回のディーラー訪問での情報収集内容や今後の購買経験から「メーカーへの期待値」を見極めていくということであろう[23]。

3-2　競争的価値分析（ナウマン（1995 年）の価値分析）

　本価値分析は,

　期待顧客価値＝知覚利益＋知覚犠牲[24]・・・・・・・・・・・・・(2) 式

と捉え,

　　知覚利益：顧客が期待される利益

　　知覚犠牲：顧客が負うことになるであろうコストである。

　具体的には知覚利益とは,「製品属性利益」と「サービス属性利益」で,知覚犠牲とは,「取引コスト」と「ライフサイクルコスト（運転維持コスト）」と「リスクコスト（実際コストが期待コストよりも高くなった場合に顧客が負うコスト）」で決定される。本式の比較値は自社と競合他社との指数値で顧客価値を比較するものである。

　知覚利益（期待される利益）とは,対象の製品やサービスがもたらす顧客の利益評価を購入前,購入後,購入し長期間使用後の 3 つの段階で確認することである。顧客の立場に立って時系列で利益算出をする。

23　本事例は,「機能的価値」と「意味的価値」の抽出法としてメーカーカタログを活用し,逆展開法で対象品の計画時区分内容にたどり着く方法と「機能的価値」と「意味的価値」の他に「全体価値」を付加することで優れた価値分析ができることを明らかにした。また,その抽出価値を使用した市場調査方法とその実際の結果も合わせて紹介した。

24　本競争的価値分析では Competitive Intelligence（競争的知能）分野での顧客価値分析を試みている。本式は第 5 章 3 節の日立グループが推進している VEC の VE 式 V ＝（F ／ P）×（P ／ C）＝顧客価値×企業価値の右辺の左側の顧客価値を対象としている。具体的には競争状況にある同業他社の戦略を超える戦略を策定するため,顧客が得られる利益と顧客が負う犠牲を自社と競合他社の比較項目で相対評価するのである。

購入前評価：顧客が購入前にその購入後の利益評価を予想できる場合である。すでに市場に投入され，購入前にデモ機の簡単な操作やカタログ内の性能値確認や費用対効果の見極めができる製品やサービスである。例えば汎用パソコンなどである。

購入後評価：しばらく使用や利用してからその利益評価が行える場合である。市場に初めて投入された全く新しい製品やほとんどすべてのサービスが対象となる。その内容が実感としてイメージされなければ見極められないのである。例えはヘアスタイルを整え，お客さまを美しくする美容師の仕事（顧客の髪の毛のカット，カラー，セット，シャンプーブロー，パーマなどの施術をし，美しく整えること）などである。

購入し長期使用後評価：長時間使用したあと，初めて利益評価ができる製品やサービスである。特定もサービスが対象となる。医者によるがん克服手術や薬物治療の結果により，完治が早くなる場合もあるし，逆の場合もある。

以上を顧客の立場に立って，顧客利益評価ができなければいけない。

次に知覚犠牲（負うことになるであろうコスト）とは，異なる3つのコストを算出する。

取引コスト：製品またはサービスの店頭価格である。

ライフサイクルコスト：製品やサービスを所有している全期間の間に顧客が負担しなければならない追加コストである。運転維持コスト（配送，設置，運転，保守，修理など）。

リスクコスト：実際コストが期待コストよりも高くなった場合に顧客が負うコストである。総所有期間が長くなると本コストは通常より高くなる。

なお，知覚利益と知覚犠牲は図表2-3に示す通り，縦軸に必要な項目を列挙[25]し，重要性のウエイトを決定し，その後，検討中の対象品とその対象品の競争関係になる対象品の各項目の想定的スコアを算出し，重要性のウエイトをかけて価格満足スコアを算出する。

本算出は，検討中の対象品が比較する対象品と較べ相対的なスコアを算出し

25　本事例は中国自動車販売協会他データを基に作成した。

第2章　価値概念の今日的再解釈　*27*

図表 2-3　競争的価値分析の期待顧客価値の事例
（中国市場（2013 年）における外車 1600cc セダン乗用車）

期待顧客価値	重要性ウェイト	満足スコア			割合当社／A	割合当社／B
		当社玄義（日産）	他社A LAVIDA（VW）	他社B Excelio（キャデラック）		
1. 製品属性	10%	6.2 (25.9万台)	9.0 (37.4万台)	7.1 (29.6万台)	0.69	0.87
2. サービス属性	10%	6.2	9.0	7.1	0.69	0.87
3. 取引コスト属性	50%	7.9 (170万円)	7.1 (190万円)	9.0 (150万円)	1.11	0.88
4. 運転維持コスト属性	25%	9.0 6.3L/100km	6.7 8.5L/100km	7.1 8.0L/100km	1.34	1.27
5. リスクコスト属性	5%	6.0	6.0	6.0	1.00	1.00
総合価格満足スコア	－	7.74	7.33	8.00	－	－
総合価格競争力スコア	－	－	－	－	1.06	0.97
総合相対的な価格スコア					0.94	1.03

出所：筆者作成

て優位性があるかどうかを見極め，もし問題ある場合にはアイディアを創出してそのスコアを改善するのである[26]。

3-3　顧客価値分析[27]（マイルズ（1961 年）の価値分析）

　以上「意味的価値分析」と「競争的価値分析」の２つの価値分析を説明し，その事例を紹介した。前者は「所有」だけでなく「利用」であっても適用できるように「貴重価値」は排除し「意味的価値」を抽出する方法であり，後者は価値を費用として算出する「費用価値」で「知覚利益」と「知覚犠牲」の和でチェックする方法である。

26　競争的価値分析の期待顧客価値は今日企業で実践されている原価企画活動と連動させて活動すると成果が出せる。なお競争的価値分析とは，競合企業との競争を意識した活動であり企業間の対象製品をライフサイクルで相対的に比較するものである。

27　「競争的価値分析」を書いたフレッシャーら（2005 年）の第13章「顧客価値分析」では，顧客価値分析はマイルズ師（1961 年）が最初に定義し，対象製品を静的に検討している（内部プロセスに焦点を当てる）と記載されている。

28 第Ⅰ部 価値向上はなぜ必要か

　ここで，マイルズの価値分析について改めてチェックする。図表序-1の GE社で始めたVAの根本原理に示す創造的手法がその内容である。マイルズ師（1961年）によれば基本的ステップとして下記の3ステップを行うこととしている。なおその前提として，マイルズ師は「使用価値」と「貴重価値」とは，設計時には顧客に提供するための製品やサービスの「機能」を意味すると規定している。

ステップ1：機能確認

・使用価値と貴重価値内容を確認することと同義語である。

・各機能のコストを調べ，適切性を確認し，機能をより低いコストで達成する方法を探す。

ステップ2：比較による機能評価

・「その機能は最適なコストで確実に達成できるか」の質問に答えるために比較を行う。

・各部品に分け，材料比較，形状比較，製造法比較などを実施する。

ステップ3：代替策開発

・代替策を探したり選択したりする際は常に機能に焦点を当る。

・より低いコストで確実に必要な機能を達成することを実践する。

　図表序-1の内容との対比を下記図表2-4に示す。

図表2-4　VAの根本原理と基本ステップの関係

VAの根本原理		VAの基本ステップ
価値分析 不必要コストの特定化	1	機能確認
	2	比較による機能評価
	3	代替策開発

出所：筆者作成

　フレッシャーら（2005年）では，顧客価値分析で重要な考え方を3点提起している。

・組織全体で現在および将来の顧客ニーズに関する市場・技術情報を生成する。

・部門を横断して顧客価値分析内容を吟味・検討し，その内容を共有する。

・組織全体で顧客価値分析を行い，その後の行動につなげる。

　以上で大切なことは，① 対象組織全体で取り組むこと，② 自ら情報収集し，自ら新たな顧客価値を創出し，それを実行することである。当たり前のようであるが，これができない組織が多いのである[28]。

28　櫻井（2017年a）図表5-5によれば，1990年代以降で技術革新を実現した活動のスタート時点の企画活動では，「市場ニーズをチーム自らが設定」することが成功の要因であることがデータで示されている。具体的にはニーズに関しては「顧客価値のコンセプトを自ら表明し顧客の同意を得る」，シーズに関しては「自社技術情報を基にコンセプトをまとめ技術者の同意を得る」のである。第3者に依頼することは有効な方法ではないのである。

第3章

価値判断を明らかにするための方法

　マイルズ師も図書（1961年）の中で「価値は元々定められているものではなく，多くの要因によって決定されるものである。」と言明している。すなわち，価値は一元的に決定されたものではないため，必然的に生み出された価値が正解というものではない。したがって，その価値が正しいのか，それとも間違っているのかを判断することは大変難しいのである。ここでは図表3-1で3つの価値判断の事例を紹介する。なおここで取り上げる価値は「顧客価値」である。

　ここでは，「顧客価値」を3つに分類をしている。以下個別に説明と事例を紹介する。

図表3-1　価値判断のための3つの方法

顧客価値分類	キーワード	提唱者	概要	実現後のイメージ
A．価値観の創出	価値	ナドラー （1990年）	目的展開による価値観を創出し選択 顧望把握→主目的列挙→価値観創出→目的決定	Perfect Value （充分な価値）
B．金銭的価値	機能	マイルズ （1947年）	機能分析による金銭的価値を比較 機能変換⇒コスト算出→比較→不要コストの特定化	Value Up （価値の向上）
C．作業の 　ボトルネック 　解消策結果	作業	ゴールドラット （2001年）	ボトルネック解消策を実施後GOサイン 制約条件特定→制約解消→収益性分析→利益最大化 →生産性向上実現	Discount and cheap （割引き・格安）

出所：筆者作成

第 3 章　価値判断を明らかにするための方法　　*31*

1．価値観の創出から顧客価値を判断する

　1つ目は「価値観の創出」を基とした考え方である。提唱者は G. ナドラー・日比野（1990 年）である。ナドラーらは，顧客の望む目的を複数明らかにし，その目的ごとに実現後の価値観を明らかにして，その価値観を基に比較し，どの目的を実現することが「顧客価値」を満たすことができるかを判断するのである。価値観⇒価値と考えれば，導き出した「価値」そのものを比較評価し判断しようとする試みである。もしその決定した価値が顧客価値にフィットすれば，それは「Perfect Value（充分な価値）」を誕生させることができる。

　その手順は次の通りである。① 願望の把握，② 主目的の列挙，③ 主目的のレベル把握，④ 主目的の価値観創出，⑤ 解決目的の決定，⑥ 解決目的の評価尺度把握でその後，具体的なアイディアを創出し，⑥ 評価尺度によってアイディアの選択と具現化を図るのである。なお，ナドラーらは，この②〜④を「目的展開」と称し，最も重要な活動としている（ナドラー・日比野（1990 年））[29]。

　以下にサービス分野とハードウエア分野とデータベース分野[30] について各事例を紹介する。

1-1　小学生の自宅学習は何をすべきか（図表 3-2 参照）

　上記テーマは小学生の子供を持つ親にとっては大きな関心事である。結論か

---

[29]　筆者は本活動実践から手順① 願望の把握を開始時に行うことにしている。米国出張の際，南カルフォルニア大学におられた G. ナドラー教授にその話をしたところ「その方法もいいね」とおっしゃっていただいた。なお手順②〜④が「目的展開」で，その後の⑥を意識しながら⑤を決定するとよい。なお⑥の評価尺度は必ずしも金額だけではない。

[30]　筆者は 20 歳代後半，米国技術提携先のエンジニアと話した時に世の中にある全ての存在を分類すると「ハードウエアー」と「サービス」と「データベース」と聞き，その後国防省外局の管理技術研究所の所長に聞いても同様であった。今日米国が IT の先導的役割を果たしているが，そもそも 40 年前からこの 3 分野を意識した活動がなされているのには驚いた。

32　第Ⅰ部　価値向上はなぜ必要か

らいうと，親の育て方によっていろいろな選択肢がある。この方針と実際行動
を明らかにする方法事例である。最も重要な活動は，② 目的ごとに ④ その価
値観を明らかにすることと，⑤ 解決目的の決定と ⑥ 解決目的の評価尺度把握
である。要は目的ごとに実現すべき価値観とその評価尺度は異なるのである。
　本事例では，たとえば，「基礎知識をつける」と「学習力をつける」と「生

図表 3-2　小学生の自宅学習の価値判断 [31]

テーマ：小学生の自宅学習
①願望の把握：丈夫でたくましい子供に育てたい。

②主目的の列挙 ③主目的のレベル把握	④主目的の価値観創出		⑤解決目的の決定 ⑥解決目的の評価尺度把握	具体的アイディア例
生活力をつける。	体験学習を通じて自活能力を身に付ける。	実社会での適応力をつける	行動範囲が広い。（50km圏内を1人で移動可能）	・1人で旅をさせる。 ・やりたいことをまとめさせる。
自己研磨力をつける。	気力，体力，努力を養い勉強することが楽しい。		同学年の者より際立った特技をもつ。（例：水泳 1500m 泳げる。そろばん5段）	・スポーツ教室へ通わせる。 ・林間学校へやる。 ・新聞配達をさせる。 ・手伝いをさせる。
学習力をつける。	学ぶことが楽しい。		学習することを自ら発見しそれを自ら学ぶ。	・アメリカンスクールへ通わせる。 ・学校を止め，家庭教師をつける。
応用力をつける。	受験問題をすらすら解ける。	一流大学へ合格する	一流中学受験問題レベルの設問に解答し，80点以上。	・受験学習塾へ通わせる。（四ツ谷大塚，日能研…）
理解力をつける。	5を聞いて10を知る力を付ける。		学校の副教材ドリル問題レベルの設問に解答し，80点以上。	・一般学習塾へ通わせる。（公文教室………）
基礎知識をつける。	同じことを何度も繰り返し覚える。		学校の教科書内の問題レベルの設問に解答し，80点以上。	・ドリルを購入し練習する（旺文社……………）

出所：櫻井（2019 年）による

31　本価値分析法はワーク・デザインの創始者であるジェラルド・ナドラー教授と中京大学の日比野
　　省三教授がまとめられたブレイクスルーシンキングの考え方と手順を筆者が一部修正して適用した
　　ものである（日比野・櫻井・関（1994 年））。

第 3 章　価値判断を明らかにするための方法　*33*

活力をつける」の 3 目的の相違に対応した④と⑥と具体的アイディア例はそれぞれ「④ 同じことを何度も繰り返し覚える⇒ ⑥ 学校の教科書内の問題レベルの設問に回答し 80 点以上⇒（アイディア）ドリルを購入し練習する」と「④ 学ぶことが楽しい⇒ ⑥ 学習することを自ら発見しそれを自ら学ぶ⇒（アイディア）アメリカンスクールへ通わせる」と「④ 体験学習を通じて自活能力を身につける⇒ ⑥ 50km 圏内を 1 人で移動可能にする⇒（アイディア）1 人で旅をさせる，やりたいことをまとめさせる」である。すなわち目的が変われば価値観も変わるし，その評価尺度も変化し，その結果，個々に対応するアイディアも変わって来るのである。価値判断基準の明確化の手順は，①から⑥までである。その後 ②のどの目的を実現するかを明らかにし選択決定した上で目的の実現に向け，図表 3-2 の具体的なアイディアを出していくのである。こうすることで明確な「顧客価値」に対する目的のためのアイディア出しができるのである。

1-2　A 製品動翼の監視方法の開発方針の決定（図表 3-3 参照）

　研究開発活動時で実施した価値判断事例を紹介する。E 社の「A 製品の動翼の監視方法」の開発である。本製品はプラントの排ガスを動力回収する装置でオーバーホール以外は 24 時間 365 日運転し続ける製品である。また工場プラントの排ガスのためガスにはいろいろなダストが混ざっており動翼が摩耗していく。いつか交換しなければならず，そのタイミングを如何に正確に把握し，オーバーホールの日程を決め動翼を交換するかが課題であった。従来，レーザーセントリーシステムが取り付けてあったが，ダクト内を通過するダストの大きさと量を時系列的に測定していたが，精度が悪く費用が高いことが問題であった。そこでどうするかの検討がなされた。

　価値判断の結果，従来の精度の悪いレーザセントリシステムを止め，動翼を直接ストロボ撮影しながら翼の表面形状を確認する直接監視方式で開発することとなった。間接監視から直接監視への変更という価値判断を行うことで研究開発活動方針がまったく異なることにより，その結果新たなアイディア活動を行うことができたことが重要である[32]。

34　第 I 部　価値向上はなぜ必要か

図表 3-3　A 製品動翼の監視方法の開発方針の価値判断

テーマ：A 製品動翼の監視方法の開発

①願望の把握：安全な運転を行うための監視方法を確立したい。

②主目的の列挙 ③主目的のレベル把握	④主目的の価値観創出	⑤解決目的の決定	
		⑥解決目的の評価尺度把握	
5. 動翼の余寿命をダスト状態（条件）より予測する。	分解解放点検が不要となり，プラント全体の設備計画が可能となる。	・信頼性（耐久性，精度，測定範囲，対ダスト性，対ノイズ）	
4. ダスト総量・性状にかかわらず，動翼の状態を把握する。	A 製品の機械トラブルが防止できる。	○	・機能（性能，操作性，コンパクト，多機能）
3. ダスト性状（粒径，濃度など）を把握する。	動翼の摩耗原因が明確になる。	・保守性（損害保証，メンテナンスしやすい，維持費）	
2. レーザセントリシステムを精度向上する。	信頼性（精度）を向上する。	・価格（イニシャルコスト）	
1. レーザセントリシステムをコスト低減する。	価格競争力を付ける。		

出所：櫻井（2019 年）による

1-3　新発足した環境研究所の研究テーマの設定（図表 3-4 参照）

　図表 3-4 はクライン（1985 年，1900 年）のイノベーションの連鎖モデルの上流部分である。技術進化の市場洞察と発明・解析設計時期，すなわち「コンセプト形成」段階で社会貢献度の高そうなテーマを見つけ，すでに先人が研究開発し科学分野で技術情報として整理されているかをまず見極める。その結果研究がなされていないテーマであれば，研究活動を行う必要性が出てくる。

　筆者が実施した事例を 1 つ紹介する。E 社に新たに環境研究所が発足し，その副研究所長からの依頼で「環境に関し今後の事業化を視野に入れた研究テーマを見つけ出したい。どうしたらいいでしょうか。」であった。そこで筆者は「土壌・水環境に関する世界中の現在進行形の研究内容を丸 1 日，技術者同士で討議しましょう」と提案した。その際 20〜50 歳代まで各世代で 2 名ずつ人選してもらい，その研究開発技術者に上記宿題を課したのである。活動は当

32　図表 3-2 では，⑤と⑥とアイディア例がすべての主目的で記載されているが，実際の開発時などでは図表 3-3 に示す通り⑤の○印の主目的に対応した⑥と具体的アイディアを抽出すれば良い。

図表 3-4　技術革新をもたらす情報取得の強化の考え方

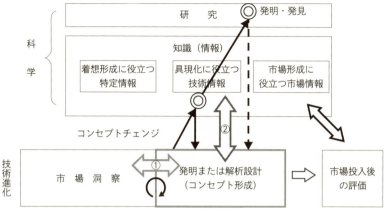

出所：クライン（1985 年，1990 年）を基に筆者作成

日午後1時から開始し翌日の昼過ぎまでの24時間であった。模造紙に各メンバーが集めてきた世界で研究中の内容のテーマだけ記載しながら各人から概要説明後，個別にその技術が市場でモノになるか，またそれとは違う方法で何かあるかなど，夕食をはさみ夜12時頃まで発表と討議を繰り返した。詳しい数は忘れたがたしか150件程度の世界中で研究中のテーマを論議した。研修所に宿泊し朝食後，筆者は，「では昨日までに各人から発表した研究中の内容ではない新たな研究テーマを出しながら討議しましょう」と切り出し新研究テーマを研究者に出してもらった。

　ここまでの活動内容が「今後の事業化を視野に入れた研究テーマ抽出」とどのように関係するかであるが，実際に討議した研究者たちに特段 G. ナドラーの②～④の目的展開を教え，手順通り行ったわけではない。しかし，各人が集めてきた情報を発表する過程でその研究内容の目的やその実現しようとしている価値観を話し討議していたのである。したがって図表3-2や図表3-3と同等の価値観を基に価値比較をした会合であったのである。そして，集まった研究者たちが前日知り得た情報を基に，今，何をやらなければならないかを基に新たな研究分野と社会に貢献する研究テーマを導き出せるのである。

　その結果は想像を超えるテーマが沢山出され，その後の研究の方向性が見えてきたのである。新たな研究テーマとして「土壌・水環境の浄化システムの研

究」に集約され，実際の取り組む研究テーマもリストアップされた。その後研究所で本格的な研究が開始され2〜3年後には処理対象物質別に，8通りの新たな浄化法（むろんすべて特許出願された）が提案された。なお開始の1.5年後からは顧客様の工場敷地をお借りしての実証試験が開始され，新事業発足のきっかけを作った。この活動で特筆すべきは市場洞察を ① 現存する世界中の研究中のテーマ抽出と ② その内容の討議と ③ その研究テーマ以外の新研究テーマの抽出をした結果，新たな事業創出のきっかけができたのである。

1-4　小括：価値観の創出から価値判断

1-1〜1-3で紹介した事例はすべて「顧客の目的から顧客価値を判断する」を実践したものである。繰り返しになるが，「目的ごとに実現後の価値観を明らかにして，その価値観を基に比較して，どの目的を実現することが「顧客価値」を満たすことができるかを判断するのである。」ただし，ここで，大切なことは，① 願望の把握，目的展開（②〜④）を個別の課題に合わせ有効に適用することである。活動を行う時には，ワークシート（例えば図表3-2）に従い，順番に進めていくことが正しい進め方ではなく，より良い結果を生み出すのに最も適切なアプローチを個別に意思決定して進めることが大切であろう。なお，ハードウエア分野とサービス分野とデータベース分野すべてで使える。

2．金銭的価値から顧客価値を判断する

2つ目は「対象物（製品やサービス）の使用状況の最終結果の金銭的価値」をイメージする考え方である。提唱者はL. D.マイルズ師（VE創始者）である。マイルズ師（1961年）は，対象物を生み出した最終結果で得られる「有用性」，すなわち「機能」を基に金銭比較で価値判断するのである。すでに述べた通り手順は，① 機能確認，② 比較による機能評価，③ 代替策開発である。以下にハードウエア分野として全くの新製品と抜本的改善製品の2件，サービス分野（総合エンジニアリングシステム）の1件について事例を紹介す

る。

2-1 冷え太（ビールジョッキーの冷却装置）の開発（写真 3-1 参照）

　日本経済のバブル崩壊する少し前の 1980 年代後半，筆者と他の 2 名のエンジニアが真夏，会社の近くの居酒屋で，ビールを飲みほし，その際ジョッキーが冷えていたのにえらく感動した。しかし，トイレに立って厨房内にあるジョッキーの冷却法に唖然とした。高さ 15cm の大きな容器に氷水をいれその中にジョッキーを浸けていたのである。その光景はとても衛生的とは思えなかったのである。その後，銀座のスーパードライというアサヒビールの直営レストランで同じくビールを飲んだのであるが，やはり，ジョッキーは冷えていたのである。こちらはジョッキーがフリーズされていたのでびっくりした[33]。しかし 2 杯目を注文すると，今度は全く冷えていないジョッキーだったのである。その落差にはがっかりした。これが，冷え太を開発する動機であった。その後，大手の居酒屋チェーンの専務さんからも情報収集した[34]。筆者も含む 3 名のエンジニアは隠れ研究をしたのである。その後新規事業部門での発売となった。

写真 3-1
ビールジョッキー冷却装置

出所：販売用カタログを筆者撮影

　まず，冷え太[35] にどのような機能を持たせるか検討した。形状でなく働き（機能）である。

33　レストランの 2 面の壁にリーチインタイプの冷凍棚があり，ジョッキーが前日から冷やされてあった。しかし，客が満席になると冷やしてあったストックが無くなり，2 杯目からは生ぬるいジョッキーとなっていた。

34　ビール用ジョッキーはビールメーカーが支給してくれるが，ガラスの純度が悪いため，よく割れることやメーカーにより取っ手形状やサイズが違うなどわかった。また居酒屋の厨房は真夏は 40℃以上あり，ジョッキーは口紅などが付着しているのでお湯で飲み口部分を洗浄する必要があるなど貴重な情報が得られた。なお当時も居酒屋厨房は外国人労働者が多く，操作は乱暴になる可能性が高いとも助言された。

35　冷え太のネーミングは筆者が所属している生産財メーカーでは，二番目にプロのクリエータに依頼し命名したものであった。

① 受け入れ機能，② 水切り機能，③ 移送機能，④ 冷却機能，⑤ ストック機能，⑥ 取り出し機能，⑦ 断熱機能，⑧ 保守管理機能の8つを想定した。8つの機能の④ 冷却機能と③ 移送機能が重要な機能であった。冷却方法[36]は十数通り考えたが最もオーソドックスな汎用チラーユニットを流用することになった。また③ 移送機能は当初の概略デザインは2通りであった。観覧車のような垂直方向の回転移送法と回転すしのコンベヤの水平4往復移送法であった。ジョッキーの出し入れを考えると，後者の方式とし上下2層となった。夏場の厨房の冷却前のジョッキー表面温度はお湯で洗うため28℃±2℃であり，30℃のジョッキーを3分で4℃に下げるように設計検討した。その他いろいろな課題解決が必要であった[37]。最も苦労したのは，金属チェーン上の樹脂製コンベヤの割れであった。理由は厨房の最高温度50〜60℃で，装置庫内が−20℃近いのでその温度差を繰り返し受けるのである。この課題もアイディアを出し克服した。

　最終製品は寸法幅1040mm×奥行740mm×高さ1500mmで8時間霜取り不要で連続運転可能，Nor. 200個／時間（Max. 500個／時間）取り出し可，ジョッキー表面温度は30℃を3〜5分で冷却し4〜5℃とした。初年度はたとえばサントリーが六本木の屋外ステージでビヤホールを期間限定で実施し10台購入していただいた。なお，全国居酒屋チェーンにも入れたが，繁華街のビルの厨房が思いのほか狭く，本装置が収まらないケースもあった。民放テレビでも紹介された。

　本事例のように，まだ世の中にない新製品を生み出す過程では，第1章2節の(1)式で，まず「有用性（機能）」を抽出するところからスタートするが，活動は「機能」を「モノ」に成形する過程で必然的に「機能」から価値判断しながら形を作っていくのである。たとえば，水平往復移送法，樹脂製コンベヤの割れ対策などである。

36　その他，液体窒素を吹きかける法，樹脂のポリカーボネートを使用し保冷剤を閉じ込めた専用ジョッキー製作ほかを考えた。

37　1つずつ取り出すためのスターホイルとジョッキーが噛む，出入口扉が結露凍結で開かなくなる，ジョッキーの取っ手が中で回転し，ターン部で詰まるなどあったのだが，2年半の歳月をかけ，市場に投入できた。特許出願などもした。

2-2　ラインファーン用消音装置の開発（写真 3-2 参照）

下記写真 3-2 は E 社が（公益社団法人）日本バリューエンジニアリング協会（日本 VE 協会）からマイルズ賞をいただき[38]，その際，受賞記念として，全社員にテレホンカードが配られ VE 提案活動の推進を促したものである。

写真 3-2 の左側が VE 改善前の四角型消音ボックスで右側が VE 改善後の円柱型消音ボックスである。何とこれだけで製造原価を 60％低減したのである。

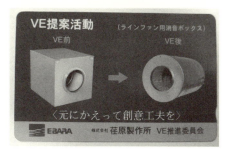

写真3-2　ラインファーン用消音ボックスの60％コスト削減事例

出所：テレホンカードを筆者撮影

1980 年代に入るとビジネスビルが多数建てられた。それに伴い天井の高さが下がり，また天井材の軽量化に伴い天井裏からの騒音が問題化した。空調用ダクトのブースターファンの騒音を軽減するためファン部に消音ボックスを付けるのが一般化した。その際，ファン部と消音ボックス部のコストが逆転し，消音ボックス部がファン部の 2 倍以上のコストになっていることが判明した。

E 社では，チーム発足前に何が問題かを製品原価分析部門が調査したところ消音機能（グラウウールほか）に全コストの 25％，音遮断機能（鋼板）に 10％，音拡散機能（ボックス空間成形と接着剤等）に 45％の費用が掛かっていることが判明した。従ってコスト低減目標を 50％にするためには抜本的構造変更や吸音原理の変更が求められた。5 名のプロジェクトチームで 6 カ月間実施した。

市場情報収集で調達部員（筆者）1 名，構造検討で生産技術部員 1 名，対顧客対応業務をしている営業部門責任者 1 名，ファン設計をしているエンジニア 1 名と研究所の消音技術を専門にしている研究者 1 名の構成でスタートした。

38　1989 年に E 社はマイルズ賞を授与された。なお写真 3-2 の消音ボックス事例は 1981 年に E 社藤沢工場で実施されたものである。

ファンのモータ音や羽根切り音の周波数特性から吸音材としてグラスウールが最適で，現行の組み合わせが最も安く合理的方法であることが判明した。すなわち50％低減が難しいことがわかった。そこでブレイクスルーアイディアの必要性に迫られた。調達部員（筆者）は別件業務で出入りしている業者にふと「ファンの音を消音したいが何か良いアイディアはあるか」と訊ねた。すると業者からは「ファンに直接グラウウールを巻き付けたらいいだろう」。そうかボックスを作るから費用が掛かるのだ。その話をチームに持ち込むと，① 溶接構造のボックスを止め，プレス型の茶筒状の形状で上下半分ずつの成形品を作りつば部をビス止めし，② 茶筒内にグラウウールを挿入し自身の復元力で固定し接着をなくしたのである。こうすることでスポット溶接作業や接着作業がなくなり，円形にしたことで干渉音が減りグラスウールも少し減らすことができたのである。意匠登録や実用新案を取得し，改善前コストを60％削減できた。

目標値を明確にした上で活動したこと（製品コンセプト形成），消音ボックスということから四角形状を連想したが，それを円柱形状にして今まで当たり前と考えていた溶接や接着を不要としたのである（アイディア発明）。この活動は，3つの機能に関わるコストを算出し，低減目標額の実現が難しいことがわかり，形状そのものや，製法まで抜本的に変更しなければならないとわかり，それを実現した活動であった。

2-3 小型焼却炉施設の全体コスト30％削減の活動（写真3-3参照）

一般的に現場施工のプラント設備はコスト削減が難しいと言われる。現場作業が多いことや，外注業者による作業であることのため，発注金額の低減に結びつかなかった。本件は，ごみ処理量が30トン／日の規模の小型焼却炉で，競争の激化で価格競争力が低下し目標として30％のコスト削減が求められた。

E 社の村山（1995 年）を基に，その活動骨子を以下紹介する。本事例の場合には，まず，本事業に関わる社員からの提案を募ることとした。理由はプラント設備で30％のコスト削減目標を実現するには，全組織（営業，設計，調達，工事，工場施行監督ほか）から，どうすれば抜本的コスト低減ができるか

の着想を出してもらいたかったからである。これがその後の VE 活動に活かされた。例えば営業部門からの要望として顧客さまから仕様が提示されたら，すぐに見積（計画図，見積金額など）の提示ができるようにする。営業自身もそれを基に受注確率を上げる。技術部門からは，新工法（工場でのプレハブ構造化ほか），公害対策提案（煙突内の公害機器の性能向上など），エンジニアリング費用の低減（仕様条件データ入力で自動計算による組立構造の自動設計）などが提言された。それを基に新たな新小型焼却炉施設の「コンセプト作り」は具体化して行ったのである。たとえば，過去，焼却炉では世の中になかった，① すべて工場内で輸送限界までの大きさまで生産し，それをトレーラーで現地搬入し，現場の工期を 1/10 にするとか，② 公害対策装置の小型化により排気用の煙突を地上からではなく，建屋から煙突を施工し煙突高さを 1/3 にするなどであった。この内容は実現できる可能性を秘めていたが，詳細実施検討はこの時点ではまだであった。その後行ったことは図表 3-5 に示す縦軸の機構区分（機能区分と読み変えてもよい）と横軸は提案営業項目（顧客の了解後に

図表 3-5　活動方針決定のためのコスト削減目標の確認

機構区分	現状原価	提案営業項目			客先説得不要項目			改善後原価（見通し）
		ハード	ソフト	その他	ハード	ソフト	その他	
A	100	装置の合理化 ▲30			ユニット化 ▲120		調達業務改善	200
B	300		仕様変更 ▲20				▲30	
C	200						▲50	150
D	150		形状変更 ▲30				▲20	100
E	50							50
F	200					メーカ変更 ▲20		180
合計	1,000	▲30	▲50	0	▲120	▲20	▲100	680
		▲80			▲240			
							目標原価	700

出所：村山（1995 年）図 5 を引用

改善可能）と客先説得不要項目（顧客の了解不要で改善可能）に分け，前述した「コンセプト作り」が実現できたとした場合のコスト削減予想目標を算出した。左側の現状原価を 1,000 とすると，右側の改善後原価（見通し）を算出するのである。この結果 680 になったのである。32％のコスト削減できそうであることを確認した。このことで，上記の「コンセプトづくり」の詳細な具体化を実施したのである。なお，プラント設備が二度と同じ案件は来ないので原価の把握が難しいのである。そこで，① 直近で完了した案件の実発注額と ② 現在進行している施行中の案件の一部発注額が決定している案件と ③ これから見積金額を出そうとしている計画案件のデータを基にそのコスト削減予測をするのである。こうすることで，コスト削減の「コンセプトづくりの具体化」に入るのである。

写真 3-3 小型焼却炉施設の 50％コスト削減事例

出所：納入先を村山氏撮影

この結果，目標は 30％コスト削減だったが実際は現場の工期は 1/10 となり，全コストは 50％削減できたのである。

なお本活動は営業部長の営業力もあり，コンセプトの具体化行動と並行して新ジョブの見積を開始し，改善提案活動後すぐに新ジョブの受注ができ 6 カ月後に，写真 3-3 が施工できたのである。

2-4 小括：機能を基に金額的比較から価値判断

2-1 から 2-3 で紹介した事例はすべて「使用状況での望ましい結果を，機能を基に顧客価値を判断する」を実践したものである。

全く新製品の場合には，有用性を最初に「機能」でチェックする必要があるから，最もこの方法が有効である。2-1. 冷え太（ビールジョッキーの冷却装置）の開発のスタートで 8 つの機能から検討していることを理解してほしい。2-2 と 2-3 は両方とも大幅なコスト削減をしなければならない活動であった。

その結果は機能別コスト比率や機構別コスト削減率を算出（これが顧客価値の判断）した上で，コスト削減の具体化活動に入っているのである。その結果として，2-2. ラインファーン用消音ボックスはコストを60%下げ，2-3. 小型焼却炉施設はコストを50%下げることに成功した。要は，コスト削減の見通しが立てられた後にコスト削減の具体化活動に入れば，コスト削減活動を行っているメンバーはモチベーションが高い状態で更なる活動に邁進できるのである。その点で最も安心してコスト削減活動のできるアプローチである。

3．ボトルネック解消策結果から顧客価値を判断する

3つ目は「ボトルネック解消策結果」を基とした考え方である。提唱者はゴールドラットである。結果を出すためには，その解決しなければばらない要因の内，最も重大なネックとなる問題の解決策を明らかにし，その策をまず実行し，その結果を受けて顧客価値を判断し，その他の課題解決をしていくのである。

手順は次の通りである。① まず課題解決案を実現するネック[39]を見つける，② そのネックを除く解決策を作成し，③ その後通常の課題解決案を実施する。なお，そのためには，新しい課題解決時にはWBS（Work Breakdown Structure）[40]，日本語では作業分割構成と訳され，ある課題解決に必要な作業を可能な限り細分化し，各作業の内容を明らかにする。通常のプロジェクト管理の場合には，各作業（Work）にコスト・人員配置などを割り付け，その後の進捗管理に使用する。本課題解決活動の場合にはネックとなる作業を見つけ出し上記の①から③までを実施するのである。

以下にデータベース分野とハードウエア分野とサービス分野について各事例

39　以前，サプライチェーンマネジメントが流行った時代にボトルネックといって課題解決する際に最も障害になる箇所，すなわち課題解決の進行を妨げる要因を言い，ボトルネックの発見とその解消をすることが課題解決で大切と説いていた。

40　そもそもは今から半世紀以上前の米国NASAのアポロ計画（月面着陸）プロジェクトの推進マネジメントとして実施されたものである。

を紹介する。

3-1　新事業本部発足に伴う管理システムの設計

　E 社は，新たな環境事業本部が発足する運びになり，今まで主にハードウエア生産を中心とした製造メーカーであった。そこで，会計システム，勤務システム，資材調達・発注システムなどの管理システムは，メーカーとしての最適なシステムで構築されていた。例えば，工場ならば午前 8:00 から午後 5:30 までが勤務時間であり，フレックスタイムはあったものの，コアータイムは工場の稼働時間対応であった。しかし，新たな環境事業本部は海外との取引が増えることが想定され，その抜本的対応なども検討項目に入っていた。

　そこで，本事業本部に所属することになる 500 名の社員全員へのアンケートにより管理スタイルやシステム構築上の注意すべきことを記述式で事前に提出してもらった。この目的は当本部の経営幹部や中堅管理者が気づいていないことやジョブが開始されてからの不測の事態が発生しないための確認のためであった。1,200 件のコメントが寄せられた。この中で，特に日常的な管理上（仕事のフロー，承認の仕方やタイミング，データベースの保管と活用とそのセキュリティ管理など）のトラブル回避とその対応のための新たな新事業本部専用管理の CPU システムを構築する必要があったのである。

　筆者の提案でこの 1200 件のコメント中，ネックとなる内容について上記社員の内 20％の社員（20〜50 歳代まで各年代の男女各 12〜13 名ずつ 100 名を人選し，各年代別に 5 名から 6 名のチームを作り，リスクテーマを事務局が整理しその内容について具体的な管理システムを討議したのである。この討議結果が新本部の管理システム構築に活かされ最終的な管理アップを図る計画案ができた。第 1 期から第 3 期までは，部分的に手作業業務を残ししばらく問題洗い出しをするが，第 4 期からは本対象システムも CPU システムへ統合するなどの案であった。最も良かったことは，発足当初から可能な限り，管理データを洗い出し，その保管と目的別活用の方法を一元的にデータベース化したことである。当本部発足後数年経ってからこのデータも管理しておけばよかったと後

第3章　価値判断を明らかにするための方法　*45*

の祭りにならぬように工夫ができたことであった[41]。

3-2　真空下水システムの構築

　日本国内の下水道の普及率は約80％である。残りの未整備の20％地域は山間部などで下水処理場までの下水管の導きがなかなか難しいのが実状である。現在大半が自然流下式である。また圧送式もあるが雨水などとの合流によらなければ汚水を流すことは難しいのである。そこでE社は産学連携で東京理科大学と共同研究を行い，真空下水システムを完成させた。この際，原理は至って簡単で，各家庭のトイレから各家庭用汚水ますに自然流下方式で汚物を含む下水を溜める。その後，真空ステーションに設置してある真空ポンプで吸引真空状態したポリエチレン管内を移送すべく，汚水ますにある真空弁が開くのである。次の真空ステーションまで運び，それを繰り返しながら，目的の下水処理場まで移送するのである。理論的には数千メートルの山でも越え移送できるのである。

　真空下水システムで最も重要なことは真空状態を維持することである。そこで汚水ますの負圧側容器と配管を常時，真空状態に維持できることが重要である。その技術の実現なくしては本システムは稼働できないのである。そこで，その技術を持っている企業を世界中から探すことが最重要課題であった。そこで，設計エンジニアと調達バイヤーが協力して，汚水ますは繊維を編み込んだ樹脂加工，ポリエチレン管は熱した板の左右に管を押し当て板を引き抜く工法特許を持っている企業を探し出し発注することとした。前者が米国企業，後者が英国企業であった。

　はじめて取り組む製品やシステムの場合には，技術的にクリアーしなければならないネックとなる課題を明確化した上で，その技術的課題をクリアーにで

41　本件はクロネコヤマトの創業者の小倉氏が晩年，「当社が「宅急便」を創始したが，その後他の運送会社も参入してきた」「もし，当初からCPUを駆使して，お客様情報や管理情報を管理するフレームやその管理システムの運用をしていたら他社の追従を回避できた」と嘆いていたとの話を聞いている。同じ轍を踏まないように取ったアプローチであった。

46 第 I 部 価値向上はなぜ必要か

きる企業を探し出すことが重要である。そこがクリアーになれば，ネックが解
消され，それ以外の課題は通常業務で対応できる。

3-3 VE 全国大会の会場変更準備

　筆者が公益社団法人日本バリューエンジニアリング協会（日本 VE 協会）
で毎年秋に開催される VE 全国大会の実行委員長を仰せつかったのは 1994 年
11 月実施の第 27 回大会であった。1993 年までは毎年東京都千代田区丸の内に
ある東京商工会議所にある東商ホール（500 名収容）と国際会議場（250 名収
容）を借りて 3 日間開催されていた。毎年，大会が終了し反省会をすると，
「VE 活動報告は発表者へ直接質疑応答をしたい」や「部会報告や VE フォー
ラムなどを企画実施したい」との要望が出されるが会場制約でできないとの問
題点が指摘され続けていた。

　筆者はこの問題点は会場（ホール＋複数の小会議室）に変更することで課題
は解決されると考えた。そこで ① 一気に会場を変更する案，② 1 日目は貢献
者表彰式や基調講演など恒例の式典は従来通りの会場で開催し，2・3 日目の
VE 論文，VE 事例，部会報告などは同時並行で沢山の小会議室で行える会場
で開催するという案を考えた。熟考した結果，② 案としてどこか良い会場はな
いか 1994 年 11 月の 1 年半前から 1 人で調査していたのである。その結果，筆
者は 1 日目は例年通り式典を東商ホールとし，2 日目・3 日目の発表やフォー
ラムを御茶ノ水駅近傍にある中央大学駿河台記念館で実施することを決め，中
央大学駿河台記念館には委員長一存で予約を入れておいた[42] のである。当時
は日本 VE 協会東日本支部の運営委員会で全国大会を開催準備することが行わ

42　いまだから話せるのだが，予約は容易なものではなかった。当時，中央大学では自大学教員が主
　催する学術研究を目的とした活動が最優先で，かつ 3 カ月以内は開催日を確定できるが，それ以
　上（今回は 1 年半前）の場合には確定できないと事務局に言われた。そこで筆者は知人の中央大学
　教員に依頼し，学術研究であることを納得してもらい，当時中央大学 No.2 の方にお願いし，特例
　として 1 年半前の予約を了解してもらったのである。今，考えると，筆者の一存で突っ走ったので
　あるが，筆者もまだ 40 歳代前半であり，そんなことができたのだと思う。なお今までのやり方を
　大幅に変える時にはリスクが付き物であり，そのリスクを誰が背負うかもまた重要な問題なのであ
　る。企業の課題解決時にもよくあることである。

第3章　価値判断を明らかにするための方法　　*47*

れていたので，運営委員会には半年以上あとで了承を取り付けたのである。ここで重要なこととして，実行委員会の委員長である筆者は必ず賛成が得られるとの確信の基，課題のネックとなり，新たな企画ができない不満を日本VE協会の運営委員の大半が持っているとの認識を持ち，事前に準備をしていたのである。結果的に開催1年前の運営委員会では全会一致で新会場をプラスする案が承認された。その後の企画活動はやりたいことが次々に提案され実施された。会場制約が無くなることのメリットを享受できたのである。第27回VE全国大会は1日目と2・3日目が会場を変更するという変則的な大会となったのであるが，大会後の反省会では，満足度の高い大会との評価を受けることができた。その後はこの成功を受けて，開催会場は大小沢山の部屋があるところへ変更が可能となったのである[43]。

　なお，もう一つこの大会以降変わったことを記す。それは入口で配る大会案内パンフレットである。それまでは，サイズが特注で三つ折りで幅が背広の胸のポケットに入る大きさであった。

　筆者は所属企業内で使用する紙類（図面用紙，コピー用紙，カタログ，封筒など）のコスト削減活動を経験したことから，そのパンフレットが高いことをすぐに見抜いた。そこで，A4サイズの見開きにしたのである。文字も見やすく，費用も半分となったのである。

3-4　小括：まず課題解決のネックを発見解決する

　3-1から3-3の事例のネックと解決したことを記述してみる。
・データベース分野（管理システムの設計）
　　管理システムのネックは，初期からの一貫した取り組みと捉え，その問題点の抽出と解決。
・ハードウエア分野（真空下水システムの構築）
　　技術解決テーマのネックは最重要課題を真空状態の維持技術と捉え，そ

43　本書はVEのことを記した内容であることから，本件のその後を記載しておく。翌年1995年は中央大学駿河台記念館（3日間開催），1996年以降はアルカディア市ヶ谷（3日間開催）となり，1999年以降の開催は2日間となっている。

48   第Ⅰ部　価値向上はなぜ必要か

こをまずクリアーに。

・サービス分野（VE 全国大会の会場変更準備）

　　解決策のネックは大会の会場（沢山部屋のある場所）変更と捉え，新会場を事前に予約。

　ネックとなることを解決し，その解決程度で全体の課題解決の見通しが見えて来るのである。図表 3-1 の「C. 作業のボトルネック解消策結果」では，まず課題の最重要なネック作業を特定し，その解決策を出し，実施準備し，その内容を価値判断し，その後，残った課題を解決するアプローチである。

第4章

機能概念の再考

　機能について説明する上でまず，航空機の計器取付け用スペーサースタッド
の事例を取り上げながら話を進めることとする。

1．機能を「名詞＋動詞」で表現すべきか

　本事例はマイルズ師（1961年）では，第4章のVAの基本ステップ（本書
の図表2-4参照）の適切な進め方の事例で紹介されている[44]。その後改訂版
のマイルズ師（1972年）では第3章
の機能の評価（価値判断）のケースス
タディーとして事例紹介されている。
その実物は写真4-1である。本書の結
章4節に記載した通り，マイルズ師が
1983年来日された時に筆者がいただ
いたものである。それから36年間，
筆者書斎の宝物入れに保管されていた
ものである。
　話を戻すが，マイルズ師（1972年）

写真4-1　スペーサースタッド

改善前

保持機能1　間隔を保つ機能　保持機能2

改善後

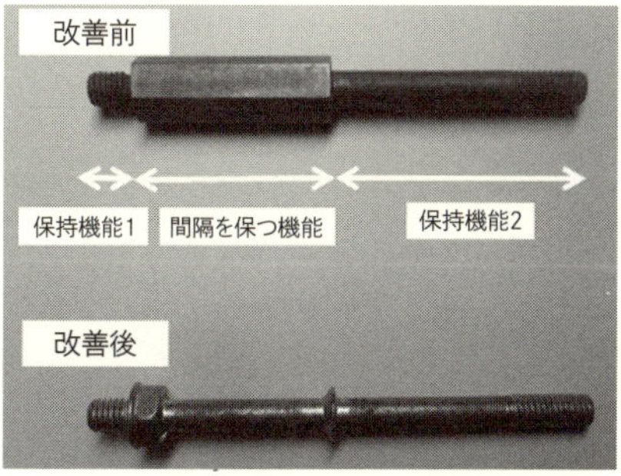

出所：マイルズ師から頂いたモノを筆者撮影

---

[44]　本書ではマイルズ師（1961年）の第1章と第2章を翻訳したが，第3章にはいわゆる「マイル
ズの13のテクニック」が事例とともに記載されている。そして第4章に本書の図表2－4の「VA
の基本ステップ」の正しい使い方が沢山の事例で紹介され，その1つが「航空機の計器取付け用ス
ペーサースタッドの事例」である。

の玉井監訳（1981年）では改善前の両側のねじ部が「保持機能1」と「保持機能2」で，中央部の六角柱部分が「間隔を保つ機能」と記載されている。ここでもわかる通り，保持機能（名詞表現），間隔を保つ機能（名詞＋動詞）で表現されている。要するに，名詞＋動詞で機能を表現する決まりがあるわけではないと筆者は思う。

　土屋（1998年）によれば「機能」を明らかにする理由は4つあり，具体的には ① 機能の明確化，② 機能の評価，③ アイディア出し，④ 代替案の評価であるとしている。筆者は，この内，③ アイディア出し以外は，その機能の命名者（＝価値判断者）が理解できる言語であればよいと考えている。敢えて「名詞」＋「動詞」に固執することはないのである。

2．機能表現「名詞＋動詞」が役立つのは，どのような時か

2-1　新製品開発や価値判断（機能や代替策の評価）をする時

　本書の第3章3-2の冷え太（ビールジョッキー冷却装置）の事例に見るように，新規で製品を開発するために着想を具現化する段階では「名詞」表現が多用される。具体的には ① 受け入れ機能，② 水切り機能，③ 移送機能，④ 冷却機能，⑤ ストック機能，⑥ 取り出し機能，⑦ 断熱機能，⑧ 保守管理機能の8つであった。これからわかるように，新たに新製品や新サービスを生み出す時には，人間の頭の隅によぎるイメージをあえて言葉にした表現でしか記載できないのである。

　マイルズ師の図書でも価値判断をする時には「名詞」と「名詞＋動詞」が混在しているように機能の表現は必ずしも「名詞＋動詞」でなくてもよいということである。したがって，今日では，「形容詞」を入れてもよいし「動名詞化された用語」でもよいし，時には機能を表現する言葉が見当たらなけれな「ポンチ絵」でもよいと筆者は考える。

2-2　既存製品の改良アイディアを創出する時

　一方，すでに製品化され，またサービス提供されているモノでは，機能表現として「名詞＋動詞」表現がよいとされ多用されてきている[45]。すでにある製品やサービスを改善・改良する際（製品 VE）にはすでに，ハードウエアやサービスが存在していることからどうしても現状を意識しながらの改善アイディア出しとなりやすいことから，アイディア出しの対象製品や対象サービスを「名詞＋動詞」で表現し，名詞部は特定名称，動詞部は日本古来の和語動詞を使い，斬新な新着想を生み出す努力をする方法が考案されたと考えるべきであろう。なおこの機能表現＝「名詞＋動詞」はアイディア出し時の強制連想法のキーワードと考えればよい。

3．我々が日常的に機能を意識できるようにする工夫はあるか

　2010 年度以降，筆者が大学教員となり，専門科目以外に，1 学年 15～20 名のゼミ学生を毎年 2 年生から 4 年生まで 3 クラス担当するようになった。ゼミ活動をする時に「VA の神髄」を教えようと試みることがある。そんな時によく使用する事例は比較的最近開発発売され，学生たちも日常よく使用し，なじみのあるものを使う。たとえばクリアーファイルやベランダの布団を干す時の布団はさみである[46]。筆者が学生たちに比較的単純な機能[47]を持つ品物を提示し，1 週間後までの宿題として「これと類似品で違う形状や機能を持つ品物を探してきてください」というのである。学生が持ち寄った品物（実物やスマホ撮影など）を皆で見ながら，どこが異なるかを論議するのである。機能を理

45　手島（1981 年）が詳しい。

46　日比野・櫻井・関（1994 年）では布団ばさみの事例で説明している。ベランダ手すりに布団をかけ，それがずり落ちないように内側にスプリングが付いている。しかしそのスプリングが布団の生地を噛んで切ってしまうことがある。そこで現状改善のためにスプリングにビニール製のカバーを付けたものが存在する。次に現れたもが布団ばさみの外側に拡張型のスプリングを付けて，布団に噛むことを防止している。その他いろいろなタイプが存在する。

47　機能がわかりやすいということと，機能数が少ない品物を選ぶとよい。

解する上でとてもよい方法と考えている。

学生たちとのディスカッションからまとめた事例紹介

クリアーファイルはご承知の通り，ビニールのロール生地を裁断後，2つに折り，その1端面をシーラーで熱し溶着して2方向を開放し，A4サイズの用紙を数枚保管するために開発された便利な文具である。初期のクリアーファイルはこの形であったが，その後，使用者が沢山の用紙をはさみ出し，溶着処理し貼り合わせた部分が切れてクレームになったのである。そこでメーカーはどうしたかというとビニールを折った部分と溶着処理部分のところに非溶着部を設け，約4mm程度の厚みの用紙を挟んでも切れにくくしたのである。またその反対側の溶着処理部分と開放シート部分に三角の切り込みを入れたのである。これも厚い紙が入った時の溶着処理部分が裂けない工夫である。このクリアーファイルの「空間」と「切り込み」は使用する人々が数枚から4mm程度のA4の紙を挟み込みたいと考え実行したことへの対応策である。その機能が「クリアーファイルの破損を防ぐ」または「枚数の多いA4用紙（4mm厚み程度）でも保管できる」である。

さらに，注意深く見るとクリアーファイルの長手の溶着処理していない側の中間に半円形の切り込みがある。これは言うまでもなく右手の親指で「クリアーファイルを開きやすくする」という機能である。なおこれは必ず右側の上側に切り込みがあり，右利きの人のためのようである。筆者は左利き用のクリアーファイルもあっていいのになあーと思うことがある。

こんな風に「有用な機能」は「形状決定」になくてはならない道具である。ここで道具と書いたのは，①「溶着部が切れるクレーム発生」→②「クレーム対応アイディア発想」→③「アイディア実施」のプロセスで，①から②にたどり着くのに，「クレーム内容」を「機能」に変換し，そこから「アイディア発想」すればスムーズに良いアイディアが出てくる確率が高くなるのである。上記の溶着部が裂けるのを防止する方法として安上がりで確実にクレーム防止が可能な「空間」と「切り込み」を入れたが，その他の対策アイディアとして「溶着幅を広げ接着力を強化する」とか「クリアーファイルの背の部分に厚みをつける」などが考えられる。これらはきっと費用がかかる割に効果がないよ

うに思える。要するに①「溶着部が切れるクレーム発生」→②「クレーム対応アイディア発想」→③「アイディア実施」の過程で機能表現は発想を出しやすくする工夫なのである。

4．目的と働きの整理

　すでに存在し長らく使用しているモノはその働き（機能）やその使用目的をすっかり忘れていることが多い。下記にありふれた事例を示す。

図表 4-1　電球やペンの目的と働き（機能）は何か

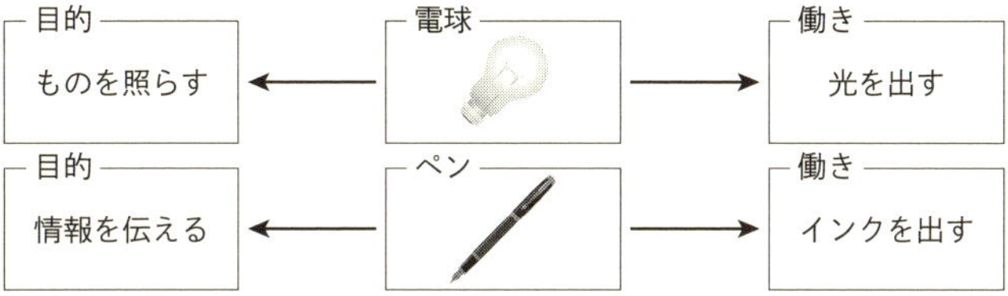

出所：筆者作成

　電球もペンも「目的」と「働き（機能）」の両方がある。目的と働き（機能）の定義を下記する。
　・「目的」とは，大辞林事典によれば，①実現しよう，達成しようとして目指す事柄である。図表 4-1 では電球を作っている会社の経営者は「暗い所でものを照らす」ことを実現しようと思い，起業し事業化し顧客に電球を提供する企業活動を行っているのである。
　・「働き」とは，ブリタニカ国際大百科事典によれば概念が極めて曖昧であり，日常語と同じレベルでは「作用」，「機能」といった意味合いで用いられる。
　・「目的」と「働き」の関係性は，ブリタニカ国際大百科事典によればシステムの観点では，「働き」は「目的」のシステムの存続，維持の必要条件であるとしている。図表 4-2 では，「ものを照らす」という目的実現のために手段を機能的要件として整理したものがそれに当たる。したがって

54　第Ⅰ部　価値向上はなぜ必要か

「目的」の下位に「働き」が存在し，「目的」実現のために「働き」は複数
存在することもある。もしまだ電球が発明されてなければ，「目的」であ
る「ものを照らす」以下の手段である「働き」は存在しないのである。
なお「働き／目的」とは，たとえば「光を出す」であればこの用語を「目
的」として更なる下位の「働き」に展開していくのである。この論理を目
的−手段関係と言うのである。

図表 4-2　目的−手段関係の説明

ものを照らす	光を出す	電流を流す	回路を開閉する	接触片を動かす
目的	働き／目的	働き／目的	働き／目的	働き

出所：土屋監修（1998 年）図表 3-27 を一部修正

　以上の記述から筆者は，「機能」なる用語をベースに考えるならば，「機能」
には「目的」と「働き」の 2 つの用語があり，この 2 つの用語には上下関係用
語が存在し，「目的」の手段として下位に「働き」があると定義するとわかり
やすいと考える。

5．FAST ダイヤグラム（含む機能系統図）とアイディア展開図

5-1　FAST ダイヤグラム（バイザウェイ）とは[48]

　FAST ダイヤグラムとは Functional Analysis System Techique の頭文字の
図表のことである。複数機能を系統的図式で表したもので 1965 年に C. W. バ
イザウェイが開発し，Why-How の論理で整理したものである。以下，F.
Wojcihowski（1978）（中神訳（1979 年））を基に整理する。
　個々の「機能」について上位には「なぜ（Why）」の質問の答えを「名詞＋

48　バイザウェイ（1972 年）が詳しい。

図表 4-3 バイザウェイの FAST ダイヤグラム（電球）

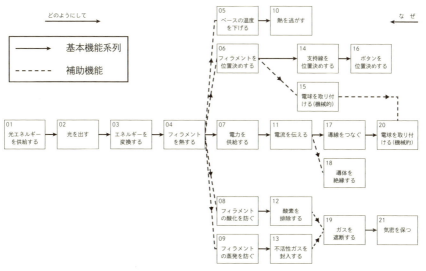

出所：Wojcihowski（1978 年）中神芳夫訳（1979 年）VE 技術情報の図 7 引用（左上枠内は筆者が追加した）

動詞」で表し，下位には「どのようにして（How）」の質問の答えを「名詞＋動詞」で表すのである。基本機能系列（クリティカルパス機能系列）と補助機能の関係を明確化する狙いがある（図表 4-3 参照）。

マイルズ師の機能分析は個別機能を基に機能評価する方法で，複数機能の関係性をビジュアル化するものではなかった。バイザウェイの FAST ダイヤグラムは機能の相互関係を論理的に説明できるようになった。

5-2 FAST ダイヤグラム（ラグルズ）とは

W. ラグルズが開発した FAST ダイヤグラムは，さらに VA 活動を実践する上でよりわかりやすいものであった。バイザウェイの FAST ダイヤグラムを基軸にして，基本機能系列のどこからどこまでを活動対象にするかを決めるラインを設け，左上には本活動範囲での「設計上の制約条件」を列挙し，右上には「常時発生する機能」を列挙し，各機能で同時発生する「マイナス機能」を

56   第Ⅰ部　価値向上はなぜ必要か

図表 4-4　ラグルズの FAST ダイヤグラム（電球）

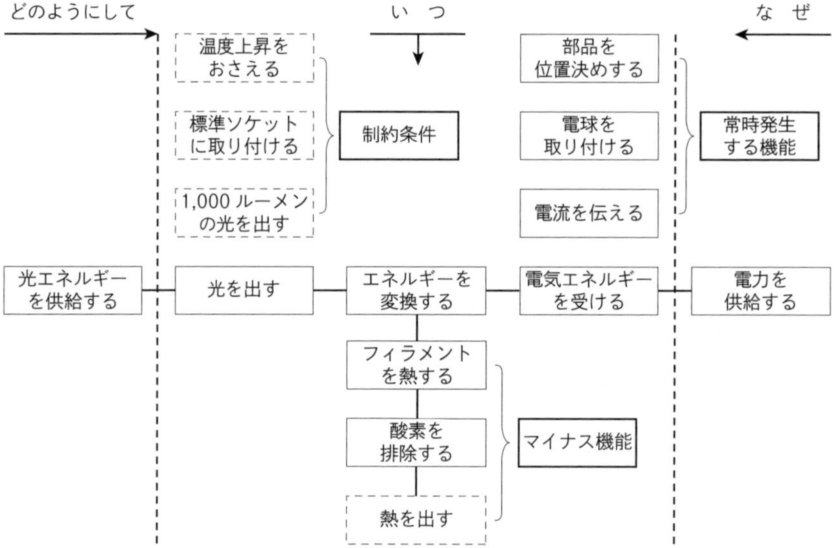

出所：Wojcihowski（1978年）中神芳夫訳（1979年）VE 技術情報の図8引用（制約条件，マイナ
ス機能，常時発生する機能の記載部分は筆者加筆した）

基本機能系列の直角方向に列挙するという方法でダイヤグラムを作成するので
ある（図表4-4参照）。「なぜ（Why）」と「どのようにして（How）」の質問
のほかに「いつ（When）」の質問を追加し，機能だけでなく，開発設計時に
必要な，制約条件や考慮すべき機能を明確にしたのが特徴である。

5-3　FAST ダイヤグラム（スノードグラス）とは[49]

　T. J. スノードグラスが開発した FAST ダイヤグラムは顧客の立場から対象
を捉え，新たな機能の付加の実現をはかる目的で考案されたものである。具体
的には基本機能系列とは別に4つの視点（信頼性・便利さ・満足度・魅力度）
で個別に機能を考え出し，他社との市場競争に打ち勝つ狙いがある（図表4-5
参照）。

────────────

49　スノードグラス（1972年）が詳しい。

第4章　機能概念の再考　　*57*

図表 4-5　スノードグラスの FAST ダイヤグラム（電球）

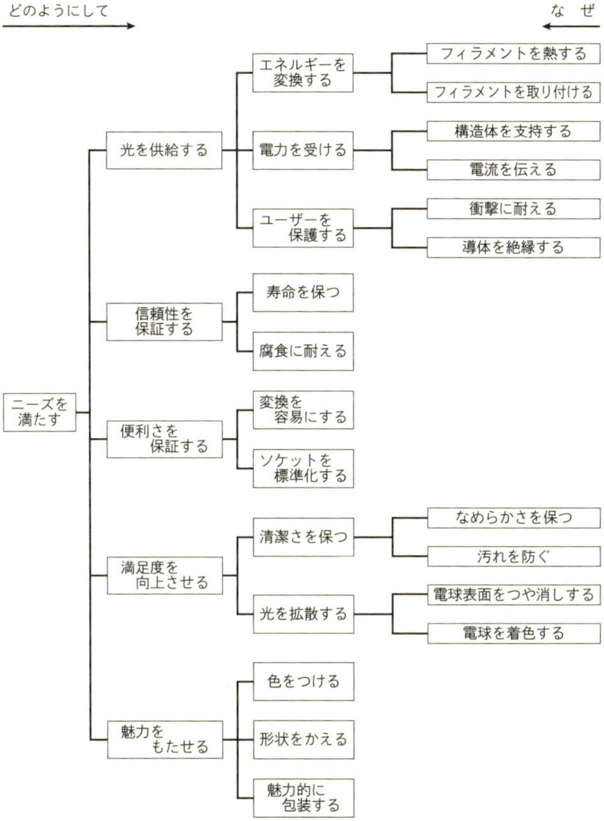

どのようにして →　　　　　　　　　　　　　　　　　　　　← な　ぜ

- 光を供給する
  - エネルギーを変換する
    - フィラメントを熱する
    - フィラメントを取り付ける
  - 電力を受ける
    - 構造体を支持する
    - 電流を伝える
  - ユーザーを保護する
    - 衝撃に耐える
    - 導体を絶縁する
- 信頼性を保証する
  - 寿命を保つ
  - 腐食に耐える
- 便利さを保証する
  - 変換を容易にする
  - ソケットを標準化する
- 満足度を向上させる
  - 清潔さを保つ
    - なめらかさを保つ
    - 汚れを防ぐ
  - 光を拡散する
    - 電球表面をつや消しする
    - 電球を着色する
- 魅力をもたせる
  - 色をつける
  - 形状をかえる
  - 魅力的に包装する

（左端）ニーズを満たす

出所：Wojcihowski（1978年）中神芳夫訳（1979年）VE 技術情報の
図 10 引用（一部文章を筆者が修正した）

　このスノードグラスの FAST ダイヤグラムは筆者が所属していた企業で，
風水力事業の遠心力を利用した回転機器（ポンプ（−162℃〜＋450℃），送風
機，コンプレッサなど）を納入する業界別に4つの切り口（信頼性・便利さ・
満足度・魅力度）で新たな機能を検討し3,000件余の機器の図式化を図ったの
である。このことで，既存市場のシェアアップや新たな市場開拓を実現でき
た。

58　第 I 部　価値向上はなぜ必要か

5-4　FAST ダイヤグラムの作図の目的

　ここまでに説明した 3 人の考案した FAST ダイヤグラムは，バイザウェイとラグルズの FAST ダイヤグラムが基本機能系列の明確化により，どこからコスト削減を図るかを見極める道具として使用するものである。スノードグラスの FAST ダイヤグラムは基本機能系列ではなく，市場競争に勝つために新たな差別化機能を見つけ出すことを目的としたものである。

　なお，これ以外に P. ウォイチェホフスキーの FAST ダイヤグラム[50] がある。これはこの後に説明する日本で誕生した機能系統図に近い考え方である。

5-5　機能系統図（玉井正寿）とは

　日本で紹介されている機能を整理した系統図は「機能系統図」という。前述した「FAST ダイヤグラム」の機能間の論理が「上位には「なぜ（Why）」の質問の答えを「名詞＋動詞」で表し，下位には「どのようにして（How）」の質問の答えを「名詞＋動詞」で表す」としている。一方「機能系統図」の機能間の論理はそれと異なり「構成要素機能の相互関連を「目的－手段」の論理に基づいて体系化する」である。日本の機能系統図は，玉井ら（1978 年）では① 製品の裏返しが機能との認識，② 機能分野別に機能分析し対象分野選定の2 つが特徴である。以下に個々の内容について説明する。

①　製品の裏返しが機能との認識

　製品→構成品→部品→部品機能→機能分野→製品機能の流れを意識し，製品の組立図から機能系統図を作成するという考え方である。対象製品を「もの」→「機能」に全部変換し，そこからどの機能分野が，価値が劣っているかを見極めようとするのである。全網羅的に全体を俯瞰してから VA 活動を行うという壮大な試みである（玉井ら（1978 年）図 2.7）。

50　ダイヤグラム作成ルールはバイザウェイと同様だが，機能分野別コストを割り付けることにより，改善設計をコントロールする考え方が日本の機能系統図に近い考え方である。

図表 4-6　玉井正寿の機能系統図（懐中電灯）

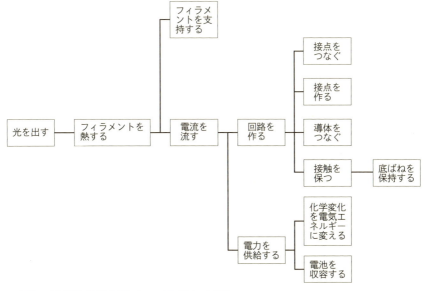

出所：玉井編著『価値分析』（1978 年）図 2・6 引用

② **機能分野別に機能分析し対象分野選定**

作成された機能系統図は，できるだけ上位の機能レベルで機能別コスト分析，機能評価を行い改善対象分野（価値が低い機能分野）の選定を行うとしている（玉井ら（1978 年）表 1.1）。

5-6　アイディア展開図（櫻井敬三）とは

6 節の図表 4-10 の中央上部にある「機能」と中央下部にある「成果物（製品・サービス）」の間には VA 活動で最も重要な創造的活動があり，アイディアを出し，それを具現化しなければならない。その創造活動を効率化しビジュアル化する方法として以下「アイディア展開図」によるアイディア発想法を説明する。

筆者が開発したアイディア展開法はバイザウェイの FAST ダイヤグラムの論理を学び，導き出した方法であり，筆者は FAST ダイヤグラムの一つであ

60　第Ⅰ部　価値向上はなぜ必要か

ると考えている。以下櫻井（1987 年）を基にまとめる。

　筆者の気づきはまず特許出願の多い技術者は単純連想や結果連想ではなく，手段連想や原理連想が多いことを発見した[51]。特許出願をアイディア具現化の究極的結果と見れば，成果の上がるアイディアを発想するためには，意識的に手段連想や原理連想を行うことが効果的であると考えた。アイディアを発想する時には，テーマに対して，まず役立ちそうな情報（アイディア）をいっぱい集め，次にそれらの機能・特性・特徴などを分析し，テーマに役立つものかを判断する。さらに詳細な情報を集め，それらが役立つかを分析しながら最終的に最適な案を選択決定し最終的な成果物を誕生させる。情報収集と分析の活動を繰り返し行い具現化して行くのである。

　すなわち，

　情報収集活動＝役立ちそうな「手段」を考える。（具現化行動）

　分析活動＝役立ちそうな「原理」を考える。（概念化行動）

が言える。この際，アイディア発想のキーワードとして機能（名詞＋動詞）を使うのである。

　図表 4-7 に「紙を分ける」アイディアの具現化の「アイディア展開図」事例を示す。

　図表 4-7 は「アイディア発想機能（目的）」をスタートとして，着想（基本的達成手段）→アイディア発想機能（原理）→着想（基本的達成手段）の順番でアイディアを具体化している。アイディア発想機能と着想を繰り返し行うのである。

　作図ではアイディア発想機能（原理）は四角い枠で囲み，着想（手段）は丸い枠で囲むこととする。前者の四角い枠で囲まれたもののみを系統的に整理した図を「設計着想機能系統図」（図表 4-8 参照）と呼び，後者の丸い枠で囲まれたもののみを系統的に整理した図を「アイディア具体化系統図」（図表 4-9 参照）と呼ぶこととする。

51　櫻井（1989 年）によれば，研究開発技術者に指定キーワード（和語動詞）から連想することを書いてもらい，連想語を単純・結果・手段・原理・飛躍（「うつす」をキーワードとした場合，たとえば順番に「山」「写真」「写真機」「感光」「親子」である）の各連想に分類する。被験者である技術者の「特許出願件数」と「手段連想＋原理連想」の間には正の相関があることを発見した。

図表 4-7 アイディア展開図の事例（紙を分ける）

アイデア発想機能 （目　的）	着　想 （基本的達成手段）	アイデア発想機能 （原　理）	着　想 （具体的達成手段）
紙を分ける	1 薬を利用	紙の繊維を弱らせる	塩酸を利用
	2 繰り返しを利用	紙の繊維を弱くする	自動折り曲げ繰り返し機
	3 手を利用	紙の繊維を引き裂く	引張り切断機
	4 水を利用	紙の繊維を膨張する	ノズルガン
	5 穴を利用	ガイドを作る	穴あけ破線ローラ
	6 包丁を利用	紙の繊維を切る	ハサミ

出所：櫻井（1987年）図2を引用

　設計着想機能系統図の作図論理は，上位機能と下位機能との間に①具体性，②代替性，③順序性の3つが同時に満足されることが必要である。
　筆者は本アイディア展開図を使い，火力発電所用の大型海水用ポンプの可動翼機構を新設計する際に活用したことがある。なお，本図表4-8の設計着想機能系統図がバイザウェイらのFASTダイヤグラムの基本機能系列を複数記載した図であると考えている。

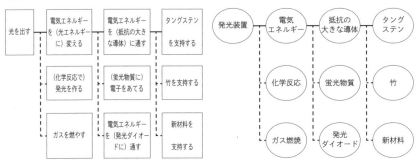

6. 機能の捉え方のまとめ

　ここまで，機能表現のいろいろ，機能を意識する工夫，目的と働きの関係，FAST ダイヤグラムと機能系統図とアイディア展開図について，筆者の所見を述べた。機能についてその捉え方のまとめをする。

　図表 4-10 に示す通り，真ん中に前述した機能（目的や働き），左側に顧客，右側に生産者を配すると上流側の顧客からの要望や要求，すなわち「効用・感動」を取得し，下流側にいる生産者がその「効用・感動」を提供する関係にある。その際，この 2 つの動線を繋ぐのが機能であると言いたい。筆者は別の言い方として「『技術への翻訳』のためのキーワード」として「機能」を橋渡しし，具体的には「効用・感動（要望・要求）」→「機能（目的，働き）」→「成果物（製品・サービス）」のストーリーを経て，図表 4-10 の下側の課題解決後の成果物を誕生させるのである。以上のことから，マイルズ師が「機能」を VA の活動のキーワードとしたのは，企業経営の要の石を見つけたと言えよう。

　ここで，図表 4-10 をわかりやすく説明するために本章の冒頭に紹介した写真 4-1 のスペーサースタッドの課題解決前（改善前）と課題解決後（改善後）の活動結果を記述する。改善前は 1 本当たり 8 セントしていた。年間 20 万本作るので何とか安くしたいと考えている（この内容は図表 4-10 の場合には右

図表 4-10　機能の捉え方（3つのコトを結ぶ大切な言葉）

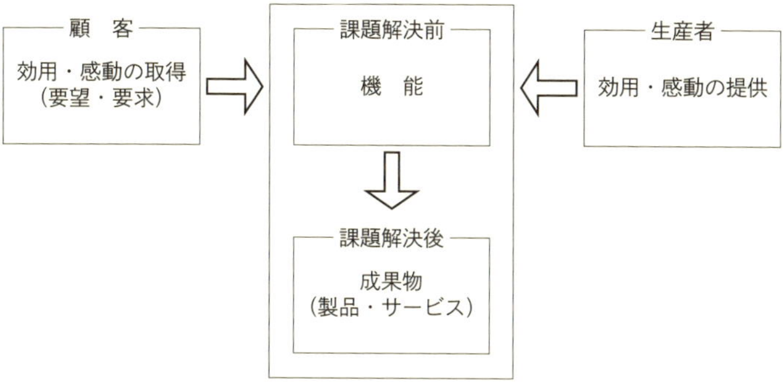

出所：筆者作成

側の生産者のコスト削減による利益確保のための行動である）。

　マイルズ師のVA基本ステップに従い下記が行われた（マイルズ師（1972年）第3章3-2節ケーススタディーを引用）。

マイルズ師のVA基本ステップ事例
ステップ1：機能確認

　両側のねじ部が「保持機能1」と「保持機能2」

　問題箇所発見⇒中央六角柱部分が「間隔を保つ機能」と六角になっているのは「機器の取り付けるときの締め上げる機能」のみ

ステップ2：比較による機能評価

　機能別概算金額見通しを算出して見る。保持機能2は約0.5セント可能と見込む。保持機能1は短いから0.25セントで可能とする。

　間隔を保つ機能は円筒形状スペーサーにすると0.25セントで可能であろう。上記を合計すると，1セントが全機能に掛かり適正価格（機能評価値）である。

ステップ3：代替策開発

　アイディア⇒長い釘の頭部を移動できないか。ただし，1方は六角形でなければいけない。業者に依頼し製作可能で0.8セントで見積書（鍛造成形）入手した。

64　第Ⅰ部　価値向上はなぜ必要か

結果⇒形状は写真 4-1 改善後通り

金額は改善前 8 セント／ 1 個，改善後 0.8 セント／ 1 個（1/10 の価格へ）

年間節約合計額 16,000 ドル（576 万円）／年

である。

　以上の事例からわかっていただきたいことは，図表 4-10 の中央にある「機能」の確認は，顧客情報や生産者情報（外注情報も含む）を十分に収集し，機能評価はマイルズ師が講演等でよく言われる「Blast, Create, Refine（破壊し，創造し，洗練化せよ）」を活用し，さらにマイルズ師の 13 のテクニックを駆使すれば改善後の成果に繋がるのである。ここで最も重要な活動は「機能確認」も前提条件として必要だが，「比較による機能評価」が最も重要な活動となるのである。図表 4-11 の太枠部である。図表 4-11 は縦軸にマイルズ師が提唱する VA 基本ステップ，横軸に図表 4-10 で実施する活動で必要な能力（情報収集力，分析判断力，創造力）のマトリックス内にマイルズ師の提唱する 13 のテクニックを入れ込んだものである。

図表 4-11　マイルズ師の基本ステップと情報収集力・分析判断力・創造力と 13 のテクニック

		情報収集力	分析判断力	創造力
基本ステップ	機能確認	1. 一般性を排除する 2. 利用できるコストは集める 3. 最善の情報源のみ利用する		
	比較による機能評価	6. 障害物を明確にし取り除く 8. 主要な公差を金額換算し評価する 9. 業者の機能製品を活用する 11. 専門的生産工程を活用する 12. 適用可能な標準は活用する	4. 発破をかけて砕いてから創造し洗練されたものにする 13. 自分の金だったら，こんな使い方をするだろうかという基準を使う	4. 発破をかけて砕いてから創造し洗練されたものにする 5. 真の独創性を活用する
	代替策開発		1. 一般性を排除する 3. 最善の情報源のみ利用する 6. 障害物を明確にし取り除く 13. 自分の金だったら，こんな使い方をするだろうかという基準を使う	3. 最善の情報源のみ利用する 4. 発破をかけて砕いてから創造し洗練されたものにする 5. 真の独創性を活用する 6. 障害物を明確にし取り除く 7. その道の専門家を利用する 9. 業者の機能製品を活用する 10. 業者の熟練や知識を活用し報いる 11. 専門的生産工程を活用する 12. 適用可能な標準は活用する

出所：マイルズ師（1961 年）3 章とマイルズ師（1972 年）9 章 9-3 節を基に筆者作成

第 5 章

価値評価基準は価格だけか

　今日，資本主義経済下では，企業経営の評価は儲かっているかどうかで決まるために，価値判断をする基準となる指標は「金額」としての価格比較することが多いし正解であると思われがちである。本当だろうか？

1．価格による価値判断の正当性

　筆者は，企業に36年間も務めており，30歳代後半からはマネジメントをする立場になり，金額をベースに PDCA サイクルを回しながら活動してきた。企業人だった時はこのような金額による価値評価で良いのかと疑問に思うことも多かった。

　例えば，本社のスリム化のプロジェクトリーダをした時に，ホスト CPU（実際はサーバー）の使用状況や業務支援者などのデータを見ていると，グループ全体の総売上額の売上比率が数％しかない事業体のサーバー使用量が10％以上あり，その事業体の業務支援要員が全情報管理部門要員の20％も占めていることがわかったことがある。ではその管理費負担はというと，売上額と事業部員総数から算出された約3％しか負担しないのである。このような実態と異なる費用負担は仔細に見れば沢山あり，企業体では事業部単位で損益管理がなされるのでその点で不公平だと思った。その後，職位が上がるごとに切実な問題意識を持った。無論その対策として ABC（アクティブ ベースド コスティング）なる手法を使い，管理間接コストの適正な配分方法で実態に則した試算も試みたが，時系列的な変化が大きい場合には正確だと思えないことも多かっ

た。

株主への情報提供として，国際会計基準や日本独自の会計基準が定められ，それに従った財務会計は複数の企業を比較する上での標準的通信簿として必要であろう。しかし，企業内の会計システムはこれでは全く機能しないのである。そこで管理会計がある。その中に前出した ABC などもある。管理会計のルールを活用し綿密な管理基準を作っても，企業内事業体別損益管理に全網羅して採用実施することは難しいのである。

本書で取り上げている価値分析ではマイルズ師が定義した通り，「不要コストを排除する」ことを目標とすることから最終的には，VA 対象の改善活動前後での総費用（材料費＋労務費＋管理費（含む加工機械の償却費＋治工具費など））の比較が求められる。また，対象の同一条件で原価比較が必要となる。金額表示であれば販売価格＞販売原価＞製造原価＞直接原価の関係性があることから，どの原価レベルで比較するかを明確化する必要がある。ただし，筆者の経験から価値評価のための価格比較にはいろいろな難題が存在する。比較対象を A と B とすると販売原価レベルでの比較では A が優位（安くて良い）に対し，製造原価での比較では B が優位（安くて良い）と言った場合もあり得る。また，その対象テーマの置かれた状況（企業体，業界，時期など）により，価格比較は流動的で不安定な要因を持つのである。そこでまずいくつかの筆者の体験事例を紹介する。

1-1　改善後は加工箇所が大幅削減，材料費も大幅削減したが，改善前より改善後が高くなった

上記はよくあることである。筆者がその時実施した内容を簡単にまとめる。まず理由は，外注業者に一括発注している部品では，業者が企業努力で加工するための専用治具を作り加工時間の大幅短縮を図り材料も一括大量購入したことによって安くなることがある。このような場合には，

・両方（改善前後）の原価を今現在で新規購入したらという条件で見積もりを取る。たとえば改善後が 30% 安くなる見積をもらう（改善前 100 と改善後 70）。

第5章　価値評価基準は価格だけか　　*67*

・現在，改善前が 60 で購入しているとすると，改善後が 10 高く 70 となる。
・そこで，たとえば改善後図面で業者から 60 で購入（ただし▲ 10 は他の名
目で補てん）。

　　ただし，業者と打ち合わせし，一定期間後 70 × 0.7 ≒ 50 を提示し，た
とえば半年後から 50 へシフト。その時点までの▲ 10 の補てん費用の社内
での清算を行う。

　要するに改善後 30％安くなるが，実現できない期間が存在するのである。
そのことが VA 活動の問題点であろう。なお，新業者に見積を取り，改善案
を最初から 50 にできればそれがベストであるが，なかなかそのようにはなら
ないのが現実である[52]。

1-2　加工費はどれが最も安いのかの検討が必要である

　いままで，内製化していた製品があるとする。「X. 内製化加工費を 100」と
する。代替案として「A. 構内外注による賃加工費 70」か「B. パート・アルバ
イトによる加工費 50」か「C. 海外子会社による加工費 30」の 3 通りの試算が
なされたとしよう。どの方法がよいかの価値判断をする局面でどう対処すべき
だろうか。単純に最も金額が安い「C. 海外子会社による加工費 30」とはなら
ない。基本的には同一条件での比較が求められる。A と B は X と同一職場で
の作業であるからそのまま比較できるだろうか。実は X と B には自社の社員
を採用し教育するという費用があるはずで，その費用が入っているかを確認し
ないと単純に A とは比較できないのである。きっと X の加工費 100 にはその
費用が含まれている。しかし B の加工費 50 にはその費用は含まれていないの
である。しかも正社員の採用とは違う採用方法が取られるから単純に X の正
社員の採用のコストからの加算ではまずい。また海外工場の場合には加工した

52　2018 年 11 月に逮捕された元日産の CEO のゴーン氏は，現業者の言い分は一切聞かず，新業者
に可能な限りの指値で発注業務をするように，購買部門責任者に指示したようである。従来の日本
的慣行を跳ね除けたことは一部は評価できるが，ビジネスは取引先との Win-Win 関係構築が大切
であり，日本的慣行で業者の言い分を聞き対処（筆者対応）する方法も容認されるべきと考える。
理由は「その金額になった理由を把握することが，次のコスト削減の良き情報源になるからである」。

68   第Ⅰ部　価値向上はなぜ必要か

製品をたとえばそれを消費する先が日本であれば，日本までの物流費や倉庫保管費や関税ほかを明確に算出して比較しなければならない[53]。単純な比較による意思決定のミスは日常的に多く存在する。

1-3　今まで内製していた製品を一括外製する意思決定

　内製から外注にすることは，企業の生産方針を大幅に変更することであることから，あらかじめ機械加工品であれば，機械の加工時間を自社標準時間以下とすることとし，材料は自社購入額以下とする。その条件で加工賃が30％以上安ければ検討するといったような取り決めをしておく必要がある。外注化することでのデメリット（社外にノウハウ漏えい，自社付加価値低下など）を考慮して工場単位での意思決定であり，その点で価値判断は工場トップの意思決定事項である。

　今から30年以上前，筆者が所属していたE社のH工場で大型ポンプを開発・設計・販売していたのだが全て自社受注生産品であった。その中で年間に500台程度販売できるポンプがあった。利益率向上のため開発VA活動を行い，35％のコスト削減を実現した。生産活動の効率化を図る工夫が35％中1/3程度入っていた。その生産方式は半自動コンベアー生産方式にしたのである。

　いよいよ新型ポンプの生産に入ることになった時，協力的な外注業者で専用生産ラインを作り，一括外注生産することになった。筆者は当時の工場長にその理由を聞いた。その答えは「本ポンプは価格競争力のある製品に生まれ変わった。しかも，製品のレビューだけでなく，生産方式も全面的に見直し効率がよい生産と品質保証もチェックできる内容となった。だから，当社の新図面や新生産方式を外注業者に指導して，外注で一括生産した方が総合的に判断し有利と考えた。これだけの改善・改革のできるエンジニアと生産部門の工員には，新たな製品のVA活動と付加価値の高い製品の生産に従事してもらう」。

53　約25年前のことだが，友人が中国にあるユニクロの指定工場に行った際，日本で500円で売っている半袖のTシャツのユニクロへの引き渡し額を聞いたところ，1枚あたり25円と聞いたそうである。当時の利益率を200円と仮定すると，300円−25円で275円であり，その費用が物流費（含む倉庫代）や関税なのである。加工費の11倍の諸経費がかかることになる。

第 5 章　価値評価基準は価格だけか　　*69*

1-4　購入品はたとえば 0 円から 650 万円の見積額の差があった

　筆者が調達部門の責任者をしている時に自社の設備購入（サーバー）の入札で大手 IT 製造企業 3 社に入札したところ，1 社は 650 万円，2 社目は 570 万円，3 社目は何とゼロ円で結構とのことであった。この設備は本社に設置するものであったので，3 社目をはずし，前の 2 社にさらなるネゴシエーションを行い 500 万円ほどで発注したのである。発注者側は購入費の見積額が提示された理由を明確に知っておくことが重要である。3 社目はとにかく納入実績を作りたいこと，そしてその後のメンテナンスでその赤字分を回収しようとしていたのである。

　上記の事例は極端ではあるが，よく VA 活動の価値判断をするために，過去実績を基に，技術的観点やその時点での市況状況などを鑑み，実行予算（目標金額以下で購入するための基準予算）が示されるが，その金額は標準的な金額であって，あくまで参考値でしかないのである。VA で比較する金額はこのレベルであることが多いが，視点を変えると，特別な値段（通常考える金額の半値やそれ以下）の検討ができると VA 活動は良い成果が期待できる。

1-5　4 事例からの知見

　事例 1-1：本来あり得た利益差の分を取り損ねている状況への対応，すなわ
　　　　　ち「機会費用」を極力少なくすることが大切であること。
　事例 1-2：不公平な価格での間違った価値判断を防止するために同じ基準で
　　　　　比較を尽くすことが大切であること。
　事例 1-3：内製から一括外注への価値判断は経営者の意思決定の問題である
　　　　　こと。
　事例 1-4：購買費には驚くべき価格が存在し標準的金額で妥協しない姿勢が
　　　　　大切であること。
の体験的事例である。

　要するに，機会費用をなくし，同じ基準で比較し，経営者目線で，価格は妥協しない姿勢が大切である。

70   第Ⅰ部　価値向上はなぜ必要か

2．価格以外の価値判断はあるだろうか

　筆者は，VA活動の最初から自社利益を念頭に置いた価格算出による価値判断をすべきではないと考えている。その前に，先ず対象テーマの本質的な価値判断の決定に直接的に関わる指標があると考えている。従って，最初にその指標を見つけ価値判断を行うべきと考える。その後，企業利益の観点で価格による比較をすべきと考えている。

2-1　テレビ番組製作の直接的指標は何か

　テレビ番組の直接的指標は「視聴率」である。同一時間で同一地域のテレビ所有世帯の内，何％が視聴していたかの推定値がこれである。なぜ視聴率かと言えば，民間放送局の各番組製作にはコマーシャルを入れてくれるスポンサーが付くか付かないかで決まるからである。

　テレビ局は毎日午前中に，前日の日本全国放送網を持つ番組の視聴率が各番組別に一覧表として提示される。そのシステムはモニター被験者と指標調査会社との間で自動的に見ているテレビ番組が分刻みで表示される。テレビの民間放送局コマーシャルのスポンサーは沢山の顧客がテレビを見ていることを意識しているのである。今 $y = f(x)$ なる式をベースに以下，論議してみたい。

　番組制作費 $= f$（視聴率）式は成り立つのだろうか。筆者が確認したところによると，視聴率が高い番組が必ずしも番組制作費が高いわけではない。したがって，このケースの場合には「視聴率」と「番組製作費」との相関関係はない[54]。番組制作費 $\neq f$（視聴率）なのである。と言うことは番組制作費を下げ

54　視聴率と製作費との関係性は正の相関ではない。本件は以前，某民間放送局の経営幹部に聞いたのであるが，現在製作費は電波法に基づく電波使用料とその番組に出演する芸能人ほかのギャラとその準備費や関連設備使用料などである。最近は余りないが，以前は１つの局で視聴率を上げた時には，ほぼコンセプトを同じくする番組が他局でも放送された。今後は他局追従方式ではなく，番組の中身の企画で他局を出し抜くようなものが作れるとそれに越したことはないと考える。

第5章　価値評価基準は価格だけか　*71*

る行為は必ずしも VA 活動の正しい行動ではないことがわかる。

　さて，改めて言及するが，テレビ番組の直接的指標が視聴率である理由は，顧客であるスポンサーが，放映する番組を何人の顧客が見ているかが，放送局とスポンサーが，契約を結ぶ基になっているからである。それは沢山の視聴者がいる番組のコマーシャルを行なえば，きっと沢山の方が当社製品を買っていただけるとスポンサーが考えているからに他ならない。したがってテレビ番組製作ビジネスでは VA 活動は不要コストの削減ではないことになる。新しい企画による顧客に「感動と驚き」を与えることなのかもしれない[55]。

2-2　インタネットサイト広告の直接的指標は何か

　インタネットサイトの広告の直接的指標は検索率とクリック率の2つである。同一期間（時間）での指定内容情報の検索率とクリック率である。すなわちアクセス数である。なお，検索してもクリックしないという率は約25～30％である。広告・宣伝を行うスポンサーにとってインターネット上のバナー広告はやはりアクセス数（検索率とクリック率）が高いことが求められるのである。これも 2-1 項同様に VA 活動は不要コストの削減ではないのである。インタネットサイトの広告ビジネスはアクセス数の向上を実現する方策を考えることなのである。そう考えるとインスタ映えする映像を生み出すことかもしれない。

2-3　ダイレクトメッセージの直接的指標は何か

　ダイレクトメッセージ（DM）の直接的指標はレスポンス率である。

　　レスポンス率＝レスポンス件数／ダイレクトメッセージ発送件数

　すなわち，アウトプットとして，レスポンス率とそこで回収できる売上費

55　松岡（2017 年）ではモノづくりとモノづかいのデザインサイエンスにおいては，感動と驚きの視点での取り組みが重要としている。

72   第Ⅰ部　価値向上はなぜ必要か

の比率が高いことが重要である。インプットは総ダイレクトメッセージ費用[56]
である。VA 活動的に言えば，インプットを極力低減し，アウトプットを最大
化することになる。この場合には VA 活動は，分子と分母のどちらに問題が
あるかで活動の優先準備が変わることになる。

　前出の 2-1 項と 2-2 項にも同一な考え方も通用するが，テレビ番組製作とイ
ンタネットサイト広告のビジネスでは，そもそも顧客からお金をもらうための
前提条件整備（顧客利益に貢献するかどうかの見極めをはかること）が第一義
的に満たすことが要件になる。一方，ダイレクトメッセージビジネスは自社の
販売方法の１つであり，他の販売方法との比較ができる。

　すなわち，もしダイレクトメッセージビジネスが採算上まずければ，他の販
売方法を考えられる点において 2-1 項と 2-2 項とは異なるのである。

　したがって，総 DM 価格＝ f（レスポンス率）の式を用意し相関関係を調査
する必要があり，その相関性があれば，その改善をすべきである。しかし，営
業活動として販売方式そのものの検討比較を行うことから見直すことが必要に
なるかもしれない。たとえば，① ダイレクトメッセージ販売を続けるか，そ
れとも ② 営業マンを雇い訪問販売，③ 販売店を募り対面販売，④ 直営店を設
け対面販売，さらに ⑤ フランチャイズなどの新システムによる販売などいろ
いろ考えられ，そのような抜本的見直し視点で活動をするかでレスポンス率だ
けではなく新たな価値判断基準が求められることになる。

2-4　消費財の直接的指標は何か

　だいぶ以前のことで時期は忘れたが，電子レンジが世の中に新発売され，
「チン」（ボタンを押してマイクロ波を発生させ，温める食品自身に含まれる
水分を振動させることにより発熱させる「マイクロ波加熱」）をすれば，簡単
に調理ができる商品として登場した。しかし，高価なため普及しなかった。消
費財の場合には大抵そうであるが，消費者は新発売当初は高価なため買えない
のである。そこでシャープは，投入する食品の大きさを制限し，機能を絞り，

56　総ダイレクトメッセージ費用とは，製作費＋印刷費＋発送準備作業＋配送費である。

「あたためる」だけとした商品を企画開発し比較的安い値段で発売したのである。その結果爆発的に売れ出したのである。その後，普及し沢山生産することができ価格も下がったことから，今日では各社が高機能の電子レンジを発売し出した。現在，コンビニにあるお弁当を温めるための電子レンジがシャープが当初発売したものと同じ「あたため」だけの機能を持つ電子レンジである。

　さて，消費財の直接的指標は「機能」である。機能の内，当初は「使用機能」だけでかつ「絞られた使用機能」で費用削減を図り，安い価格で発売することである。その後，一定以上の生産量が確保された時点で，「使用機能＋貴重機能」へとシフトしていくことが多い。以上の時系列的変遷は，商品価格＝ f（機能）式が成り立つのだろうか。一般的には成り立つのである。絞られた機能であれば原価は低くなり売価は下がる。一方，沢山の機能が付加されれば原価は高くなり売価も上がることが想定される。すなわち，商品コスト＝ f（機能）式も成り立つ。この原理を知っていたかどうかは別にして，ヘンリー・フォードが T 型フォード車を流れ作業方式による大量生産を実施することによって大衆への購買を可能にしたのである。

2-5　生産財の直接的指標は何か

　生産財の直接的指標は何かの話をする前に筆者が所属していた企業で，20年以上前に行ったお客様へ利益をもたらすビジネスモデルの話をしたい。

　1つの工場がある。生産財とは最終製品（消費財）を作るための製品や装置やシステムである。そこには水を使用するプロセスがあり，その水を循環させるポンプが沢山存在する。A 社 X 工場には 350 台ほどの大小異なり，また目的も異なるポンプがあった。筆者が所属していた企業製のポンプ数はその内60％程度で，他は競合他社製であった。ポンプは 1 度納めると 20 年程度は保守点検しながら使用できるものである[57]。要するに，一度納まると，20 年，時には 50 年は買い替え需要がなく，保守点検があるのみである。

---

[57]　超巨大な特殊ポンプ（火力発電所の海水用冷却ポンプなど）は半世紀以上も使用する場合があり，建物と同じ耐用年数を備えたポンプすらある。

74   第Ⅰ部   価値向上はなぜ必要か

　そこで考えた。お客様が今，1年間で支払っている350台ほどのポンプの総電気使用量を下げられるならば，ポンプを取り替えてくれるのではないか。実際にトライしたのである。そのためには前提として自社の新開発したポンプが自社の過去のポンプの性能よる優れかつ省エネ（省電力）でなければ話にならない。幸い，現市場でのポンプの省エネ率は業界トップ，また自社の過去生産していたポンプよりは省エネであることは明確であったことから，A社X工場に次のような提案をしたのである。

　「当社はポンプの性能や省エネでは他社をリードしていると自負しています。また自社の過去生産したポンプよりも毎年性能や省エネの向上を実現してきました。貴社X工場には350台ほどのポンプがあると聞いています。当社が貴社に提供できる技術はX工場のポンプ使用に伴う1年間の総電気使用料金を20%削減したく思います。そのため，貴社に納めた当社製ポンプと他社製ポンプをすべて当社の最新型ポンプと交換し従来の電気料金を20%削減します。なお，ポンプは買い取りではなく，今後はリース契約とし，この削減される電気料金の半分の10%分の料金しかいただきません。要するに貴社ではX工場のポンプ使用に伴う電気使用費用の10%が削減できます。当社は直近の1年間のポンプ使用に伴う電気使用費用をお教えいただければ，その10%の削減をお約束します。貴社のコスト削減に貢献したく思います」[58]。

　生産財の直接的指標は「顧客利益」である。お客様にとって，改善後明らかに利益還元されるのであればまず無条件に改善提案を受け入れるものである。

　製品価格＝f（顧客利益）式が成り立つのだろうか。一般的には成り立つのである。顧客にとって自社利益に貢献するのであれば，一般的には無条件にその提案を受け入れることになり，生産財メーカーは新たな受注を獲得できるのである。すなわち，受注できれば，新たな生産を開始でき目標の限界利益が確保できるから製品コスト＝f（顧客利益）式が成り立つのである。

58　実際にはX工場の水系システムそのものの改善提案や全工場の省エネに関する新たな新システムの提案なども実施し，大型ポンプに関しては個別に電気消費量を把握する計器を取り付け，その実際の電気使用量把握も行った。その結果，10%以上のコスト削減を行い，最新の新ポンプに交換できたのである。

2-6 管理間接費の直接的指標は何か

管理間接費の直接的指標探しは大変難しい課題である。前述した，本社のスリム化プロジェクト時に，何を目標として活動すべきか事前にプロジェクトメンバーで話した。結論は本社による管理業務でライン業務の遅延やわずらわしい業務をなくすこととしたのである。要するに意味がなく付加価値を生まない業務やそもそも本社の所属社員の存在理由にまで言及して見直すこととした。その結果，たとえば，財務管理は法律順守の観点で必要不可欠な業務であるが事業部で行う管理は本社の財務管理部員が兼任して対応することとし，事業部には財務要員を配置しないこととした[59]。これにより，1/3 の財務要員が削減できたのである。裏を返せば，1/3 の人員がダブル業務をしていたことになる。また本社への提出書類や本社で開催される会議も 90% 削減した。本社部門の費用削減＝f（ムダ管理業務の全廃）とし，取り組んだのである。その結果，全社員数に対する本社社員数を，改善前 8% を改善後 4% まで削減できたのである。

3. 価値判断基準となる直接的指標とは何か

2 節では，6 ケースでいろいろ検討した。マイルズ師の創始した VA では「価値分析とは，一連の技法，知識，習得したスキルを用いて行う一つの基本的原則である。それは，不必要なコスト，すなわち，品質，用途，寿命，外観，顧客の基準に応じた特徴に関係のないコストを効率的に特定するための秩序だった創造的手法である」と定義されている。したがって，今日でも VA を実践する多くの方が闇雲に自社コストに視点を合わせ，不要コストの発見とその原価削減の改善策を見出す努力をしてきた。

日立グループが実践されている VEC 活動[60]では，単に原価削減だけではな

---

59 必要に応じ，本社財務管理要員が事業部に出向き，業務対応するのである。

60 2018 年 9 月 4 日開催（日本バリューエンジニアリング協会主催）の第 2 回経営者フォーラムの講演「日立製作所の VE，原価企画活動」の講演者日立製作所 CPO 兼バリューチェーン・イン↗

76　第I部　価値向上はなぜ必要か

く，顧客価値と企業価値（利益）の向上を両立させ，経営目標に合致する活動と位置付けている。V（価値），F（機能），P（価格），C（コスト）とすると，下記式が成立し，それを実践するとしVEC活動[61]となるとしている。筆者もV＝F／C式を容認するとすると，正しい認識であると考える。

$$V = \frac{F}{P} \times \frac{P}{C}$$

　　価値　　顧客価値　　企業価値

　図表5-1に6事例のまとめとして対象テーマの直接的指標とコストの関係性を一覧表にした。

図表 5-1　6 事例のまとめ（対象テーマの直接的指標とコストの関係性）

事例	対象テーマ	直接的指標（x）	コスト（製作費（Y））	Y＝f（x）方程式	相関
1	テレビ番組製作	視聴率	番組制作費	テレビ番組制作費＝f（視聴率）	×
2	インタネットサイト広告	アクセス数	サイト広告製作費	サイト広告製作費＝f（アクセス数）	×
3	ダイレクトメッセージ	レスポンス率	総DM費用	総DM費用＝f（レスポンス率）	×
4	消費財生産	初期：使用価値 後期：使用・貴重の両価値	商品コスト	商品コスト＝f（機能）	○
5	生産財生産	顧客利益	製品コスト	製品コスト＝f（顧客利益）	○
6	管理間接部門	ムダ管理業務	部門間接費	部門間接費＝f（ムダ管理業務）	○

出所：筆者作成

　これからわかることは，直接的価値評価指標が必ずしも不要コストと相関関係がない場合がある。

　それは2-1項事例から2-3項事例である。一方相関が有る場合がある。その相違を意識して，価値判断をどのレベルで行うことが良いのかを見極めることが重要である。

　6ケース事例を総括すると，下記プロセスで価値判断基準となる直接的指標を見出し価値判断基準に基づき価値向上の創意工夫を考える。

　　＼テグレーション統括本部長理事村山昌史氏配付資料による。

61　VECとはValue Engineering for Customerの略である。

1）直接的指標の発見に努める。
2）対象テーマの1)の指標と価格（製造費や販売費）との相関関係のチェック
3）相関関係ある場合は直接的指標をコスト削減のキーワードとして活用し創意工夫を考える。
4）相関関係ない場合は直接的指標を再度見直すため1)に戻る。
5）直接的指標が見つからない場合にはコスト削減ではない価値向上の創意工夫を考える。なお，必要に応じコスト削減の創意工夫も追加して考える。

自社の利益を上げるVA活動を実践する時には，筆者は，まず業務遂行のアクションの4行動をチェックすることをお薦めしている。具体的には顧客からの「① 依頼」があり，その依頼部門が「② 対応」し，その後，その「③ 結果」が判明し，その結果を受けて価値判断を意思決定する判断者（顧客）が結果を評価する。そして，その全行為に対して，「④ 支払い」がなされ，表層的には製品やサービスの提供により支払がなされることになる（図表5-2参照）。

Aタイプは事例1（2-1）と事例2（2-2）である。依頼企業は自社にできない部分を依頼業務先に一括業務委託を行い，実施企業は依頼企業の立場に立って「代行的行為として業務を実施」するのである。従って，視聴率やアクセス数といった直接的指標を受け入れる必要が出てくる。

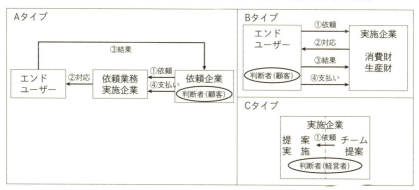

図表5-2 業務タイプ別ジョブアクション（依頼・対応・結果・支払）の相違

出所：筆者作成

Bタイプは事例3 (2-3) である。現在ダイレクトメッセージによる販売方式でビジネスを実施しているがそのビジネスがうまく機能しないのであれば，訪問販売，代理店販売，直営店販売ほか検討することが求められる。したがって抜本的改革を推進するには，ダイレクトメッセージによる販売方式の直接的指標である「レスポンス率」だけでは企業業績の向上改善にはつながらないのである。

Bタイプとしてその他事例4 (2-4) と事例5 (2-5) がある。このタイプは企業と1対1で向き合っているところ（自社と顧客）が特徴である。したがって，直接的指標は大抵の場合には顧客要望や指示事項が多いので，直接的指標とコストの関係性は相関があることが多くなる。この場合には直接的指標を掘り下げて，コスト削減も視野に入れ，指標を向上させることにより，結果として売上額の向上や利益の増大を実現できることが多い。ただし，Bタイプでも中間に企業が入る（例えば設備業者，卸業者，業界管理組合（農協なども含まれる）など）とだいぶ様相が変わる。

筆者の体験的VA事例を紹介する。今から30年以上前であるが，ポンプとモータを繋ぐカップリングという部品がある。ポンプ側にもモータ側にも付いている。その両方のカップリングには円周方向に5〜6つの穴が開いていて，そこに従来はたわみゴムを差し込んだカップリング継ぎ手を装着しモータの回転力をポンプ側に伝える役割を果たしている。たわみゴムを付けるのにはモータとポンプの軸心がずれている場合（平行ずれ，角度ずれ），その吸収をするためであった。たわみゴムは常時カップリング穴と接触していることから，1年に1回交換しなければならないのである。この装置を収めているエンドユーザーのためになることを考えれば，この保守点検と交換の手間を省きたいし，また保守管理費の発生もなくなればありがたいことである。そこで，VA活動を行い，ゴム製からエンジニアリングプラスチック製に変え，かつ軸心のずれを最小化する方策を生み出した。これにより年間連続運転しているポンプなら1年ごとのカップリング継ぎ手の交換が20年程度不要になるのである。そこで代理店である設備業者に相談すると全業者が大反対であった。その継ぎ手交換による収入がゼロになるからである。したがって，本VA活動の提案は実施されなかった。しかしその後，競合他社がほぼ同じ方式の製品を発売し，

第5章 価値評価基準は価格だけか 79

メンテナンスフリーを強調して販売に打って出て，その結果ポンプの販売シェアーを約10％失ったのである。その結果，後発で追従したのだが後の祭りであった。この失敗の反省点は，直接的評価指標が真の顧客の価値評価基準かを明確に意識しなかった点にある[62]。価値判断をする判断者は顧客であることは間違いないが，では，設備業者，卸業者，業界管理組合，エンドユーザーなどの誰が判断者かの見極めが極めて大切である。VAでいくらよい提案がなされても，間違った顧客，まぎらわしい怪情報（真の顧客でない自社利益が優先）を基にした意思決定が企業を潰すことになるのである。

Cタイプとしては事例6（2-6）がある。近年多くの企業は，従業員満足度を上げる必要があるとの認識から，外部コンサルタントに要請し従業員満足度調査や従業員インタビュー調査を実施し，従業員満足度向上だけでコンサルタントの導くままにVA提案を行い実施するケースを見聞する。これはVA対象をあえて狭めることでVA活動の効率化を図っているようにみえるが，間違ったアプローチであると考える。筆者は，もっと上流に遡って検討する必要性を感じる。社内の管理基準の見直しやグループ会社やさらにビジネスパートナーをも包含したシステムの見直しに際しては，本章で取り上げた対象テーマの直接的指標を丹念に選び出し，その結果から付帯的に従業員満足度を向上することが必要とされる場合に，決定権のある経営者の意思決定で決めるべきである[63]。

そもそも管理に関するテーマは経営者の考え方一つでどうにでもなることであるが，だからと言って，世の中の時流に乗る形で，コンサルタント任せのありふれた業務改革をすることはよくないと思う。

---

62 サプライチェーンマネジメントなどの管理ツールもこの一つであろう。

63 米国では，経営者が即決即断で決めるとよく言われるが，その裏には経営者がその施策実施がうまく機能しなくなった場合にはその責任をとって直ちに経営者を辞めるという暗黙のルールがある。したがって，独断で強引な意思決定によるマネジメント変更が行われる。日本の場合にはドラスティックな改革がなされない理由の一つは，そもそも経営者が居座ることや社員の意見を聞きすぎるなども問題があるように思われる。

第**6**章

マイルズ師は V＝F／C 式は生涯認めなかった

　第Ⅰ部では「価値向上」について，マイルズ師の創始当時の考え方と比較しながら，今日の社会情勢に基づき，筆者の考え方の一端を紹介してきた。「はじめに」にも書いた通り本書を執筆する際に，マイルズ師の VA 図書（1961年），マイルズ師の投稿論文（1962年），マイルズ財団発刊回想録（1987年）そしてマイルズ財団 HP 上のマイルズ師の直接インタビュー内容を見聞した。本書にその一部を翻訳したものを第Ⅲ部資料として掲載した。

　本章のタイトル「V＝F／C 式は生涯認めなかった」は筆者の仮説でしかないが，上記出版物に全く記載がないこと，以前，米国 VE 協会主催の SAVE 世界大会（含む日米の CVS 有資格者によるハワイ大会）に都合 4 回参加し，その際の雑談で聞いた話などから，たしかに本式を容認した形跡はないようであり，強調語で表現すれば「生涯認めなかった」は嘘ではないように思える。以下極力事実を積み上げて，その仮説の正当性（正しさ）を述べてみた。ただしあくまで筆者の個人的見解の域は超えないのである[64]。その点をご了解いただいた上で，興味があれば読み進めていただきたい。

64　筆者も近々，他界することになる。もし，天国でマイルズ師に再会でき，本件を確かめたら，叱責されるかもしれない。ただし，回想録にもある通り，マイルズ師の人柄から筆者の言葉を否定しないと思える。本件は VA の本質に関わる重要なテーマである。ただし，筆者自身は決して VA 式を否定するものではない。初めて学ぶ者にとっては，わかりやすい概念提示であるからである。

第6章　マイルズ師はV＝F／C式は生涯認めなかった　*81*

1．VE定義式の整理

　まず，VE定義式のいくつかをあらためて図表6-1に列挙してみる。

1-1　米国国防省のVR（価値指数）＝F（機能）／C（コスト）式

　VE定義式のルーツは間違いなく米国国防省のVR（価値指数）＝F（機能）／
C（コスト）式である。序章2節でも述べた通り，VA文献から，現存する兵
器を対象に開発時の使用価値（VA基本ステップ1：機能確認活動結果）はそ
のままにした[65]上で，「ステップ2：比較による機能評価」と「ステップ3：代

図表6-1　VE定義式のいろいろ

	VE定義式	採用組織名	定義式の要点
1	Value Ratio＝Function／Cost （価値指数＝機能／コスト）	米国国防省	現兵器を対象に当初の使用価値をそのままに，機能→でコスト↓を行う活動。価値指数算出意図は機能分野の低いところを優先してVA活動を行う。
2	Value＝Function／Resource （価値＝機能／資源）	米国VE協会	製品やサービスを誕生させる時，分子（機能，性能，品質，安全性）と分母資源（コスト換算）の最適なバランスで最大値を生み出すVA活動を行う。
3	Value＝Function／Cost （価値＝機能／コスト）	日本VE協会	製品やサービスを誕生させる時，4通りの価値向上を図りVA活動を行う。具体的にはF→／C↓，F↑／C↓，F↑／C→，F↑／C↑である。
参考	Functional Value＝Performance／Cost （機能的価値＝性能／コスト）		機能的価値の向上には性能↑と作り出すための製造コスト↓の考え方を式にしたものである。

出所：筆者作成

65　「機能確認」では価値分析をするわけであるが，マイルズ師曰く，「エンジニア（生産者側）は使
　用価値＝使用機能，貴重価値＝貴重機能であるから，各機能内容を確認し，その後各機能のコスト
　を調べ，価値の程度をVR値でチェックすれば良い」のである。

82　第Ⅰ部　価値向上はなぜ必要か

替策開発」を実施するのである。その際の取り組む姿勢であるが，機能は同じ
（→）でコストは下げる（↓）のアプローチを行う」のである。その際，Ｆ／
Ｃの値（VR）が低い機能分野から代替策を出していくための指標になる。し
たがって本定義式は論理的に正しい式と言える。

1-2　米国 VE 協会の V（価値）＝ F（機能）／R（資源）式

　米国 VE 協会の VE 定義式は V（価値）＝ F（機能）／R（資源）式である。
同協会のホームページの VM 定義をみると製品やサービスを誕生させる時，
分子は機能だけではなく性能，品質，安全性を配慮した値とし，分母の資源は
コスト換算した値である。その定義式はその分子は上げ↑，分母は下げ↓と
いった明確なルールはなく，最適なバランスで最大値を生み出せと記されて
ある。要するに本式は，分子の効用と分母のコストを比較して価値を明確にせ
よとのメッセージであり，本定義式は存在する意義がある。なお，玉井（1978
年）の第 1 章の 1.1 節では，米国国防省と米国 VE 協会の VA 定義式の両方の
定義式が示されている[66]。

1-3　日本 VE 協会の V（価値）＝ F（機能）／C（コスト）式

　日本 VE 協会の VE 定義式は V（価値）＝ F（機能）／C（コスト）式である。
一見すると米国国防省の VE 定義式に似ている。右辺は同じであるが，左辺
が米国国防省は VR（価値指数）である。日本 VE 協会の VE 定義式は V（価
値）のみである。要するの日本 VE 協会の本式は，概念を明らかにしようとす
るものである。土屋監修（1998 年）では第 1 章 3 節で価値向上の原則で，価
値向上の形態として，Ｆ→／Ｃ↓，Ｆ↑／Ｃ↓，Ｆ↑／Ｃ→，Ｆ↑／Ｃ↑の
4 つを上げている[67]。

66　まず，米国 VE 協会の V ＝ F（機能）／R（資源）式は，アウトプット／インプット＝需要者
　　の欲求をみたす製品やサービス／投入資源とし，その次に米国国防省の VR ＝ F（機能）／C（コ
　　スト）式は，アウトプット／インプット＝価値指数＝効用／コストと記載し説明されている。

67　日本 VE 協会発刊の玉井監修「VE 活動の手引」(1971 年)，森北出版発刊の玉井編「価値分↗

1-4 Functional Value（機能的価値）=
Performance（性能）／Cost（コスト）

図表6-1の参考として記載したFunctional Value（機能的価値）= Performance（性能）／Cost（コスト）式は，マイルズ師（1961年）の第1章1.3節で下記の記載がある。

「長い間，製品が受け入れられるためには，顧客が期待するレベルで顧客のニーズや望みに応えなければならないと考えられてきた。つまり，製品は性能において優れていなければならない。近年になって，生産コストは，顧客が競争価格で製品を買うことができるレベルでなければならないという点が重視されるようになった。これが価値の概念を生み出した」。

この文章を単純に解釈するとFunctional Value（機能的価値）= Performance（性能）／Cost（コスト）式が成り立つように思える。筆者は，1.1項で述べた経過を踏まえれば米国国防省の初期のVE活動は本式で行われたと考えている。すなわち，1.1項の米国国防省のVE定義式VR（価値指数）=F（機能）／C（コスト）は実践時に使用する式であり，国防省のVE概念式はFunctional Value（機能的価値）= Performance（性能）／Cost（コスト）と考えられる。

2．マイルズはV＝F／C式は生涯認めなかった理由

第1節では各組織で使用しているVE定義式を説明した。以下日本VE協会のVE定義式V（価値）=F（機能）／C（コスト）を基に「なぜマイルズ師が生涯V=F／C式を認めなかったのか」について考察してみたい[68]。マイルズ師（1961年）の図書の文章を下記にピックアップしてみる。

　＼析」（1978年）は，本定義式は存在するが，価値向上の形態4つは存在していない。
68　米国国防省と米国VE協会の両式は実務ベースのVE定義式であり，日本VE協会の式は概念をあらわすVE定義式であり，本検討には好都合であると考える。

84   第Ⅰ部　価値向上はなぜ必要か

2-1　マイルズ師が選択した経済価値だけで価値分析は十分か？

　本書の第1章1節で価値概念について整理した。その際マイルズ師は，企業が継続的に利益を計上し続けるにはどうしたらよいかを考え続けていた。一般的に価値の概念は経済的価値，道徳的価値，美的価値，社会的価値，政治的価値，宗教的価値，司法的価値などに分けられる。さてマイルズ師がVAを創始することを真剣に考え出し実践した時期（1940～1960年代）は米国においては高度成長経済期であり企業間競争に打ち勝つためには上記の各種価値の中で最も重要な価値は「経済価値」であり，マイルズ師はこの「経済価値」に焦点を絞ったのである。また消費者は戦争から解放され手に入れたお金（給料）でモノを購入し所有することで各人の夢の実現を図ったのである[69]。そこで，マイルズ師はウオールシュ（1926年）の4つの経済的価値分類（使用価値，貴重価値，費用価値，交換価値）の内，使用価値と貴重価値の2価値に限定して「不必要コストの特定化」と「創造的手法によるコスト削減」の2作業を実践する方法論に到達したのである。すなわち，マイルズ師の創始した「価値分析」で考えている価値の範囲は下記の不等号式の右側枠の2つの価値だけである。

　　全体の価値　＞　経済価値　＞　┃使用価値＋貴重価値┃

　マイルズ師がVAを創始した時代背景は「企業業績の向上」と「消費者の所有欲により満足度の向上」であった。では，なぜマイルズ師はVE定義式であるV＝F／C式を生涯認めなかったのであろうか。

2-2　マイルズ師が思い悩んだこと

　マイルズ師の創始したVA活動では限定的価値（使用価値＋貴重価値）の

69　米国ではないが，日本の高度成長期時代（1950年代後半）には三種の神器（家電製品）と言ってテレビ，洗濯機，冷蔵庫を家庭で持つことが夢の実現であった。筆者が小学校の低学年時代だが，月曜日から土曜日まで休むことなく働く父親が冷蔵庫が自宅に入る日は仕事を休んで台所で待機していたことを思い出す。

みを対象としている。おそらくマイルズ師は創始したVA活動で実施する時，図表2-4のVA基本ステップ1.機能確認（価値分析）の活動で，V＝F／Cで価値を測定することには抵抗感があったと思う。理由はたった２つの価値（使用価値と貴重価値）だけで対象テーマの価値を把握するのに，最もらしい公式で価値が高いの低いのと決めることが嫌だったのであろう。それよりも価値が低いならば代替のアイディアを出し現在あるモノと見較べて，その２つ（既存と代替）のコスト比較で安い方を選べばよく，その結果も最終的なものではなくその時点でのベストと見なせばよいとしたのである。そのことを伺わせる図書中（マイルズ師（1961年））と本人インタビュー（マイルズ財団）の内容を箇条書きにする。

2-3　マイルズ師の発刊図書をチェック

マイルズ師（1961年）第１章1-2節「価値とは何か」から引用する。
1）生産者にとっての価値は，ユーザにとっての価値とは異なる。
2）時期，場所，用途によって同じものが同じ顧客にとって異なった価値を持つこともあり得る。
3）価値とは，多くの要因によって決定されるものである。
4）最大価値とはおそらく決して達成できないものである（マイルズ師肉声コメント内容に同じ）。
5）通常の価値は競合製品よりも優れている場合に価値が高いと考えられる。売上高が落ちると低いとみなされる。我々がこの価値の高さを決めるには限界がある。
6）競合製品との直接的な比較ではなく，間接的に最適なアイディア，プロセス，材料，設計と比較すると，不要だと確定されたコストは25％から75％にのぼることがわかった。
7）長期的なビジネスの成功は顧客が望む価格で最高の価値を提供し続けることができる。
8）競争によって類似の製品やサービスを提供している他社との競合性を高めるために，価値を設定する際の方向性が決定される。

86 第Ⅰ部 価値向上はなぜ必要か

9）最高の価値は性能とコストという2つの要因で決定される。

10）長い間，製品が受け入れられるためには，顧客が期待するレベルで顧客のニーズや望みに応えなければならないと考えられてきた。つまり，製品は，性能において優れていなければならない。近年になって，生産コストは顧客が製品を買うことができるレベルでなければならないという点が重視されるようになった。

筆者の解釈：「価値とは何か」の質問に対してマイルズ師は上記の10項目で回答している。そのポイントは4つに分けられる。

・価値の最大価値（Maximum Value）＝理想の追求は無理。通常の価値（Normal Degree of Value）（競合製品）を意識せよ。

・競合製品の価格比較でなく，アイディアほかで比較してみよ。そこには不要コストが沢山（25〜75％）がある。

・競合他社に打ち勝つための方向性は顧客が望む価格と最高な価値提供しかない。

・最高価値（Best Value）は性能とコストという2つの要因で決定される。歴史が証明している。

2-4　マイルズ師の肉声をチェック

マイルズ財団の肉声ビデオメッセージを引用する。なお下記M師とはマイルズ師のことを指す。

質問「VA創始から30年経過したが，価値分析による問題解決システムはどの段階（1〜10段階）でしょうか？」

M師「まだ2.5段階ですね。」

質問「価値分析の10段階とはどのようなものですか？」

M師「究極のゴールには決して到達しないでしょう。なぜなら，人間は非常に多様で，価値方法論は人が達成したいと思うことを達成する手助けをする方法であり，基本的には人を育てる方法だから」

筆者の解釈：その前後のインタビュー内容から価値分析で問題を見つけるには人がその気にならなければできないのであり手法ありきではない。人の

第6章　マイルズ師は V＝F／C 式は生涯認めなかった　　*87*

問題に対する取組姿勢の問題だ。前述した本書 2-3 の 4）項の「最大価値とはおそらく決して達成できないものである」をベースに会話したものと想定される。

2-5　Function（機能）と Worth（価値）の関係

V＝F／C 式について興味深い記述が玉井編（1978 年）の 26 頁の下から 6 行目の注記にある[70]。「価値（Value）と値打（worth）は一般に同義語で使われる。VR＝F／C の式では，価値と値打を区分して，価値指数 V の方に「価値」という用語をあてはめ，機能 F の方に「値打」という用語をあてることにする」。この文脈を VE 定義式に記載すると V（価値）＝F（値打）／C（コスト）になるのである。英語で記すと Value＝Worth／Cost となる。

ER Synonym Dictionary Online（2019）によれば，Worth とは絶対価値で，Value とは相対価値である。Worth とは「その物自体の持つ本質的・絶対的な「価値」を意味する語で，金銭的な一般市場における価値を表し，どの時代でも変わらない不変の価値である。実際的に役に立つ，重要であると言う場合に多く用いられる」。一方 Value とは「他の物と比較することによって見出す相対的な「価値」を意味する語で，誰かにとって役に立つという実用的な意味での価値で，人によって異なる概念である。「思い出の写真」や「表彰状」のように，ある人には非常に価値があっても，他の人には全く価値が無い場合もある。またその価値は時代によって異なる」。なお「モノの金銭的な価値としての意味では，Worth と Value は同義であり，どちらも同じように用いられている」。

筆者は次のように考えている。まず，マイルズ師は，図書（1961 年）中でエンジニアは使用価値と貴重価値を機能に置き換えればよいと記載されている。その指示に従えば，上記の Value＝Worth／Cost の式の右辺分子 Worth

---

70　玉井先生は日本の VE 活動の司令塔であった当時産能短期大学教授であり，また日本 VE 協会の参与をされており，日本で初めての VE 図書『価値分析』（1978 年）を出版された方である。したがって何度となく米国にも行かれ，VA 創始者のマイルズ師ともお会いになり，いろいろな話を直接聞かれていたものと思われる。したがって文中の記載内容には重みがある。

88 第Ⅰ部 価値向上はなぜ必要か

を機能に置き換えれば，Worth を複数の Function に変換できる。たとえば特定の Worth「環境にやさしいという絶対的価値」を実現するために，エンジニアは F1（機能１：材料はすべて生分解性プラスチックを使用する），F2（機能２：リサイクル率を100％にする），F3（プラスチックに着色用添加剤を使わない），F4（成形は自然エネルギー（風力発電）を使う）などの機能に置き換え，さらにその具体的な代替策を考えるために機能別にアイディアを創出し，Worth 実現のために価値向上できそうな具体案を取りまとめる。これが分子部分のエンジニア行動である。一方分母部分はその実現のための総コストとなる。このような手順で実施された場合には左辺 Value は相対的価値となると思われる。

さて，資本論ではものの有用性（機能）はそのモノを使用価値にすると言明している（本書第１章２節）。要するに「機能」と「価値」とは見方の違いであると認識できる。具体的には「機能」はモノづくり企業の視点であり，一方「価値」とはエンドユーザの視点であろう。「機能」と「価値」は言葉の相違はあるが，ほぼ同義語と考えられる。したがって Value（価値）＝Function（機能）／Cost（コスト）式の右辺の分子 Function は，機能→値打（Worth），右辺から左辺への関係性は値打（Worth）→価値（Value）と解釈できるのである。とすると Value（相対価値）＝Worth（絶対価値）／Cost（コスト）の関係式は成り立つのである。

2-6　今日の価値概念とマイルズ師の価値概念

図表6-2に価値の種類とその要点を記す。上の４つ（1〜4）はウオールシュら（1926年）の経済価値の分類である。それ以下は，番号（5と6）は延岡（2008年）が提唱した考え方であり，番号（5と7）はアーカー（1984年）が提唱した考え方である。

ここで注目すべきことは，ウオールシュら（1926年）の経済価値では，経済活動の中心にあるモノ[71]を基に，エンドユーザーの使用価値と貴重価値に

71　以下記載のモノとは製品はむろんサービスや今日ではこの製品やサービスに纏わるデーター↗

図表6-2 価値の種類とその要点

	価値の種類	各価値の要点
1	Use Value （使用価値）	効用・満足を得られる価値 使用する目的となる機能によって生じる価値
2	Esteem Value （貴重価値）	手に入れたいと思わせる価値 そのモノの機能ではなく，欲しいと思わせることにより生じる価値
3	Cost Value （費用価値）	商品を製造しサービスを生み出すには費用が発生し，その費用の価値
4	Exchange Value （交換価値）	商品を購入しサービスを受け取るには，代償として支払う価値。貨幣経済下では，お金＝価格で決まる価値
5	Functional Value （機能的価値）	顧客が基本機能によって客観的で直接的に，もたらされる価値
6	Premium Value （意味的価値）	顧客が主観的な意味づけで決める価値
7	Emotional Value （情緒的価値）	その商品やサービスで得られる心理的価値

出所：筆者作成

焦点をあて，モノが売れその見返りに交換価値と費用価値が実施されるという考え方である。

　一方，延岡（2008年）とアーカー（1984年）では，モノの機能的価値とそのモノから受けるエンドユーザーの意味的価値か情緒的価値に注目して，この両者の見合いで対象のモノの価値を捉えているのである。近年，先進国ではエンドユーザーが満たされてしまい，モノに対する執着心，言ってみれば，使用価値（これだけの効用・満足を得られる価値）や貴重価値（手に入れたいと思わせる価値）といった人間の素朴な欲求を満たす感動を得るための行動パターンから，機能的価値は必要だが，意味的価値（自らの主観的価値）や情緒的価値（自らの心理的価値）といった個々人の感動（驚きや共感など）をも取り込んだ価値概念の基でモノを市場投入しないとモノが売れないし，またモノが作れなくなってきている。

　ものづくり現場においても，ユーザーイノベーションや経験的イノベーションなる考え方[72]で，ユーザ側が持っている知識または思っていることなどを

＼ベース（含むITシステム）も含む概念とする。

72　ユーザーイノベーションは小川（2013年）が詳しい。また経験的イノベーションはプラハラードら（2004年）が詳しい。

90　第Ⅰ部　価値向上はなぜ必要か

直接生産者側にぶつけ，自らもその当事者になる活動が盛んになってきている
ようである。一方，生産財などでは従来通り使用価値オンリーである製品群も
存在している。

　以上から，今日，図表6-2価値の種類とその要点に示すいろいろな価値をモ
ノづくり側は考慮しながらモノを市場投入しなければならない状況下にある。
したがって，結果的にではあるが，マイルズ師が，V＝F／C式を認めなかっ
たのは正しい認識であったと言える。

　なお，現在存在している，VE定義式は，具体的作業上の式でも，概念説明
用の式でも，その目的とすることに関しての使用範囲では問題ないが，価値概
念の多元化が増々進行することになった現在，固定した定義式で，セミナーの
受講者やライン業務遂行者にVA活動を行うことは，VA活動に疑問を持たれ
る可能性がある。筆者は，そうならないように注意してVE定義式を扱ってほ
しいと考えている。

3．マイルズ師が抱いていた価値概念とは

3-1　「Value Analysis（価値分析）」の命名

　マイルズ回想録（1987年）「ゼネラル・エレクトリックでの価値分析」に
記載されている「Value Analysis（価値分析）の命名決定」時の内容（ドン・
パーカー談）から，マイルズ師自身が「Value Analysis（価値分析）」と命名
したわけではない。それはGE社のエンジニアリング担当副社長ハリー・ウィ
ン氏が発した言葉[73]にマイルズ師が同意したのである。

　以下にマイルズ師自身のインタビュー（マイルズ財団ビデオによるマイルズ

73　その新たな機能的手法は，エンジニアリング担当副社長であるウィン氏に伝えられた。ウィン氏
は話を聞き，理解して言った。「これは，費用を抑えて品質を保つための，今までに聞いた中で最
も良い方法だ。この方法を何と呼ぶつもりだ。適切なコストでの適切な品質イコール価値だ。価値
分析と呼んではどうだ」（パーカー氏がマイルズ師から聞いた内容）。この後で記載するマイルズ師
の肉声内容と多少異なる。本書ではマイルズ師の肉声をベースに理解を深めたい。

メッセージの「価値分析の物語（Part1）」内容を記載する。

「私は，エンジニアリング担当副社長のハリー・ウィンに連絡し，会う約束を取り付けた。私は彼に機能を買うという方法を説明し，彼もこれに賛成した。ハリー・ウィンはこう言った。『これは，無駄なコストを探し出してそれを排除するために，エンジニアにとって最も役立つ方法だ。』さらに，この方法は何という方法か聞かれてまだ名前がなかったので，なんと名付けようかという話になった。彼は言った。『これは，明らかに「経費削減」ではない。単なる「費用分析」でもなくそれ以上のものだ。「機能分析」でもない。「機能分析」という方法は別にあって[74]，それとは違う。「価値分析」という名前をつけるのはどうか。何らかの価値を持つものはすべて適切な機能と適切なコストを持っている。その２つに注意しなければならない。』私は賛成した。GE のトップリーダーであるエンジニアリング専門家の賛同を得て私は非常に嬉しかった」。

筆者は「機能を買う」という新概念は「「経費削減」でなく「費用分析」でなく「機能分析」でもないとしたことに敬意を表したい。理由は「機能を買う」の上流側の「機能確認」と下流側の「機能から発想された新たなモノを買う行動」のどちらに重きを置くかという違いである。上流側に重きを置くと「機能分析」になり，下流側に重きを置くと「○○分析」になったのである。その結果として○○分析に当てはめる言葉として「価値分析」が新たに提起され，マイルズ師も了解したと考えたい。

「価値分析」≠「機能分析」ではなく「価値分析」⇒「価値創造」がVA を創造的課題解決アプローチとして世の中で認知されたと考えたい。こう考えると，マイルズ師が図書の中で価値分析（VA）を「創造的手法」であると言い切ったことはほぼ，下記ロジックと考えられる。

「価値分析」⇒「価値創造」＝「創造的手法」であると思われる。すなわち，マイルズ師の頭の中には「結果にコミットする」との強い思いがあったのではないかと思う[75]。

---

74 機能分析は別にあったとの表現で言われている内容は，きっと心理学分野の問題行動の要因を明らかにする方法論としての行動の連鎖を明らかにする方法と考えられる。どのような状況でおこるか？　どのような行動がなされるか？　どのような結果がおこるか？　を明らかにする内容である。

92　第Ⅰ部　価値向上はなぜ必要か

3-2　マイルズ師の抱いた価値概念と価値の見極め方

　大前提として企業を儲けさせる目的を基にしていることである。そのために
は企業で生み出す製品（製品は売れることで利益が創出）をどのように捉える
かで，マイルズ師は製品のライフサイクルから説いている。具体的には研究開
発期，成長期，成熟期の3期に分けて論じている。まず各期の行動を，マイル
ズ師図書記載内容を基にして整理する。

　研究開発期：新機能・付加機能・既存機能の信頼性を高めるための技術革新
　　行動（性能研究）

　成長期：競合製品との競争に打ち勝つために低コストで製品を製造する行動
　　（コスト低減研究）

　成熟期：不要費用を特定し製品の均一化と価値向上により主導権を握る行動
　　（価値研究）

　ここで，マイルズ師は成熟期に研究開発期や成長期の行動を実践することは
おろかであり，性能研究をしている人々を如何にして価値研究に向けさせるか
が鍵であるとまで言及している。

　価値を重視する事例として家庭ごみの処理を上げている。具体的には人間が
生きるために食物を取る際に出るごみは止むを得ないものである。産業革命以
降，人間が都市部に集中するという生活様式の変化に伴い，家庭ごみの処理の
問題が深刻化した。そこで GE 社では研究を始めた。薬品で溶かす実験，燃焼
させ灰にする実験，ごみを擦る潰す実験などで結局，擦る潰す生ごみディス
ポーザーを開発し，各家庭のシンクに取り付け，ごみを粉砕し下水道に流す方
式が一般化した[76]。ここまでが研究開発期の性能研究の技術革新行動である。

75　マイルズ師の「結果にコミットする」とは，創意工夫し価値創造の結果，競争企業に競合製品を
　　打ち負かし，市場での存在感を高め，生き残り，利益を上げることであると考えたのであろう。筆
　　者は1989年10月，ヨーロッパで開かれた第1回 VE 大会に日本から参加した。イタリアのミラノ
　　で開催されたのだが，日本の経営者代表として日立建機の専務取締役だった瀬口氏（後に同社社長，
　　その後日本 VE 協会会長へ）といすゞ自動車の技監をされていた佐藤氏と参加した。大会が終了後
　　3名で慰労会をした際，瀬口氏から佐藤氏と筆者に「君たちは，バリューエンジニアとして，分析
　　派（テクニシャン）ですか，教育派（教育係）ですか，実践派（成果を出す）ですか」と聞かれ，
　　筆者は「実践派」と回答した。
76　1950年当時，米国ではディスポーザーでごみを粉砕し下水道に流す方式が採用実施された。↗

第6章　マイルズ師はV＝F／C式は生涯認めなかった　　*93*

次の成長期になると製品が改良され生産コストが下がり需要が増大し企業利益が増大した。これが成長期のコスト低減研究による低コスト製造行動である。そうすると，比較的短時間に12社以上の企業がディスポーザーを製造・販売するようになり，価格競争により利益が出なくなってしまった[77]。この時期が成熟期なのである。消費者にとっては売価が下がることはうれしいのだが，それを提供する企業側にとっては深刻な問題となる。マイルズ師はこの段階に来た企業を救う方法として価値研究があると力説する。マイルズ師の頭に中には，資本主義経済下で，公正な市場競争がなされる条件下で，企業が末永く存続するための「生き残り戦略」として価値研究の必要性を説いたのである。

　その際，価値をどのように捉えるかであるが，上記の結論として「経済価値」に限定し，しかもマルクスの主張した「使用価値」とウオールシュら（1926年）が主張した消費者側の価値認識である「貴重価値」の2つの価値に絞ったのである。

　次にマイルズ師はどのようにしたら価値を明確に把握できるかを考えた。その結論は，自らが，第二次大戦中の物資がない時代に実践していた「機能でモノを買う」という体験から，「モノ」そのもので価値（値打ちがあるか？）を把握するより，それ以前の「機能」に遡って価値を把握することが良いと考えた。その際，「価値」は普遍的なものではなく状況により変化するとの認識から「機能」を足掛かりにして自らアイディアを出し，その複数のアイディアの個別の「コスト」を算出し，そのコスト比較で価値のある・なしを決めたらよ

　　＼一方日本では，下水道が整備されておらず，ごみを回収し埋め立てするしかなかった。その後，焼却してごみの量を減らすことに務めた。近年，日本でもディスポーザーの検討がなされている。NHKおはよう日本の2019年2月28日朝6時のニュースでは，環境省・国交省が大人用の紙おむつの処理法として検討していると報道された。年間紙おむつは60億枚消費され年間250万トンものごみとして回収されている。今現在大人の使用者数は300万人で済んでいるが，今後さらに需要が増えることが想定され，その対策として2年後を目途に性能研究中（研究開発期）である。すなわち地域や時期など各国のインフラ状況と困っている課題の重要度でその活動と課題解決行動が異なるのである。

77　どの様な製品でも同様なサイクルを描くものである。たとえばHDD（ハードディスクドライ）の世界市場では1990年には41社が参入し，その後過当競争に勝てない企業が撤退し，1996年には21社，2004年には9社，2007年には6社となり，現在2019年には3社（ウエスタンデジタル，シーゲート，東芝）に淘汰された。なお大切なことは，自前で性能研究，コスト低減研究，そして価値研究していた企業，すなわちコアテクノロジーを持っている企業しか生き残れないのである。

94　第 I 部　価値向上はなぜ必要か

いと考えたのである。要するに，

　　　［Ⅰ］Value（価値）＝Function（機能）／Cost（コスト）式で価値の高低を
　　　　　　評価するのではなく

　　　［Ⅱ］価値→機能→アイディア→コスト手順で価値を見極めるのである[78]。

　価値を見極めることについては注記78を参照いただきたい。マイルズ師の
図書や講演でよく使われる Blast, Create, Refine（破壊し，創造し，洗練化せ
よ）の3語は，［Ⅱ］の一連の流れを一気に行うことを意味していると筆者は
考えている。筆者がそのように感じるのは，マイルズ師の図書の後半にある，
「VA マネジメントに関する章」で，少人数での活動（2名から3名）を行う
ことが効果ありと言明されている。なおこの［Ⅱ］活動を多数の人間で行うこ
とは，価値判断が多様化し，結局，価値判断が収束しなくなる可能性がある。
筆者も VA 活動を20年間で350チーム強体験したが，多人数で実施した場合
の成功率は低いように思える[79]。無論，ここでいうのは価値を見極める段階で
の活動人数のことであり，具体化や事業化段階は別である。

78　筆者体験からたとえば A 製品の価値があるかどうかを判断をする際，事業部長と筆者が事前に
　　話し合うことが有効なことが多かった。これは2名で価値判断［Ⅱ］をしているのである。また，
　　6～8名のプロジェクトメンバーでスタートし，討議はするが，価値判断［Ⅱ］はリーダーとサブ
　　リーダと筆者の3名でとことん話し価値があるないを見極めると活動成果が得られやすかった。
79　多人数実施の場合には V＝F／C 式で絶対価値で数値化し，価値の高低を決める。具体的には，
　　個別の機能を基とした現存または類推可能なアイディアからその具現化時のコストを予測し，価値
　　を見極めるのである。少人数実施の場合には価値の高低ではなく，価値があるかないかを見極める
　　のである。これはその価値判断をする人物の価値観によって決まるのである。

第 II 部

各専門分野の価値向上概念

　ここまではマイルズ師の VA（価値分析）に関する内容，すなわち経済的価値に視点を置いた論議をしてきた。第 II 部では，経済的価値だけでなく，価値のフィールドを大きく捉え，道徳的価値，美的価値，社会的価値，政治的価値，宗教的価値，司法的価値[80] の幅広い分野における価値向上に関する論議をしたい。ただし，各分野についても賛否両論あり，まとまった体系的価値概念，価値向上指針，他分野と異なる価値などについて結論めいたことを述べることはできない。したがって筆者の独断と偏見も交え，本書に関係する意味がありそうなところを狭義に掘り下げて論議する。

80　本書では 7 つの価値について言及した。この 7 つは第 I 部第 1 章の冒頭で記述した「紀元前 350 年にアリストテレスが述べたとされる価値」の分類である。2370 年前の価値区分で論じれば，今日の多様化した価値も包含できると考えたからである。したがって，ここで紹介した 7 つの価値分類から外れる○○価値は，その 7 つのいずれかにはいるとの認識でたとえば美的価値に，文学や絵画や音楽などの芸術的な価値も含めている。

第7章

価値を論じるに当たり考慮すべきことなど

1. 価値とは何か

　価値とは辞書[81]によると「① ものごとの持っている値打ち，② 人間の基本的な欲求，意志，関心の対象となる性質（真，善，美，聖など），③ ある目的に有用なものごとの性質」と書かれてある。

　これだけでは価値の本質を理解できない。そこで1984年9月28日から3日間オックスフォード大学セントピーターズカレッジにおいて「価値」をテーマに開催された会議の成果をまとめた図書がある。以下その内容の骨子を紹介する。

　価値とはどのようなものだろうか。アーモンドとウイルソンの両名の編著（1988年）[82]の序説でウイルソンが「価値」について言及している。「単数形表示（Value）は価格ないし金銭的内容である。複数形表示（Values）は本来の価値である。後者の価値（Values）とは下記である。

　『広範な分岐した一般化可能なもので規則化できない。おそらくは勝手気ままな配列ないし付託と見なされている。価値は時には妥協を許すことをされているのに，普通は取引されないものと思われている。それは分割できない本質的なものであって明け渡したり放棄したりするのは冷酷な脅迫のもとにおかれた時のみである。ただし，あまりにも容易に置き換えられるようなものは，十

81　大辞林による。

82　本著は1984年9月28日から3日間オックスフォード大学セントピーターズカレッジにおいて『価値』をテーマに開催された会議の成果をまとめたものである。この会議の目的は混迷する現在文明の打開と新たな文明の創造を模索することであった。

中八九は価値と認めるべきではない。価値とは還元できず，永続的で，社会的行為にとっては慣例となる。観念的には強制的でさえある』。

ここまでの文章から，価値は一般化できない存在であり，意識的な見解の範疇ではなく，意見を交わす内容でもないことであり，① 非譲渡性，② 非分割性，③ 非置換性であることがわかる。さらに言及していることは下記である。

『価値は人類から個人，民族国家ないし多民族社会から小集団にまで及ぶさまざまな社会的集合体に特有なものとみなされる。価値は自意識のある社会単位（活動団体，政党など）の組織原理になり得る。また意識的には構成されていない社会的存在（種族，家庭，その延長上の集団）に潜在し隠れているものでもあり得る』としている。そして価値がもたらすこととして以下の3つを上げている。『① 行動を決定する，② 自身と多少異なる価値であっても容認する，③ 個々人が信奉する』とし『価値の普及は慣習に秘められ持続的に行われる』としている。

また，『価値には個人的価値と集団的価値が存在し，個人的価値は進歩した社会では個々人の自覚で慎重な選択と同じで個人から引き出されるものとしている。集団的価値は個人の生活に媒介されるにしても，究極的には個人には内在するものではない』。

筆者は恣意的かもしれないが，これから紹介する7つの価値をこの2分類に分けるとすると個人的価値は「道徳的価値」と「美的価値」と「宗教的価値」であり，集団的価値は「経済的価値」と「社会的価値」と「政治的価値」と「司法的価値」になると思われる。

なお7つの価値には下記が含まれると考えられる（この内容は筆者の考え方である）。

経済的価値：科学的価値は今日の経済発展の原動力であり，ここに入れる。

道徳的価値：教育的価値，言語学的価値はここに入れる。

美的価値：文化的価値，芸術的価値はここに入れる。

社会的価値：社会現象に基づく共存的価値はここに入れる。

政治的価値：哲学的価値や民族文化的価値はここに入れる。

宗教的価値：政治的価値と関係性も深いがここでは純粋な個人が信ずる宗派の範疇に留める。

第7章 価値を論じるに当たり考慮すべきことなど　*99*

司法的価値：明文化された内容だけでなく，長老が決める採択文化価値もこ
　こに入れる。

2．世界価値観調査の結果

　世界価値観調査（WVS：World Values Survey）[83] は世界の異なる国の人々
の社会的，文化的，道徳的，宗教的，政治的な価値観を調査するため，社会科
学者によって現在行われている国際プロジェクトである。調査の結果はイン
ターネットによって閲覧できる。調査は約5年間隔で質問票・調査方法をそろ
えて実行されている。

　イングルハート－ヴェルツェル図（Inglehart-Welzel Map）：図表7-1は
WVS の結果における最も有名なものの1つである。縦軸は「（下）伝統的－
（上）合理的」と横軸「（左）生存－（右）自己」[84] に集約した時，世界の国々
はどの位置にいるかを示したものである。なお日本は図中真ん中真上部に位置
し最も非宗教的で合理的となっている[85]。本図作成者（イングルハート－ヴェ
ルツェル）によると，図表7-1の縦軸の伝統的・合理的の変数には，宗教以外
にも，親子間の絆，伝統的な家族関係，権威への服従，離婚・中絶・安楽死・自

83　Wikipedia の世界価値観調査（WVS：World Values Survey）を参照した。なお，調査は対面
　方式の250項目への回答で行い，平均1,300人／1カ国で，5年おきに70カ国（2010年現在）で
　92,000余名の回答データを基に分析されている。そのデータは WVS のウエブサイトで公開され，
　そのデータを用い各国の学者が本分野の研究に利活用している。なお図中のグルーピングし囲まれ
　た箇所の太字文字（例えば日本のところは「儒教」となっている）は読者に分かりやすくしたもの
　であり，囲んだグルーピングが確定的な意味合いではない。
84　横軸「（左）生存－（右）自己」とは筆者は，生存とは自然体であるがまま，自己とは自己主張
　の強さと解釈している。
85　日本人が「非宗教的で合理的」との結論に納得がいかない読者もいると思う。この意味を少し解
　説すると，日本人は結婚式は神前で，葬式は仏式でというようにこと宗教に関しては特定しない自
　然神的概念を持つ。これがアンケート設問からすると非宗教的で合理的判断（ご都合主義）と取ら
　れるのである。北欧3国（バイキングのいた国々，たとえばスウェーデン）は毎週末教会に行く人
　はまれで，ただし冠婚葬祭時は教会を利用するということで，日本と同じような位置になってい
　る。それに対し米国は多忙なはずの大統領でも毎週末教会に行くことは当然との認識であり，下方
　の伝統的に近い側に位置している。イスラム圏は伝統的で自然体であるがままのところに位置し
　ているがこれは男性は金曜日モスクにいって午前礼拝することが義務化されているのである。

100　第Ⅱ部　各専門分野の価値向上概念

図表 7-1　イングルハート－ヴェルツェル図（2008 年度版）

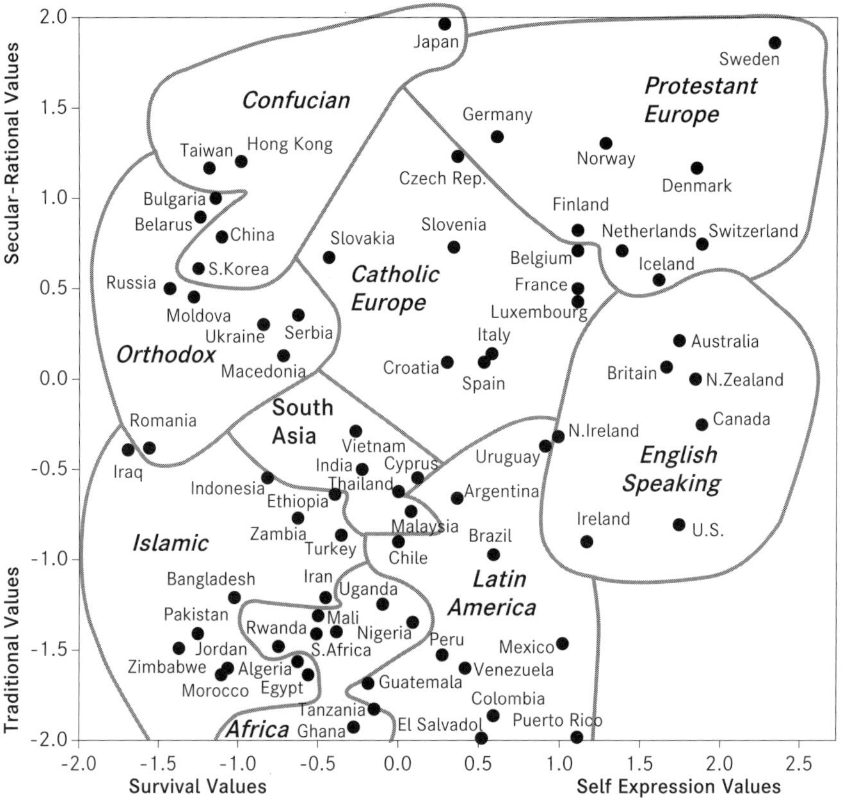

出所：世界価値観調査（WVS：World Values Survey）を引用

殺への抵抗感，自国への誇り，ナショナリズムのデータを取り込み数値化した
としている。縦軸の下方向，すなわち伝統的価値観の変数が高い文化ほど，そ
ういった価値観を重要視すると説明されている。さらに，生存（自然体）－自
己表現変数の自己表現方向への変化は，近代化・産業化に伴い，経済的・物質
的充足よりも，精神性・自己実現の充足を重視する知識社会へのシフトのデー
タを取り込み数値化したとしている。図表 7-1 の横軸の右方向，すなわち自己
表現の上昇は，性の平等，価値観の多様性，同性愛者や外国人といったマイノ
リティーへの寛容性，環境への配慮，社会的信頼や穏健な価値観の高まりと関

係し，まさにそういった価値観こそが民主主義の中心的価値観であると論じられている。

　ここまでの図表7-1の読み方を基に，本図の米国，中国，ロシアなど各国のポイントをみるといろいろ考えさせられることがある。ビジネスの世界に生きている読者であれば，たとえば東南アジアに進出するには，どのようなことを考慮すればいいかの前提として，本図表7-1を参照し，その国の平均的価値観を想定する。具体的には日本とどのように違うかを把握しておくことは大いに参考になると思う。以下の各節では各項目内容について説明した後，⇒印以降で少し段落を下げ，筆者の考え方を記載する。

⇒マイルズ師は経済価値＝使用価値＋貴重価値で価値分析を行うことを考えた。この考え方が通用したのは，1960年代までであると考える。1970年代以降は，先進各国は自国のビジネスだけでは事業の安定的拡大が望めず，海外各国へ販路を広げていった。その結果さらに，販売拠点での生産に切り替え，海外生産し日本にバイバックして販売するなど，海外各国との関わりが多くなってきている。海外進出した当初は自国で販売している製品コンセプトをそのままで海外各国で発売することが多かったが，自国内の様には売れなかった。これは，消費者のニーズが各国で異なるものであったからである。経営学では，グローバリゼーションとローカライゼーションといって経営マネジメントの観点で論じられ，マーケティング理論による販売予定の海外各国に対して市場調査や販売開拓や仕入れ先の確保などを徹底することが求められる。しかし，進出各国でのそれら動向をつぶさに把握する事は実際難しいことである。したがって大手企業では各国や地域（EU，北米など）に販売ノウハウを持った企業とのアライアンスを組むこともよく行なわれてきた。しかしそこから得られる情報から如何にするかを判断するのは本国の経営者であり，その際よりどころになるのが，本図表7-1イングルハート－ヴェルツェル図は，相対的に全世界の国々（実際は70カ国）を把握できることから有効となる。すなわち，前出した通り，社会的，文化的，道徳的，宗教的，政治的な価値観を調査した総合的な価値を把握できることは重要である。

3．米国 MBA 大学院で見聞したディベート[86]

　今から四半世紀前になるが，南カルフォルニア大学大学院のディベートによる公開講義を拝見したことがあった。結論からいうとディベートは，見解の違うグループの論戦の場であり，究極的には2つの異なる価値観が真正面からぶつかる戦いであると感じた。とりわけこれから近未来行う経営戦略についての実践討議はその極みであると感じた。

　その時のディベート内容について記述する。まず，テーマ提供者である大学院学生は日本人で彼の父親が日本の土木業界のコンクリート関係資材をつくる会社の経営者であった。彼は会社の事業内容や財務状況や市場規模と見通しを述べ，今実施している活動を簡単に述べた。最後に「日本国内のみの商売でシェアは業界トップである。ただし会社経営が厳しくなっている。その理由は国家プロジェクトの補助金事業が毎年縮小する中，どうしたら良いか」との問題提起であった。

　大学院 A 教授（男性）と大学院 B 准教授（女性）が各15分程度，今後の経営戦略のポイントを，パワーポイントを使い説明した。四角のすり鉢型の教室（200名程度収容できる小体育館の観客席が回りを囲む）であった。その後で司会役の別の教授がそのディベートに参加した学生たち（約50名程度）にA施策側とB施策側に分かれるように促し10分後に再開することになった。再開後，司会役は「各施策提案者である教員への学生質問とその回答，さらに各教員の経営戦略を補強する施策や，テーマ提供者に対する前提条件などの質問を許可します」と告げ，それから約1時間本格的なディベートが行われた。1時間経過したところで，結論をまとめることなく，司会役の教授がテーマを提供した日本人の学生にこう切り出した。「君は未来の経営者である。取締役会で2つの新たな経営戦略が示された。君は今決断しなければならない。1つだ

86　ある特定のテーマの是非について，2グループの話し手が賛成・反対の立場に別れて第三者を説得する形で議論を行うこと（National Association of Debate in Education より）。

け質問確認ができる。ただしそれだけしか許されていない。A 案か B 案かのいずれかを選択し，その理由を述べよ」。日本人の学生は質問することなく，「B 案を選択し実施したい。その理由は資金投入できるいまだからできそうな新事業だからである。失敗を恐れない」。10 分ほどの話であった。それで，司会者が「きょうの公開ディベート講義は終わりにします」で終焉した。結局 2 時間余の講義であった。

　筆者が，関心したことは次の 3 点である。① 実際に困り切っている経営テーマを題材とし，生データがそこで開示されている。② 2 名の大学院の教員は実際の社外取締役の立場でビジネス発展策を具体的に述べる。その相違施策を参加した学生たちは徹底的に論議する。③ 最後にその施策を実行する当時者である問題提起者（日本人の学生）に意思決定をさせる。

　以上である。ここで大切なことを学んだ。それは経営戦略から落とし込んだ実際の施策はまさしくその施策を考えた教員の価値観に基づく賜物（叫びであり，成功するとの思い）なのである。

　従って，その補強や部分修正意見は歓迎だが，そもそもその施策を否定することはできないのである。ただし，その A 案と B 案の選択時の価値判断基準に影響されることの確認作業（質問確認）[87] はあった。しかし，ディベート講義中，発言した人々（日本人の学生，2 名の教員，そして授業に出た多数の学生，そして司会の教員）には，話をまとめる者は一人もいなかったのが印象的であった。

　要するに実務の世界でもそうであるが，異なる価値観が真正面からぶつかる時には，その価値観を否定する発言をすることではなく，そのテーマの目的に合致した提案であるかの 1 点に絞る論議が必要である。その際，経営分野のテーマであれば，企業利益の増大につながるかという価値判断基準を基に，その提案がその価値基準を達成できるかをディベートで徹底討議するのである。筆者はその当時企業人であり，全く違う日本の環境（日本の学生時代の授業体験や企業内会議の進め方など）で大変目が覚めた思いがしたことを鮮明に覚えている。

87　実際の経営判断時には前提となる経営資源の確認とその成果予測などが必要である。

104 第Ⅱ部 各専門分野の価値向上概念

⇒マイルズ師の創始したVAの「基本ステップ2：機能を評価する」段階のアプローチについて，マイルズ師は講演で「Blast, Create, Refine（破壊し，創造し，洗練化せよ）するの一連の活動を瞬時に行え」とよく言われた。すなわち，それは，本大学院でのディベート討議のような進め方が良いと思う。理由はすでに述べたとおり，価値観の異なる個々人の考え出した創造的アイディア提案の採否を決定する際は，価値観の変更を促すことに注力した論議ではなく，その価値判断基準を明確化する前提ではあるが，各アイディア提案の実施後の見通しと価値判断基準を達成できるかどうかの論議をすべきである。このトレーニングを学生時代にしたことがない日本人にとっては社会に出た時に大変になることが想定される。上記ディベート討議を幼稚園児から大学院生までの教育に導入する必要があろう。

4．日本人の価値判断の基準は「三性の理」

毎年NHKで放映されるロボコンの生みの親である森正弘東工大名誉教授は2015年3月25日のご講演で次のように言われた。

「私は，欧米人が白黒をはっきりつける話しぶりには違和感をおぼえる。仏教以外の宗教概念ではすべて白黒をはっきりさせる善悪いずれか説で展開[88]するようである。一方，日本人は白黒がつけがたい事象に遭遇すると結論を曖昧にする。欧米人は論理矛盾がないように論理組立に絶対的行動論（結論はただ1つ）を取る手法である。一方日本人は白黒つけがたい事象に遭遇すると相対的行動論（結論が揺らぐ）の手法で対応する」[89]。続けて次のような話をさ

---

88 多少飛躍するが，最近旅客機の原因不明の墜落事故が頻発している。ボーイング737のインドネシア（2018年10月），エチオピア（2019年3月）の墜落事故であるが，欧米流技術革新の事故対応は「善」と思ってしてきたことを，フライトレコーダーやボイスレコーダーで解析して，その結果から再発防止策を検討すればよく，その開発企業や開発技術者にはお咎めなしの采配である。我々日本人には違和感を感じる（最近西洋思想が教育現場で浸透し，それが当たり前化しているため違和感がない方も多いかもしれない）。なお，本件は旅客機が飛行中はAIで自動制御しており，そのシステムエラーの可能性があると報じられている。

89 西洋哲学思想（キリスト教）は唯心論（心の働きこそ至上の要因）であり，東洋哲学思想（大乗仏教）は唯識論（心の働きもまた仮であり幻）である。詳細は読者各人が調べてほしい。

第7章　価値を論じるに当たり考慮すべきことなど　*105*

れた。

「仏教哲学用語に「三性の理」という語がある。物事には善悪両面があると言われるが，むしろ，元来，「善」でも「悪」でもない「無記」という存在があって，人間にとって都合の良いものは「善」，都合の悪いものは「悪」になるだけである。「客体に善悪の二面があるのではなく，無記の一面しかない。それを「善」にも，「悪」にもするのは主体である人間しだいである」。たとえば路上に落ちている「石」は人に向けて投げつければ凶器（悪）になるが，木の実の殻を割るのに使えば有用な道具となる（善）。このような関係を表にすると「三性の理」の表ができあがる」。

図表 7-2　善と悪と無記の関係を示す 4 事例

［善］	［無記］	［悪］
木の実の殻を割る	石	人に投げつける
薬	化学物質	毒
発酵	微生物作用	腐敗
作る	変化させる	壊す

出所：森先生のご講演時のパネルを引用

　価値判断基準の目安になるどころか，混乱の極みになるように思えるが，そう思ってはいけない。森先生の言われようとされたことを活用すれば下記が可能となる。

① アイディア活動中，「無記」に該当する名詞でも動詞でも良いから1つ選び，その適用局面（将来の結果）を予測してこんなことができたらきっと人々に有用なモノやコトが実現できるのになあーと言ったアクションをすれば良いのである。

② 同様にこんなことが起きたら大変だなあーと思ったら，そのことを明確に表現し，不用なモノとコトが起きないように対策をほどこすアクションをすれば良いのである。

　上記は日本人に向いた思考法なのである。その思考法は「善」にも「悪」にもなり得る客体を見つけ出しそれを無記と名付け，そこから主体である人間（読者）自身が無記の左右にある「善」か「悪」の見定めをしながら，アイ

106 第Ⅱ部 各専門分野の価値向上概念

ディア発想をしていくのである。ただし，大切なことは「善」か「悪」の基準
はあくまでも社会への貢献度が高いことが評価基準である。なおこの方法を適
用すると，もし予測できなかった「悪」の現象が現れても，その基となる「無
記」から再スタートが可能である。

⇒マイルズ師は直接的に機能からアイディアを出せとは言っていないが，上
記の森先生の「三性の理」を活用して善なる事象に誘導できそうなアイ
ディアと悪なる事象になりそうなアイディアを明確にすることで，前向き
な改善案や問題な改善対策案を生み出すことが可能になる。

5．教育や分析しかできないコンサルタントの横行とそれを許す 日本社会

すべてのコンサルタントがそうであるとは思わないが，筆者が関わったコン
サルタントの一部にはテーマ記載のようなコンサルタントが横行している事実
を知っている。筆者の経験から4タイプのコンサルタント[90]が存在した。脚
注90の順番に10％，1％，45％，44％であった。この内，3番目と4番目のコ
ンサルタントの内，約60％，すなわち全体の50％強のコンサルタントは期待
外れであった。それは，限られた手法を使い大半の時間を課題分析時間に費や
し，本来すべき課題解決のための創造的活動（改善そのもののヒントを提起で
き，具体化実行までサポートできる活動）をフォローできる人材が少ないこと
であった。以下筆者が経験した駄目な事例と良かった事例を1件ずつ紹介す
る。

---

90 筆者は企業時代所属企業グループ全体のコンサルタント導入審査の責任者であった。コンサルタ
ントを4つに分類すると1つ目は社長の片腕として，特定ミッションを社長の代わりに実行すると
いう役割のできるコンサルタント，2つ目は課題の解決策を即提言できるような特定専門分野のコ
ンサルタント，3つ目は企業分析から入り，新たな問題点を見つけ出し，自らできる範囲でその改
善案のヒントを提言しその実施改善活動のコーディネータをする経営分析コンサルタント，4つ目
は経営ノウハウの鉄則を教育的視点で経営者や社員へ教育指導することを主眼とした教育指導コン
サルタントである。

第7章 価値を論じるに当たり考慮すべきことなど　*107*

《駄目な事例》ICT（情報通信技術）を使った ERP ソフトの導入による業務改善

　前職の企業時代に調達部門の責任者として3時間程度のコンサルタント活動で50万円も払う方とはどのような方なのか知りたくて，所属企業 A 事業本部のコンサルティング中の会議室に突然訪問したことがあった。驚いたことは2つあった。1つは自社の社員が質問で「自社の生産システムと ICT プログラムの生産システムでは相違があり，それは変更できません」と言うと，そのコンサルタントは「それでは話になりません。ICT プログラムになるように自社システムを直さなければなりません。できないことを言うのではなく，できるようにするにはどうすべきかを考えましょう」全く結論を出さずじまいでした。もう1つは「明確化できないならば分析してください。分析そして分析。し続ければ結論が出ます」とペテンにかけるだけで，質問への真正面の回答もせず，創造的課題解決の指摘も全くなく飽きれた次第である。ここで申し上げたいことは，コンサルタントの仕事は，何が問題で，どうしたら解決でき，その結果どの程度の効果が期待できるかが瞬時にできる能力が求められるはずである。

《良かった事例》関係会社の加工ラインの見直しによる飛躍的生産性向上実現

　関係子会社の生産性を向上し製造費用を30％削減するプロジェクトであった。所属企業から生産技術要員を派遣できなかったのでコンサルタントを依頼した。筆者は初日，コンサルタントを同行し午前中3時間ほど，その指導を見学できた。まずコンサルタントは，生産現場の生産統計データを10分ほど見てから2つの質問をした。「注文量の増減はこの程度ですか？」「今，本製品の製造ラインには何人いて，社員は正社員ですか？　平均年齢はいくつですか？」製造責任者からは，順番に「はい」「7名で，全員正社員で平均40歳前後です」。

　すると現場を見ましょう。といって現場に出向き，製造責任者や現場作業者にいろいろ質問をしていくのである。ラインは15m 程度であり，60分後には2つの提案をしたのです。「このラインなら○○製の A 機械の納入とラインを半自動ラインにしましょう。そうすれば，製造ラインの生産時間が半減できます。それにより，人員は4名にすることができます。将来4名はパートでも可

能になるでしょう」といって即座に携帯電話で○○社に電話し概略見積り金額を聞いてくれた。部屋に戻ると，半自動ラインの概略ポンチ絵を書いて，自社内で改造すればできることを告げ，全体の設備投資値段を概算と言ってその場で試算してくれたのである。

その日の 2.5 時間後には改善案とその概算見積額と変更期間（含む自社ライン改善内容指導）をすべて終えてしまったのである。結局 3 週間後には，そのコンサルタントの言われたとほぼ同じ状況が工場にでき，生産性が 2 倍になり，製造原価を 45％も削減でできたのである。

以上，外部コンサルタント指導の「駄目な事例」と「良かった事例」を紹介した。コンサルタント費用はさておき，前者は，すでに存在する生産プログラムに現存する生産システムを合わせることで生産性は上がると決めつけ，すべて生産プログラムに合わせることのみ要求し，その理由すら説明しないのである。後者が短い時間で顧客の要望実現を可能にする改善提案を提示し，短時間での改善を実現したのである。

⇒マイルズ師は，1972 年発刊の第 2 版で VA 活動は成果を上げるために VE 専門家によるコンサルティング指導が重要と述べている。ただし，VA 活動は大勢の人数で実施する（いわゆるプロジェクトチームを組み 6〜8 名）とは書いていない。筆者が読んだ限りではコンサルタント以外にそのテーマに熟知した関係者数名（1〜3 名）としか書いていない。

さらに前述したとおり「Blast, Create, Refine（破壊し，創造し，洗練化せよ）するの一連の評価を瞬時に行え」である。要は瞬間技で良かった事例で紹介したような進み方を理想としているのである[91]。

91　日本の多くの VA 導入企業がもし VE ジョブプランをステップ通りに，時間をかけて実施しているとすると，その活動は長続きしないように思う。建設 VE では 2 時間 VE，また製品 VE では簡易型 VE が考案されていることは結構なことだと思う。またその全体を仕切るコンサルタントは，結果優先で即決断方式を実践してほしい。それをマイルズ師は望んでいたはずである。

6. 小括

　本章ではマイルズ師の説いた教えを確認し，それを超えるために筆者が役立つと考えた内容について記述した。

- ・第1節では，価値分析を理解するため，多数の価値を討議した会議内容を紹介し，価値には個人的価値（道徳的価値，美的価値，宗教的価値）と集団的価値（経済的価値，社会的価値，政治的価値，司法的価値）があることを示した。
- ・価値は非譲渡性，非分割性，非置換性があり，個人が抱く価値を変えさせることは容易でないことを理解した。
- ・世界価値観調査データから作成されたイングルハート－ヴェルツェル図から国別や地域別で傾向があり，各国への進出時の意思決定には多数の価値を理解した上での戦略が必要であることを理解した。
- ・米国MBA大学院のディベートのように，機能を評価する時は即決即断が必要で，その考えは，マイルズは「Blast, Create, Refine（破壊し，創造し，洗練化せよ）するの一連の評価を瞬時に行え」といったことを確認した。
- ・日本人は仏教からの「三性の理」の考え方をアイディア活動に活用するとよいことを，ロボコンの創始者（東工大名誉教授）の森先生の提唱されている事例を参考に理解した。
- ・改善活動コンサルタントの良かった事例から，マイルズ師もVA活動は少人数で実施することが大切なことを確認した。

第**8**章

経済的価値とは

1．使用価値と貴重価値について

　以下では河野（1984 年）の「使用価値と商品学」を参照しながら経済的価値について理解を深め，今後の経済的価値のあるべき姿を模索する。

1-1　使用価値誕生の歴史認識と意匠デザインの出現

　図表 8-1 に使用価値誕生の歴史認識と意匠デザインの出現までの流れを整理した。大昔は自然にあるものを利用して人間が生きていくためになるならば使用した[92]（利用価値の出現）。その後人間は別の動物たちとは異なり，自分たちの利用のために道具を自ら作るようになった。当初は自分のために使用するだけであった。そこには色彩や装飾とかは主要な問題ではなく，常に使用機能を満たすための形態であればよかったのである。それは目的を実現するために果たすべき機能を明らかにし，形態を作り上げていった（使用価値へ発展）。ところが，産業革命後他人のための使用価値を生産するという時代になると，他人である消費者に喜んでもらいたいとの思いから見てくれを良くするデザイン（貴重価値の出発点）がなされるようになった。しかしそれは使用価値を満

92　人間を含む自然界の動物は自然に存在するモノを利用している。たとえば，キツツキは木の穴に潜む毛虫を細い小枝で引き出して食べるし，カラスは公園の水飲み用の蛇口をひねり水を飲み，さらに蛇口を大きく開いて水浴びをすることが動画撮影されている。動物に備わった本能に近い行動なのである。これを裏付ける研究として櫻井（2017 年b）では大学院生に心電計を付けてもらい用途開発テストを実施した。その際，心拍数は上昇せず，副交感神経が交感神経を上回るデータが得られた。要はリラックス状態であること，すなわち本能的行動であることが判明している。

第8章 経済的価値とは   *111*

図表 8-1　時代変遷と人間の行動と価値

時期	人間の行動		価値分類
大昔	自分のため	自然にあるものを利用	利用価値
その後		目的を持ったモノを作る 目的 → 機能 → 形態	使用価値
産業革命後	他人のため	意匠デザインは従属的扱い	使用価値 + 貴重価値
近年		意匠デザインが全面に出る	使用価値 + 貴重価値
			利用価値（レンタル他）

出所：河野（1984年）を参考に筆者作成

たし，そのプラスアルファーとして「わあー綺麗な色」とか「わあーかっこい
い」など，使用価値を実現したエンジニアたちのちょっとした遊び心の試みで
しかなかった。図表8-1の産業革命後の横の価値分類欄に記載されている通
り，使用価値が大きく，貴重価値は付け足し的なもので小さな扱いであった。
しかし，その後，同業他社でも生産がなされ，市場競争社会が生まれ出すとそ
の様相は一変したのである。そこには市場でシェアを拡大するために是が非で
も他社を打ち負かすために消費者をだますことに近い意匠デザインを華美にし
て，その本質的な使用価値をないがしろにする戦略が横行するようになった。
これが，図表8-1の近年の横の価値分類欄に記載されている通り，使用価値が
小さく，貴重価値は大きな扱いになったのである[93]。

1-2　現市場での使用価値と意匠デザインの関係性

　さて，次に生産財と消費財の違いによる製品（商品）の設計の仕方の違いは
あるかについてここまで論議してきた貴重機能に関わる内容を検討してみた
い。図表8-2では，［Ⅰ］→［Ⅱ］→［Ⅲ］の順番で説明する。結論から言う
と設計には，① 使用価値のみを考慮する設計，② 使用価値＞意匠デザイン，

93　筆者はこの先駆けは米国のフォードに対抗したGMの毎年モデルチェンジによる消費者に買い
　替え需要を喚起した戦略ではないかと思う。その後も消費者の所得が増えるとその夢の実現として
　のステータスシンボルとして自動車購入を実現すべく業界をあげてその需要喚起の方向性で突き進
　んできたように思える。筆者は，いつかこの戦略も暗礁に乗り上げるように思えてならない。

112　第Ⅱ部　各専門分野の価値向上概念

図表 8-2　生産財と消費財の貴重機能は何で決まるか

財の種類	生産財	消費財	
［Ⅲ］ 貴重価値は何で決まる	性能だけ	バランスよく評価 （性能＋意匠）	ブランド価値優先
［Ⅱ］ 品質評価対象	使用価値	使用価値＋ 意匠デザイン	意匠デザイン （ブランド価値）
［Ⅰ］ 財の価値イメージ	使用価値のみ	使用価値／意匠デザイン	使用価値／意匠デザイン
（出現時期）	（大昔）	（産業革命後）	（近年）

出所：河野（1984年）を参考に筆者作成

③ 意匠デザイン＞使用価値の３通りがあるように思われる。そして一般的には生産財は①が多く，消費財は②と③が多い。ただし，各社各様で，①から③までが混在している。

1-3　貴重機能の評価は如何にすべきか

　ここで図表8-2の［Ⅰ］財の価値イメージの左側から使用価値の円しかない段階から，意匠デザインが少し重なった小さな円で足された段階，さらに意匠デザインが使用価値を飲み込み，使用価値を被うようになった段階へと変化している。この最終段階になると貴重価値はブランド価値的な内容と化し，結局使用価値を消費者が語ることも無くなってしまうのである。そのきわだったものがブランド品と言われる有名デザイナーによる服飾品（服，ハンドバックやアクセサリーなど）であろう。そもそも，そのようなブランド品には製作費＋アルファーでいうところのアルファーに当たる費用が大半を占めるようになる。延岡（2010年）では，横軸に性能値（機能値），縦軸にコスト価値（機能別コスト）を取り，たとえば，「挟む」という機能的機能について，挟む目的の商品を集め，厚さと購入費用でマップをつくる。その後その平均線を引く[94]。その上で挟む機能で，付加価値が高い，たとえばネクタイピンの挟める

第8章 経済的価値とは　*113*

厚さと購入費用をプロットする。そして，ネクタイピンの購入費用から平均線上の機能的購入費用分を引いた値が意味的価値に消費者が支払うお金であり，そのお金の値打ちが意味的価値であるとしている。これが高すぎれば，だれも買わないし，低すぎても買わないと言うのである。意味的価値と貴重価値とは同義語ではないが，マイルズ師は経済価値を使用価値＋貴重価値，延岡先生は機能的価値＋意味的価値とし，両氏の使用価値と機能的価値とは，ほぼ同一概念であることから，貴重価値≒意味的価値と無理やり解釈すれば，消費者が支払う貴重価値は対象製品の購入値段から使用価値の実績的価値基準値（注釈94参照）との差額である。

　筆者は自分用にブランド品を買うことはないが，孫たちのプレゼントとして有名なキャラクターの付いているバックやその他グッズを買うために商品の沢山陳列されている店をはしごすることがある。するとフェースタオルは有名キャラクターが描かれてあるモノはそうでない単に動物ガラが入ったものの約20％高いのである。またスポーツ用品である靴やバックでは，有名ブランド名のマーク入りだと25〜40％高いのである。絶妙な価格設定であるといつも感心する。その20〜40％高くても，そのメーカーのロゴがあるだけで消費者は購買動機を持つのである。きっと2倍の値段だったらどうであろうか？　そう考えるとスマートフォンでも，食材でも，自動車でも，ありとあらゆる製品がこの貴重価値に振り回されている気がする。今から約30年前から，新製品の誕生には2極化が進んでいると言われ，① 付加価値製品と ② 低価格製品とのどちらかしか売れないと言われた時代が長く続いてきた。筆者は，これは間違った認識であると感じていた。それは前述したとおり，消費者が手に入れたいと思わせる価値を生産者側が巧みな方策で消費者を誘導しマジックに掛けているような気がするのである。これはマーケティング戦略の台頭がなせるわざであったのかもしれない。また最近では広告宣伝効果も人間の生理学的色彩感覚や音響感覚を意識したポスターやCM放送が多用され，我々消費者はその渦中で躍らされ，必然的に生産者側の意図する方向，すなわち購買することに

94　ここまでの一連の作業は日本のVEジョブプランでは玉井（1978年）の実績的価値標準と称し機能の最低コストマップを作ることと同一である。

114　第Ⅱ部　各専門分野の価値向上概念

なる[95]ようである。この現象を社会荒廃の唯識こととみるか，それとも経済発展の原動力とみるか分かれるところである。これ以上の考察と論議は読者に任せたい。

2．ビジネスにアートのセンスが必要か

　ルネサンス時代のマルチの才能を持つレオナルド・ダビンチが没してから2019年でちょうど500年が経過した。ダビンチと言えば，人間の体を解剖し細かな解剖図を作り研究したり（医学者），ヘリコプターの原理を図解したものを残したり（技術者），さらに肖像画「モナ・リザ」を書いたり（アーティスト），教会などの建物を設計（デザイナー）したりしたという。今日までそれは類まれな天才として語り継がれて来ている。

　さて，米国では四半世紀前から大学のMBAで経営のケーススタディーを学んできた人々が会社の経営に携わることが経営を発展させると信じられ，それが実践されてきていた。しかし近年ではブレイクスルー（現状打破）をするような大改革を成し遂げる経営者になるためには，アート（美術）を学んでくることが必須であるとする考え方が主流となってきていると言うのである[96]。現事業を改善するのであれば大学MBAで学んだケーススタディーを活用すれば十分であった。ところが全く新しいコンセプトに基づく新事業を発議しそれを具現化するには，並はずれた言語力とその設計力が必要で，絵画用キャンパスの上にアートを描く技量と類似していると言うのである。とりわけ「意味の展

95　日本創造学会では，2カ月おきに開かれる講演会（2014年7月）で英真一氏（Serendipity社）の話を聞いた。それによると写真はデジタル化して久しいが，カラー写真の再生では多くが恣意的に作られると言うのである。たとえば宣伝用ポスター写真のモデルの肌の顔，首筋，腕の3カ所の色を微妙に変化させることで人間の購買動機を刺激できるのだという。業界用語で不気味な谷（色相）をつくると言うのである。購買動機に繋がる色調にできるとすれば聴衆を洗脳したヒトラーの名演説と同じことが恣意的にできる時代となっているのである。

96　日本VE協会主催の経営者フォーラム（2019年3月）で，増村岳史氏（アート＆ロジック社）が講演された。それによると，米国の多くの企業では，大学院MBAだけではなく，美術学校でアートを学ぶことが米国のエクセレントカンパニーの幹部候補生になる最低条件となりつつあるとのことであった。

開」といって，誰しも考えつかなかったコトを実施することはアートすること
に似ているというのである。とりわけ，コンピュータサイエンスの世界（新た
なアプリケーションソフト開発）では有効なのだという評価である。脚注 96
で紹介した増村氏によれば，アートとエンジニアリングを実践する経営の共通
思考とは下記 4 項目であるという。

① 画家とエンジニアは「発見と実践を繰り返す」
② デザインとプログラム開発は「全体から細部へ。主観から客観へ」
③ 画家とエンジニアは「インプットとして鋭い観察力と洞察力が必要であ
　る」
④ 画家とエンジニアは「並はずれた集中力と没頭する行動力が求められ
　る」

　本内容を裏付けるエピソードとしてアップル社を創業したジョブス氏が中退
したスタンフォード大学で講演を頼まれた際話したことが残っている。その内
容は「私は大学で本来受けるべき授業ではなかったが，カリグラフィー（欧文
の文字を美しく書く技術）という文字体の構図の授業を受けた。それが Mac
（マッキントッシュ）の基本文字配列や書体ほか変換機能に役立った」と振り
返ったのである。少し飛躍はあるが，アートの一部である文字書体の授業が後
に Mac 開発の原動力になったのである。アートとエンジニアリングとのジョ
イントであった。たしかに IT をここまでリードしてきた経営者たちは，まだ
コンセプトが定まっていない時点で，世の中に猛烈なアピールをすることが
多い。たとえばビル・ゲーツ氏が 1983 年に来日した際，若干 38 歳であった
が，幕張のコンベンションホールで講演をした。「日本市場では，いまだコン
ピューターメーカが独自で基本ソフトプログラムを作っているが，もうそのや
り方はユーザーには受け入れられない。これからはどの会社の基本ソフトでも
自由に変換でき，他社のパソコンとも繋がる時代になったのである。わが社は
日本向けにそのソフトを開発した」と高らかに宣言したのである。その話を聞
いた当時 NEC の関本社長が賛同し，日本メーカー各社もその方向でまとまっ
たのである。社会に貢献すること，消費者のためになることに，真っ向から
チャレンジしたゲーツ氏はその後マイクロソフト社製の OS を完成したのであ
る（日比野・櫻井・関（1994 年））。ゲーツもまた芸術的素養がある人物と，

116   第Ⅱ部   各専門分野の価値向上概念

ある雑誌に紹介されていた。最近，アートとエンジニアリングの結びつきが議論されているが，今日のIT社会を生み出した経営者たちはそれを実証してきているのである。

　近年，経済的価値の内，「使用価値」と「貴重価値」だけではなく，「機能的価値」と「意味的価値や情緒的価値」が持ち出され論議されている。これはIT業界など伸び盛りの新業界に見られるように，全く今までにないコンセプトの実現に向け行動するためには経営者がアートとエンジニアリングを学ぶことが有効と考えられるようになったからである。今後「意味的価値や情緒的価値」の概念も加味した価値基準を明確化すると良さそうである。

3．100円ショップの功罪

　経済価値を論じるならば，やはり金銭的なことに言及する必要がある。そこで，筆者が大学授業「生産流通システム論」（大学経済学部の3年生と4年生の選択必修科目）で2013年度11月に実施したミニテスト（236名出席）結果の内容を紹介したい。

3-1　大学生250名弱のミニテスト結果から見えてきたこと

　1時間「流通システムの今後」について筆者が話をした後にミニテストを実施した。設問は下記であった。

　設問：100円ショップの価格破壊は社会にとって良いことか，それとも悪いことか。どちらか1つを選び，その理由を7つ以上（最大10個記載可能）書いてください。

　結果：236名の回答は，価格破壊は良いことだとする者77名（33%），悪いことだとする者159名（67%）であった。このような設問は悪いと言った方が，理由が見つけやすいので，そうなったのだと思ったが，正直良いと答える者がもっといると思いびっくりした。なお，図表8-3の＊印は80%以上の学生が指摘した内容である。次にその内容を列挙してみる。

第 8 章 経済的価値とは　　*117*

図表 8-3 (1)　100 円ショップの価格破壊は社会にとって良いことか，それとも悪いことか

価格破壊は良いことだと思う。その理由

1		利幅を決めるのは自由なはず。
2		薄利多売も 1 つの戦略である。
3	＊	お客様が喜ぶのだから良いことだ。
4	＊	価格破壊するために企業でいろいろ工夫することが競争を促進する。
5		いろいろな商品が出回り消費者にメリット多い。
6	＊	品質・機能が維持される前提でよいと思う。
7		原価割れしている場合もあるがトータルで利益を上げる戦略は良い。
8	＊	物価が安定し，消費者にはメリットがある。
9		物価が安いことは消費者にとって有難いことである。
10		食品や日用品が低価格であることは庶民にとって良いことである。
11		業界の暴利を指摘できる。
12	＊	そもそも消費者が望むことだから良い。
13		流通の仕組みの無駄経費が下がり，健全流通になる。
14		安くなれば多くの人々が商品を買えるようになる。
15		同業で競争し合う市場経済が理想であるから良いことだと思う。
16		海外で生産し海外から調達するのだから当然価格破壊すべきである。
17		メーカの生産方式や流通業の流通効率が改善され良いことだ。
18		相対的に商品が高い日本市場には良い薬である。
19		新たな工夫から商業規制がなくなる方向性だと思う。
20		カスタマーオリエンテッドの観点では良いことだと考える。
21		利益が出る価格破壊なら全員がハッピーになれる。
22		日本経済の中での価格破壊商品のメリット・デメリットを分析。現状 OK.
23		中長期に見た場合にはメリット・デメリットの国家的検討も必要か。
24		商品の性格で異なる。賞味期限長い商品は価格破壊が歓迎される。
25	＊	生活関連商品なら価格破壊は良い。
26		外国輸入品は価格破壊すべきである。ブランド品（バックなど）
27		徹底した価格削減姿勢が商売の努力だと思う。
28		健全な商取引が行われる。
29		ブランド価値を認める上でも価格破壊は有効な手段である。

注：本内容は 2013 年 11 月 13 日の「生産流通システム論」講義時実施したミニテスト結果の集計である。＊印が多数の受講者が指摘した理由である。
出所：ミニテスト結果を基に筆者作成

118 第Ⅱ部 各専門分野の価値向上概念

図表 8-3 (2) 100 円ショップの価格破壊は社会にとって良いことか，それとも悪いことか

価格破壊は悪いことだと思う。その理由

1		人間が生きていくためには付加価値が必要である。
2		良いものを安く作れば売れる時代は去った（無理である）。
3		同一業界そのものが衰弱することが問題だ。
4		小売業同士の無意味な競争を助長するのみである。
5	＊	極端に安くなるとどこか品質で問題が出る。結果として消費者が被害者になる。
6	＊	農産物など安くするため農薬使用で人体に悪影響出ている。
7	＊	本当に消費者のためになる商品なら高くても買うはず。激安は不要な商品の押しつけ商売だ。
8		企業発展は付加価値（GDP）向上が決め手。したがって価格破壊はそれに逆行している。
9		さらに安くなると消費者に期待させ，結局経済の低迷を引き起こす元凶だ。
10		経費削減などで企業内が深刻な状況（最悪倒産）になる可能性が心配である。
11		長続きしないことが問題だ。
12		結果として消費者自身の働き口が奪われることになる。
13		経済の負のスパイラルを助長することになる。
14		価格破壊が始まると止められなくなる。経営を圧迫する。
15	＊	安く大量に消費され，結果として無駄を生み出す。問題である。
16		デフレスパイラルの助長の1つが価格破壊でありそこが問題だ。
17	＊	消費者が商品を大事にしなくなる（100 円ショップ商品など）。
18		結果的にマクロ経済にとって害になることだ。
19	＊	自分の首をしめる安値戦略は経営の本筋ではない。
20		縮小経済をつくりその結果悪い循環をもたらす。
21	＊	結果として大手資本を持つ企業の一人勝ちになりそれが問題だ。
22		労働者の人権が損なわれ，状況によって辞めさせられる。
23		お客の購買時の満足感を奪う（安すぎてありがたみがなくなる）。
24		企業の寡占化が進むだろう。長期的には消費者に不利益となる。
25		労働者の人件費がカットされ結果的に購買力が減ると思う。
26		安い食料品は体に害になる材料を使い健康被害が増加し医薬費用の増大の要因の1つである。
27		市場経済をめちゃくちゃにする元凶である。消費者の価値概念を一変することなど。
28		本来企業は消費者から信頼を勝ち取ることが大切であり，価格破壊戦略は間違った方法だ。
29		価格競争の最後は消耗戦となり，結局消費者にその付けが来るはずである。
30		価格格差(都市部と地方)が生じる恐れあり問題だ。
31		価格競争は限界が来る戦略であり，そのような戦略は良くないと思う。
32		失業者を増やす価格破壊は社会の罪悪である。
33		需要と供給バランスを崩すがんである。
34		利益が出なくなり税金も払えない企業が増え，結局社会を滅ぼすことになる。
35		やりすぎると日本経済の崩壊につながる。
36		日本企業は利益度外視で経常利益率1ケタ台である。
37		社会モラルや市民を混乱させる。

注：本内容は 2013 年 11 月 13 日の「生産流通システム論」講義時実施したミニテスト結果の集計である。＊印が多数の受講者が指摘した理由である。

出所：ミニテスト結果を基に筆者作成

良い回答例：お客が喜ぶのだから良いことだ。価格破壊する為に企業でいろ
　いろ工夫することが競争を促進する。品質・機能が維持される前提でよい
　と思う。物価が安定し消費者にはメリットがある。そもそも消費者が望む
　ことだから良い。生活関連商品なら価格破壊は良い。

悪い回答例：極端に安くなるとどこか品質で問題が出る。結果として消費者
　が被害者になる。農産物など安くするため農薬使用で人体に悪影響が出て
　いる。本当に消費者のためになる商品なら高くても買うはず。激安は不要
　な商品の押しつけ商売だ。安く大量に消費され，結果として無駄を生み出
　す。問題である。消費者が商品を大事にしなくなる。自分の首をしめる安
　値戦略は経営の本筋ではない。結果として大手資本を持つ企業の一人勝ち
　になりそれが問題だ。

　以上，良い回答例と悪い回答例を紹介したが，どれも説得力のある答えで
あった。翌週に筆者が図表8-3（1），（2）を全員に配布して，その結果につい
てフリーディスカッションをした。

　このようなテーマは正解がなく，どちらか1つに絞ることに意味はない。

3-2　筆者が100円ショップを利用する理由は何か

「こんな値段で採算が合うのか。それとも下請搾取か」など考えながらも，
筆者は100円ショップをよく利用する。

　一昔前だがわけあり商品と銘打って市価の3分の1の値段で売られている商
品を見たことがある。それは企業倒産や本来だと市場に出ない傷物商品だから
だという。また食べ物（観光物産）では，賞味期限が迫っている商品が半値
以下で売られているモノを購入したことがあった。上野アメ横などでは日常茶
飯事にそのような物品が出回っているようである。

　上記のわけあり商品とは異なり，常設で常時同じ商品を並べている店舗で安
く売られている，100円ショップが誕生し久しい。安い仕入価格で薄利多売で
採算があっているのかは知る由もないのだが，とにかく安いし決して品質が悪
いわけでもない。最近では消費税込みで100円のショップもありその売価競争
は壮烈である。

100 円ショップを有効に使用している事例紹介

以下筆者が 100 円ショップを利用しているケースを紹介したい。

① 最近の海外出張時はアンダーウエアや靴下は行く前に「100 円ショップ」で買い，紙袋に入れ持参し出張先で使い捨てにして帰国するのである。その結果 10 日程度の出張だと機内持ち込み可能なスーツケースで出張ができ飛行機の乗り継ぎ時間の短縮になるのである。但し 1 日だけ着たアンダーウエアを捨てながら出張することには罪悪感が残る（学生ミニテスト回答：消費者が商品を大事にしなくなる）。

② 大学教員は赤色ボールペンを頻繁に使う。学生の提出レポート添削やテストの採点などに使うためである。1 年ぐらい前から「100 円ショップ」で 10 本 100 円の赤色ボールペンを発見し使用している。この 1 年強で 13 本ほど使用したが 1 本だけが使用不能（インクが出ない）であったが他は全く問題なく使用できるのである。これなら問題ない（学生ミニテスト回答：品質・機能が維持される前提で良いと思う）。

③ 2014 年 12 月に研究室でワインパーティを行った。ワインを飲むのにマグカップでは趣がないと思い，「100 円ショップ」に行ってみた。ガラス製で重厚感のあるワイングラスが売っていた。人数分購入しても 1000 円かからなかった。各人には使用後グラスを差し上げ持ち帰ってもらった（学生ミニテスト回答：安くなれば多くの商品を買うことができる）。

後味の悪い下請搾取の事態

2015 年 1 月 2 日に F 社（ブランド U）保温加工を施したアンダーウエアーを半額の 500 円で購入した。1 月 16 日に NGO 法人のサイトで U の中国広東省の下請工場への潜入調査に関し低賃金で劣悪な労働環境の実態レポートを読んだ。ここで生産されたであろう商品を買った者として何か加害者的いやな感覚を覚えた。この内容は 100 円ショップではないが安値商品の製造過程での労働者への搾取（低賃金や健康被害）の結果，低価格が実現できた事例である。学生ミニテスト回答でも「労働者の人権が損なわれ，状況によっては辞めさせられる」と書いた内容に当たる。

100 円ショップの功罪はあるが，資源無駄使い・環境汚染・過酷労働者な

第8章 経済的価値とは　*121*

どの犠牲の上に成り立っているならば問題である。今後，購入者側の購入姿勢（買ってはいけない品物と買ってよい品物を見極める）が問われるのだろうか？

3-3　価値があるか，無いかの問いかけを学生たちにすることは良い価値教育と考える

　日本の教育では，ディベートをする機会も少なく，小学校から大学院までのあらゆる学年で，「価値教育」[97]をしているようには思えない。最近，文部科学省が大学から徐々に高校，中学校，小学校とアクティブラーニング[98]を実施し出したことは良いことだと思う。筆者は2017年度で大学1年生のゼミで1年間をかけて，「地球環境」を念頭に「深刻化しているごみ対策」をテーマに据えて，講演，ごみの再生工場見学，環境問題の発表会参加，渋谷のハロウィンのごみ回収ボランティアと回収ごみの絶対量調査を行なった。その骨子を箇条書きしたい。

　結論から述べれば，ある事象の価値判断を決めることは容易なことではない。最もわかりやすい判断基準は，その渦中に飛び込み実際に体験して，その五感で感じ取った思いを素直に表すことではないかと筆者は考えている。

　図表8-4は縦軸が14コマしかないが，各項目で複数回実施し，また大学行事や大学指定テーマなど実施があり，通年で30コマ（1コマは1時間半。但し工場見学やボランティア活動は4〜5時間連続もあった。その際は他の授業

　97　価値教育とは形の上では教育勅語に近いものである。教育勅語とは正式には「教育ニ関スル勅語」といい，1890（明治23）年に発表され，第2次世界大戦前の日本の道徳教育の根幹となった勅語である。その影響から日本では戦後から道徳教育の場において自由に価値を考えることがタブーとなっている。凄く残念のことである。他の国々ではごく当たり前に実践されている。米国でも敵国はどこかといったテーマで自由に子供たちに論議させる。米国の地方都市の博物館にはお尋ね者と記したパネルがあり，そこには想定敵国の現職の政治リーダーの顔写真や悪行コメントが記されてある。中国では，日本を敵視した展示が博物館の随処にあり，小学生と思われる見学者に説明員が日本の戦前の悪行をパネル写真で説明している。

　98　アクティブラーニングとは中央教育審議会（2012年）の中で「発見学習，問題解決学習，体験学習，調査学習等が含まれるが，教室内でのグループ・ディスカッション，ディベート，グループ・ワークである」と紹介されている。

図表 8-4 筆者が 2017 年度に大学 1 年生ゼミで実施したアクティブラーニング事例

No	活動	目的	内容	実施日	評価
1	セミナーハウスで合宿	ゼミ生間の親睦をはかる	1泊2日（カーリング・体育館ほか）	4/1-4/2	○
2	自己紹介2分スピーチ	ゼミ生全員を知る（質疑応答も）	4〜5名/回×6回	4/12-5/24	◎
3	GW体験	グループ意見交換と発言訓練をする	テーマ：好きな駅弁/24時間過ごし方	5/17, 6/14	◎
4	ワーク① Sheet I	ごみとは何かを理解する	環境負荷にやさしいのはどっち	6/21	◎
5	講演＋質疑応答	「持続可能な開発目標達成に向けて」	日本ユネスコ協会鈴木理事長 ご講演	6/28	○
6	ワーク② Sheet II Sheet III	江戸時代の環境対策が自己完結であったことの理解を深める	江戸時代のごみ処理はどうしていたかどのような役割を果たしているか	7/5	○
7	ワーク③ Sheet IV Sheet V	現在のごみをごみにしない工夫はあるかアイデアを出す	ごみにしない工夫はあるかどのような役割を果たしているか	7/12	○
8	ワーク④ Sheet VI	具体化して提案書にまとめる	ごみ問題対策の提案書	7/19	△
9	再処理工場見学	現在のごみの再処理工場を見る	東京スーパーエコタウン見学	9/27	◎
10	ワーク⑤ Sheet VI	具体化して提案書にまとめる	見学体験から提案内容レビュー	10/4	○
11	ハロウィン清掃	渋谷駅周辺のごみ内容を分析する	渋谷区と詳細検討（4カ所測定点調査）	11/1	◎
12	ワーク⑥ Sheet VI	具体化して提案書にまとめる	上記からの知見を基にまとめる	11/8	○
13	提言内容の報告	ごみ問題対策提言書を報告する	東京都環境局へ報告	未実施	
14	提言内容の報告	ハロウィンごみ対策提言を報告する	渋谷区環境課へ報告	12/20	○

出所：筆者作成

第8章 経済的価値とは　*123*

を公欠扱いにしてもらい対応した）の内20コマがこの「地球環境」に関する独自プログラムを推進実行した。

　最初は学校行事の軽井沢セミナーハウスでのゼミ生（27名（男14名，女13名。26名が日本人，1名中国人，なお日本人の1名が帰国子女）との1泊2日の合宿で，カーリングなどスポーツイベントで盛り上がった。その後，4〜5名／1チーム×6チームを作り，意見交換と発表訓練を兼ね，駅弁（3種類）を筆者が提供し，そのいずれが好きか討議させ，その結果を発表してもらった。地球環境という大きなテーマであったので，日本VE協会の常勤理事の宮本事務局長のご尽力で日本ユネスコ協会の鈴木理事長に「持続可能な開発目標達成に向けて」というテーマで1時間ほど講演していただいた。国際連合が推進実施している「持続可能な開発目標（SDGs）」の日本の目標データを配布し準備した。鈴木氏はご自身の海外勤務経験を基に食べられない子供たち，差別が一向になくならない現実をご自身の生々しい経験談で語られた。筆者も学生たちも共にすごく感動しその後の活動に拍車がかかった。そして筆者は宮本氏の協力支援を受けワークシートを6つ作り，1コマ（1.5時間）ごとにテーマを決めグループ討議＋まとめを実施していった。具体的には図表8-4通りである。「ごみとは何か」「江戸時代のごみ対策は」「江戸時代と今日のごみ対策の違いは」「ごみにしない工夫（アイディア出し）」「ごみ対策の具体的な提案まとめ」といった内容である。そして現場を見に行くということで，東京都の東京スーパーエコタウンで3社の工場見学会（建設現場の廃材処理と廃材利用の新たな敷マット生産工場，電化製品の分別回収工場，人類の負の遺産であるPBCの除去工場）に全員で参加した。この体験は学生たちにはショッキングだらけであったようだ。上記の「ごみにしない工夫やその具体化提案」に現実味がでてきたのはこのような体験からごみ問題が深刻かつ待ったなしの問題と気づいたからであろう。ゼミの教員である筆者が「ごみ問題が深刻だ。待ったなしだ」と一言も言ったわけでないのに，ごみ問題に取り組む姿勢が自然に芽生えたようであった。

　ここで申し上げたいことは，テーマが大きければ大きいほど，対象学生の身の丈に合致した内容までブレイクダウンして取り組むことが大切である。その事例としては良い内容となった。

124   第Ⅱ部　各専門分野の価値向上概念

活動の締めくくりとして，10月末日に行われる渋谷ハロウィンのごみの回収ボランティアと渋谷周辺でどのような種類のごみがどの程度，どの時間に出るかのデータ収集とその取りまとめをした。後者のデータ収集は真夜中から早朝まで屋外にいることから男性10名に絞ったが，やりたいと名乗り出る者が続出して10名に絞るのが大変であった。結局，人間とは問題意識が芽生えると自然にやる気スイッチが入るようである。真夜中筆者の研究室で出陣式をした上で渋谷駅前，東急本店前，西武渋谷店前，交番前の4地点で作成調査シートで記入チェックしたのである。その後そのデータをまとめ，渋谷区の環境関係部署に提出した[99]。

ここで本書を読まれた企業人，教育者は是非自分自身のフィールド（企業・教育現場など）に合わせて価値を考えるプログラムを作り，実行をしてみてほしい。

企業人であれば，自社のステークホルダーをピックアップ（実際に取引がある業者名や官庁名をリスト化する）し，その企業や官公庁との取引を順調に伸ばしたり，関わりを円滑にしたりする方法についてどうするかをブレイクダウンして，その未来想定されるシナリオまで策定すると良いと思う。一方教育者であれば，アクティブラーニングをすでに実施されている学校や教師を探し，その当事者と話してみることが良いと思う。その時に実施してみたいテーマをリストアップしてから相談をしに行くと良い。両活動（企業人と教育者）とも失敗が許されないとの覚悟を決めて取り組んでほしい。そのワンチャンスを生かす気持ちがない中で，ブームに乗って実施すれば，やらされた側の後遺症が残るだけである。したがって必ず良い結果を残すことが肝要である。

筆者は，常々次のように考えている。価値判断は普段から身辺の身近なテーマで善か悪かはむろん，優れているか劣っているか，さらに平等か不平等か，公正か不公正かなどをきっちり見つめ判断する目と心を持って対応できる人材

99　渋谷のハローウインのごみの総量と内容物把握調査は今回が初めてであったそうで，2018年度の同イベントの開催企画でも参考資料として活用され，主要な通りのコンビニ等での酒の販売の自粛要請や個人に配るごみ袋（自宅に持ち帰る）の配布場所の変更などに有効活用されたと感謝された。2年生になった彼らのゼミ担当ではなくなったため，その報告はできなかったが，指導できた27名の学生の体験的アクティブラーニングは彼らの人生の中の思い出として貴重なものとなったと筆者は考えている。

を作ることこそ必要ではないかと思っている。国ができないならば，我々が個別に実施していくしかないのである。

アクティブラーニング活動を成功させるためには

本活動はまだ緒についたばかりであり，今後更なる改善が必要であろうが，図表8-5が今回筆者が教員として取り組んだ進め方（マネジメント）であった。図表8-5の縦軸が準備→実施→気づき→効果であり，横軸が「教員マネジメント」と「学生が行うアクティブラーニング活動」である。仕掛けづくりとしてワークシートを作り，1コマごとに完結することである。そして，気づきシートで各人に活動の思いを記載してもらい，回収し筆者が閲覧し次週戻した。

気づきシートはA4サイズ1ページで下記項目を記述式で書いてもらった。
1．自分の感想（特に新たに発見したこと，こんな事もあるのだと納得したことなど）

図表8-5　学生指導のためのアクティブラーニング活動のマネジメント

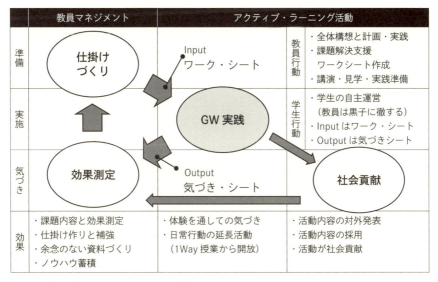

注：上図のGWとはグループワークの意味である
出所：筆者作成

2．チームメンバーの発言で感心したこと（こんな考え方もあるのだ，うまい考えだなど）

3．チーム活動の運営で良かったこと（次回以降こうすればもっと良くなると思ったことなど）

4．今日のグループ討議はどうでしたか？（有意義だと思った，余り意味がないと思った，無意味だと思った）の1つに〇印をつける。

　上記のシートは当日回収し教員が内容をみて理解程度をチェック後，翌週には各チームに戻し，各人が持ち帰ることとしている。この気づきシートが各人の課題解決能力の自己評価であり，回を重ねるごとに力強いコメントが記載されるようになった。

第9章

道徳的価値とは

　道徳とは辞書[100]によると「人々が，善悪をわきまえて正しい行為をなすために，守り従わねばならない社会の成員によって承認され実現される倫理的諸価値ないし規範の総体。外面的・物理的強制を伴う法律と異なり，自発的に正しい行為へと促す内面的原理として働く。その原理とは，主観的内面的規制原理として，主体のうちに現れる自然的本能，自己保全の欲求，名誉欲，権力欲，所有欲などの利己的，本能的欲求と正義，真理，愛，誠実，信頼，平等，国益などの普遍的ないし社会的諸価値の対立あるいは現実と理想の相克を調整し，社会的成員にふさわしい行為を選択するようにしむける」とある。

1．道徳観が購入品選択時の基準となる

　本書読者が社会で活躍するビジネスマンや学問を探求する立場にある諸学者（含む大学院生）と思われるので，アダムズ（2012年）の記載文章を引用し「道徳観」と「製品評価」について以下に述べることとする。なお，ここでの「道徳観」とは9章標題の「道徳的価値」とほぼ同じ概念として論じるが，すこし「道徳観」の方が概念範囲は広いと考えている。

　アダムズ（2012年）は図書の第6章で「製品，感情，欲求—好き？嫌い？それともつまらない？」のタイトルをつけ，製品を発売しその製品がどのように顧客に思われるかをエンジニア，経営者，管理者に問いかけている。人間が

100　大辞泉およびブリタニカ大百科事典。

128　第Ⅱ部　各専門分野の価値向上概念

本質的に持ち合わせている「道徳観」に基づく「感情」に焦点を当てた検討が必要と説いているのである。以下はアダムズから引用記述（文章を短縮化する目的で部分的省略や表現変更）しながら筆者の考え方を併記する。

1-1　我々は社会によって，ある程度感情を制御することを要求される

　筆者は人類がこの感情を制御する道具として「道徳的価値」を確立し，その内容を乳児から高校生ぐらいまでに教え込もうとしていると考えている。

　やんちゃな2歳児は感情表現の豊かさには惚れ惚れしたものだ。癇癪（かんしゃく），底なしの笑顔，屈託のない笑い，強烈な不機嫌，強烈な欲求，これらが交互に爆発する。しかし，親たちや教師たちはそれを抑えようとする。もちろん世界中の70億人が全員2歳児のように感情の赴くままに行動したらたまったものではなく，人は誰でも自分の感情にうそをつくように，とかそれを隠すように教わってきた。人は誰しも，嫌いな人にも親切にし，見ず知らずの魅力的な人への動物的感情を抑制し，友達が興味を持っていることに興味があるフリをすることを学習してきた[101]。（省略）人間は多くの感情（怒り，悲しみ，恐怖，幸福感，愛情，驚き，嫌悪感，恥ずかしさなど）を生存に欠かせないものとし，それぞれがさまざまな方法や強さで組み合わさった応用感情で生きている（アダムズ（2012年））。

1-2　感情の果たす役割を学べ

　筆者は道徳的価値を超越したところで，人には好き嫌いといった感情があり，それが製品の良し悪しや購買動機に繋がることが多く，そのことは製品の機能（主に使用価値を実現する機能）により製品評価基準だけでない重要な要素であり，そこを解明しないといけないように思われる。

　人間は製品品質を評価する際に認識能力のほかに感情が重要な要素になる。

101　その変わり目は小学校高学年とされる。それまでは自己中心的行動であったものが，その後は徐々に他人への思いやりの心が芽生えるという。これは世界中の子供に共通していることで，この変わり目の年代の子供をギャングエッジと呼ぶ。

論理的であるはずの行動や反応にも感情は絡んでいる。特に初対面の相手を瞬時に判断するには，この感情機能が関わってくる。同じように製品品質のほとんどの側面でも同様なことが起きる。製品品質の外観のみに注目すると，アップル社のスマートフォンは使用機能とは別に人に好まれる情動反応が作用し見た目や操作感といったことが重要な購買動機になり得る（アダムズ（2012年））。

この話から想定されることは，使用機能や意味的機能や情緒機能といった機能からだけではなく，情動反応が作用し見た目や操作感といったことが，道徳的価値をも超越した何か普遍的価値基準が製品の好き嫌いを決めるようになってきている。そのことを理解せずして，マーケティングも製品コンセプトづくりもないように思える。

1-3　人間の根源的欲求とはどのようなモノなのか

道徳的価値の根底にある人間の根源的欲求があるが，従来，マズローの5段階説が有名であったが，近年その説は否定的見解の学者が多くなっている。ドイアンとゴフ（1991年）では社会的価値を前提とした ① 身体健康と ② 自律行動の2つの欲求があるとされている。

ドイアンとゴフ（1991年）の ① 身体の健康（栄養食糧ときれいな水，身を守る住居，危険のない住居，身体に安全な環境，安全な出産，適切な医療）と ② 自律の行動（幼児期の安全，重要な人間関係，身体の安全保障，経済的安全保障，適切な教育）の11項目の欲求を満たすためには，社会的な行動（たとえば，生産，再生産，文化的知識，市民権・政治上の権利，中間的欲求，政治）への参加などが前提で形成される社会的価値（欲求）が根底にある。具体的には友情，親密さ，家族，自尊心，自身，達成感，お互いへの尊敬と言った人間との関わりに関する基本的な欲求である（アダムズ（2012年））。

筆者はこの社会的価値（欲求）が道徳的価値（道徳観）を越えた際の人間行動の基をなすと考えている。その前提が社会での自らの行動[102]を通しての欲

102　筆者は，近年小学生から大学生までの登校拒否生徒の増加現象，社会でのニートの増加現象↗

求であるところが大切である。

1-4　製品そのものが家庭団らんを引き裂くかのチェック

　近代文明は産業革命後，大きく変容した。そして直近の四半世紀前からの情報通信技術の急速な進展で大きく様変わりしている。その急激な変化に人間が追い付かず，その結果，現存する企業がプロダクトアウトしている製品やサービスを人間が受け入れなくなるのではないかと筆者は懸念している。その理由は，前述した社会的価値（欲求）が人間どうしの結びつきを基とした欲求（友情，親密さ，家族，自尊心，自身，達成感，お互いへの尊敬）によるからである。たとえば，上記の欲求の1つで今日崩壊の危機であるとされる「家庭の団らん」[103]でのアダムズ（2012年）の事例を取り上げる。

　愛するべき安定した家庭があり，敬愛する仲間のグループに所属していれば幸せだ。この安定が維持されなければ，人間は孤独や憂鬱，欲求不満になる。欲求不満の感情は長い目で見れば確実に生活の質を低下させる。所属することを助けるのは良い製品だが，それとは逆の方向に人間を導こうとする製品が問題になり始めている。

　たとえば，テレビゲームやコンピュータゲームは，かって家族揃ってやっていたことと競合する。ファーストフードや冷凍ディナーは家族が顔を合わせる場所だったキッチンのあり様を変えている。コンピュータやデジタル通信機器は世代や技術的知識の格差を拡大しているように思われる。一方，社会に目を移すとオフィスで働く知識労働者と現場で働く建設労働者，機械化されコンピュータを駆使した農業家と従来の農家，店頭販売者とネット販売者など社会

　　が，社会での自らの行動，すなわち，人々との意思疎通行動をしない人々が増え，そのためそもそも人間が持っている感情抑制機能が無くなり，その結果想像もつかない無鉄砲な行動が起きて来ている。さらに想像もつかないことが近未来起こり得ると心配している。これは筆者の仮説である。

103　筆者の幼少時代には夕食はちゃぶ台があり，両親や兄弟と一緒に食事をしたものである，テレビはなく，自分専用の個室もない中で，きょう1日のできごとを話し合うことしかなかったのである。そのことが自宅での道徳的価値の形成に重要な役割を果たしたように思われる。今日の筆者の道徳的価値形成に最も影響したと考えている。父の社会との関わりの中での経験談などは小学生の筆者の血になり肉になった気がする。

システムの二極化を進めてきている（アダムズ（2012 年））。

　筆者はこのような事実から，アダムズ同様に，家族の団らんを引き裂く方向に作用してすでに四半世紀が経ってしまった。また社会的には経済的成功事例として紹介され，表層的には生産性向上，省資源で高効率なシステム構築，労働生産性向上，省人化により高収益などを実現しているシステムは貧富の差を生み出してしまった。この現実に対し，本章で述べた内容を踏まえると，近未来，その対象製品や対象ビジネスシステムが，多くの人間により拒否される可能性すらある。こう記述すると時代に逆行しているように思われるが，現在先進国といわれる米国や EU 諸国でも一部の有識者が警鐘を鳴らしている。その論点は言うまでもなく，道徳的価値と社会的価値がベースとなった社会システムへの改革が，今日の革新方向と真逆への動きと捉えるかどうかである。

2．小括

　本章では人間にはそもそも 2 歳の幼児のような感情を抑制できない状況を道徳的価値で社会が教育の場で育成してきている。しかし人間が動物であるがゆえにその道徳的価値をかなぐり捨てて人間の本性をさらけ出すことによる状況が存在する。その際，社会との関わりを通して，社会的価値（欲求）を満たそうとして行動する。その行動の 1 つは企業が創成した製品や事業そのものへの「好き嫌い」という生理的反応であり，企業は表層的なマーケティングやコンセプトづくりといった解釈での製品の業績に関する価値評価や事業そのものへの発展性に関する価値評価などをするだけでは，とんでもない結果（製品のボイコット，事業そのものへの誹謗・中傷や事業滅亡）に陥る可能性があることが懸念される。

第10章

美的価値とは

1．美的価値とは何か？

　美的価値は文化的価値と芸術的価値を含むとした。まず日本で，美的価値で勝負している著明な方々のメッセージを紹介したい。

横尾忠則氏：画家。（1936年生まれ）約20年前の精密機械メーカの新年の賀詞交歓会講演より

　　「私はイラストレータを長くしていました。ある時，ニューヨークのお客様に仕上げた絵を説明に出向きました。たまたま，ダブルブッキングで，1つのお客様は自分が説明に出向き，もう1つのお客様は自分の事務所の人に行ってもらった。その結果，自分が出向いて行った方は採用が決まり契約が成立しましたが，自分が行かなかった方は契約が取れませんでした。後者の方が自信作で大変ショックを受けました。それが切っ掛けで商業デザイナーの仕事を辞め，画家に変身しました」[104]。

三波春夫氏：歌手。（1923-2001）オフィシャルブログ「お客様は神様です」についてより

　　三波春夫といえば『お客様は神様です』というフレーズがすぐに思い浮かぶ方が少なくないようです。ですが，本人の真意とは違う意味に使われたりしていることが多く生前，本人がインタビュー取材の折『歌う時に私は，あたかも神前で祈るときのように，雑念を払って澄み切った心にならなければ

104　筆者は横尾氏の画家変身については「1980年7月にニューヨーク近代美術館にて開催されたピカソ展に衝撃を受け，その後，画家宣言」と記された文章を拝見したが，本人が公開の場で述べたことが優先すると判断した。

完璧な藝をお見せすることはできないと思っております。ですからお客様を神様とみて歌を唄うのです。また，お客様を歓ばせるということは絶対条件です。お客様は絶対者，神様なのです』。

ここで「お客様」とは，商店や飲食店などのお客様のことではありません。

池坊専好氏：華道家元池坊次期家元。（1965 生まれ）2018 年 12 月 22 日に行われた平成 30 年日本学術会議 in 京都での「いけばな～日本の知恵の世界発信～」対談より

いけばながこの世に誕生し今年は 556 年目を迎えた。いけばなは時空を活けるもので，いけばなのものさしを通して，人間と同じように「生まれ」「美しく」「枯れる」の過程を考慮し，命を見るまなざしで与えられた花と枝の全てを活かして美を見出す「とぼしさの美学」を追求するものである。完成形はなく，「不完全の美」の追求である。また「いけばなとはわかっていないことを信じて，思いを見える形にする芸術美である」。

3 氏のメッセージを紹介したのは，美的価値は第 7 章 1 節で筆者見解として個人的価値区分に入ると記載したことによる。もしそれが正しいとすると，その活動を行う 3 氏がどのような気持ちで芸術活動を行い，美的と言われる価値を自己評価するのかを理解したかったからである。一般的に芸術は，見る，聞く，触るなど 5 感の個人差がある中，自身の生前の作品が全く評価されずじまいで，死後，評価されるということもよくあるやに聞いていることから気になったのである。3 氏を選んだ理由は直接話を聞けた横尾氏，池坊氏と，間接で人となりを知っている三波氏[105] の 3 名に絞ったのである。

自身が生み出した作品（絵・歌・いけばな）についての考え方について，筆者の見方をまず書く。

横尾氏：自身が描く絵は，自分が説明して初めて理解される。絵そのものの評価ではない。

三波氏：完璧な藝を見せるため自身が努力することが先決でそのため神前で歌う気持ちで臨む。

---

105 三波春夫氏は新潟県出身で，筆者の両親も同郷で祖母が戦前，売れない時期に世話をしたそうで，人気がでた後，新潟県にきた時には必ず会いに来てくれ感謝を述べたと言う話を聞かされていたからである。

池坊氏：与えられた花と枝の全てを活かし美の追求が 500 年余の継続に繋がったという自信がある。

　図表 10-1 で説明するように，芸術や文学とは芸術家自身が持つ価値観が重要であると筆者は考えて居る。「信念をぶつける」以外ないのかもしれない。また，その作品（絵・歌・いけばな）を見る側はセンスや思い入れの度合いでその印象が変わるし，時代背景などでその作品の注目度も変わるというある意味全く点数がつけられないもののような気がする。すなわち，作品を発信する側も作品を受信する側も非常に，あいまいな状況下での意思疎通なのである。企業人が製品をお客様に売り込む時にセールスポイントや競合他社との明確な差異を言える。しかし，芸術家は比較対象を出して言えないところが苦しいところである。筆者も趣味の域であるが写真・絵画・作曲を少々たしなむが，それを職業とすることと，趣味のレベルとでは雲泥の差があるのですが，認知されない段階ではポテンシャルがゼロであり，収入なし状態が続き，きっとしんどいのだろうと推測する。結局のところ個人的価値に属する美的価値の範疇を自身の生涯の仕事とすることは並大抵のことではないと思われる。3 氏は著明な芸術家であるが，それぞれ，各人を特徴づけるオリジナリティーがあるように思われる。

　たとえば横尾氏は特徴的なイラストレータであり，その時点でオリジナリティーがあった。また三波氏は浪花節口調の演歌歌手で，当時ライバルとして村田氏がいたが，その詠い型スタイルが全く異なり存在感がありオリジナリティーがあった。池坊氏は 20 歳代で次期家元として指名され，その時点で名前は皆に知れたが，そのプレッシャーの中で五百有余年の歴史を踏まえ，新たにいけばなを世界に広めるきっかけを作れたことはすばらしいオリジナリティーを発揮したのである。

　いささか，強引ではあるが，個人的価値→美的価値（芸術的価値・文化的価値）→オリジナリティーが大切と思われる。

第10章 美的価値とは　*135*

2．オリジナリティーの評価に思う[106]

　筆者は今から 35 年前に新技術を生み出す力の衰えを感じ，日本創造学会に
入会した。2014 年の 1 月から第 12 代目の日本創造学会の理事長となり，学会
員や非会員にも新たな知見を啓蒙したいと思っている。筆者は自ら教えている
学生に卒論・修論・博論のいずれにしてもオリジナリティーがない論文は本研
究室からは出したくないと激を飛ばしている。但し卒論や修論の学生は研究で
きる時間が限られるので，オリジナリティー＝自身で調査（現地訪問・インタ
ビュー調査・アンケート調査など）している場合はほぼ無条件で OK を出して
きた。むちゃくちゃな理由だが，自身が実際に現地・現物・現実の環境の中で
調査した上で考えたこと（先行論文や知見の活用でも良い）をまとめたなら，
インターネットや文献図書のコピー＆ペーストの物まねではないと解釈しよう
というものである。
　さて，2014 年 4 月の NHK（E テレ）でアンディ・ウオーフォル（画家）の
紹介番組を見た。
　オリジナリティーとは何かをあらためて考えさせられた。氏は初期におい
て「キャンベラスープ」缶をリアルに描いたものを発表したが画壇では酷評さ
れた。その後，自ら撮った写真をシルクスクリーン法を改良した転写技術を使
い，ケネディ大統領未亡人，交通事故現場，自殺者，電気椅子など衝撃的な写
真 1 枚をキャンパスに十数枚ならべ色合いを変えた絵画として発表した。彼の
作品には必ず社会を風刺するメッセージがついているのである。晩年には顔写
真からシルクスクリーン法を使った造形による肖像画をビジネス（1 枚 200 万
円）にした。歴史的人物であるアレキサンダー大王やモナコ王妃やマリリンモ
ンローなどを題材に肖像画見本を作り，宣伝広告して毎年 100 名近い方々の肖
像画を作ったという。後にその方法は著名な評論家がブランディング（ブラン

106　本節は櫻井 HP 上の「気づき」の［36］オリジナリティーの評価に思うこと（2014 年 4 月 20
　　日掲載）を活用した。なお，現在 HP は立ち上げていないため本内容は開示されていません。

ド力で人の心をくすぐる）手法の先駆けと称賛された。こんな調子で晩年の彼を酷評する者は一人もいなかったという。果たして彼が描いた絵画にはオリジナリティーがどの程度あったのか？　写真を模写していたのだから独創的？　模写したものに奇想天外な配色を施したことが独創的？　絵にコメントをしたことが独創的？　写真から絵画描写したことが独創的？　それを高価なお金でビジネスにしたことが独創的？　いずれにしても他人がしたことがないことを最初に始めたことが独創的なのだろうか？　彼より早く始めた先人もいたかもしれないのだが。

　高橋誠編著の創造力事典（2002年）によれば独創性（オリジナリティー）とは「模倣でなく自分の考えで独自のものを作り出す人間の能力＝天才の創造性」と記されている。「模倣でなく」の文章が気になるところである。そもそも「創造性はさまざまな既存の情報を再組立てして新たな価値を創り出すこと」である。したがって，「ウオーフォルの行ったこともそれを認め称賛する＝新たな価値を創り出す」とすれば独創性（オリジナリティー）ありと判断できよう。

　ここでいまだに疑問なことを下記して記録に留めたい。

1）人が判断した「酷評」と「絶賛」の差異基準は何か（時代背景か他の見えざる何か？）

2）人とは何を指すのか（一般的概念の顧客の中の大勢かそれとも声の大きな代表者か）

3）仮に先人がいたことが発覚した時のそれまでの扱いはどうなるか

4）人間のあやふやな振る舞いからくる不確かな行動を基準として「決める」ことが正解か

5）技術のオリジナリティーの決め手の特許（パテント）でも常に異議申し立てが絶えない。社会的価値概念や芸術的価値概念やその他（規範・道徳・行動規範など）価値概念は果たしてオリジナリティー有無の判定ができるものか

6）そもそもオリジナリティーの有無など判定できないのではないか

3．科学的価値（経済的価値の１つ）と
　　文学的価値（美的価値の１つ）の比較

　経済的価値については，大人になれば人々は否応でも，その経済システムを理解してその価値を容認しなければならなくなる。また本書でもここまで多くの紙面を割き論じてきた。ここでは，経済的価値に組み込まれている「科学的価値」と美的価値に組み込まれている「文学的価値」をその価値創成のメカニズムにおいて比較する[107]。図表10-1に両者の比較項目別相違を示す。

図表 10-1　科学的価値と文学的価値の創成メカニズムの比較表

価値分類	定義	関わる人物	アプローチ	価値観	知的役割	出力(提供物)
科学的価値 (経済的価値)	部分を切り出す	チーム (複数人)	普遍→特殊性 (部分アプローチ)	細分化，抽象化，一般化，再現化	知識を知る	手段
文学的価値 (美的価値)	全体を複雑に描く	個人 (1人)	特殊性→普遍 (全体アプローチ)	信念をぶつける	人生を学ぶ	目的

出所：川野（2019年）配布資料（脚注107）を参照し筆者作成

　科学的価値と文学的価値とでは，その創成メカニズムは図表10-1に示す項目で真逆の内容であることが理解できると思う。科学的価値の創出はデカルト思考であり文学的価値の創出は統合思考である。デカルト思考とはデータや情報を基に分析作業を中心に実施する方法である。
　具体的には下記手順を取る。
① すべてのものは分析し，分解し，要素問題に分けることができる。
② その要素は，他のものと置き換えることができる。
③ 分解した要素を足し合わせると全体となる。
④ それぞれの要素を解決すれば，全体となる。

---

107 ここでは，等価変換創造学会月例研究会（2019年2月23日）の川野弘道氏の発表レジメを参照した。

138 第Ⅱ部 各専門分野の価値向上概念

　一方，統合思考とは全体構想を基に未来志向で創造作業を中心に実施する方法である。

　具体的には下記手順を取る。

①　情報（文学創成の基）を基に構想を練る。

②　その構想に従い，全体構成を作る。

③　その全体構成に基づき，全体観を持ちつつ文章を書き込む。

④　完成品ができる直前で，全体構成から再チェックする。

　以上の相違を絵に例えれば，後者の統合思考は，キャンパスの端から筆を使う者はいない。まず，鉛筆でおおざっぱなスケッチをして，それを基に絵を描き始めるが，まずバックの空などを描き徐々に描きたいものを詳細に描写していくのである。一方，前者のデカルト思考の科学的価値は，ジグソーパズルのようにたとえば100ピースあれば，その完成図（過去の成功体験）を基に，どの場所に手持ちピースを配置するか考えるのである。この両者の価値を創成する方法は全く異なるのである。

第11章

社会的価値とは

　社会的価値とは，第Ⅱ部で取り上げる7つの価値の内，おそらく最も対象範囲の広い価値であり，他の価値とも密接に関わっている。すでに記述した道徳的価値では，この社会的価値があるという前提で論じられるなど社会全般をかざす重要な価値と言える。

　社会的価値を検証し，更なる価値の洗練化を実現する学問として存在する社会学を見ると，「社会の個人の行為，集団の持つ特性，他者とのコミュニケーションなどに一定の法則性を見出して，社会の仕組みや働きを解明する学問」であり，さらに「大きな時代の転換期に社会問題を解決するための提言や制度設計などを行う」ことが求められ，その結果として社会的価値が形成されていくものと思われる。ここでは，大きく変わりゆく情報通信技術による社会変革のデータと筆者が行った大学生の生活実態調査を紹介し，今日の若者の行動について振り返ってみることで，今後の社会的価値がどうなるかを読者に考える材料提供をしたい。

　なお，筆者は企業の社会貢献活動（社会的責任，メセナ活動，持続可能な社会を実現など）とは異なると考えている。

1．小学生がスマホに2時間向き合っている社会

　筆者は2019年3月のNHKニュースで首題を聞き唖然とした。内閣府の「青少年のインターネット利用環境実態調査」（図表11-1参照）によると，2018年度のネット利用率は全体（10〜17歳）で9割を超え，1日当たりの利用時間

は2時間49分と前年度に比べ9分増した。内，高校生が3分増の3時間37分となり，中学生は15分増え2時間44分，小学生は21分も増えて1時間58分に達した。利用機器別では全体でスマートフォンが6割強を占め，ほほどこでも使えるスマホの普及がネット利用を促している。利用目的は動画視聴，ゲーム，コミュニケーションの手段が上位を占める。ネットには利便性やエンターテイメント性があり，もはや子ども，大人を問わず日常生活に欠かせない存在だが，没頭するあまり睡眠障害や友人との触れ合い不足，抑うつ障害などのネット依存症に陥る危険が指摘されている（Nippon.com 掲載記事引用）。

テレビが普及し出した時にも，同様な実態が紹介され，一時だけ話題になったことを思い出す。我が国日本では，本件について，実態把握をすれども，一向に規制や抜本的対策がなされることは全くない。自由主義経済を優先し，将来の子供たちへの影響や日本の未来を託す子供たちへの配慮は全く存在しないのである。筆者が団塊の世代であるから指摘するのではなく，もっと多くの有識者が異常な数字であることを認識し，それを非難する人が現れても不思議ではないと思う。

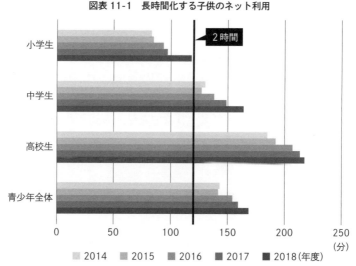

図表 11-1　長時間化する子供のネット利用

出所：内閣府「青少年のインターネット利用環境実態調査」に基づく Nippon.com 作成データを引用

第 11 章　社会的価値とは　*141*

２．大学生の大半がアルバイトで日々過ごしている社会

2-1　地方大学生の日常の過ごし方（プレ調査）（2012 年 1 月 30 日筆者調査）

　筆者は文系地方大学の３年生の学生 31 名（男女比ほぼ同数）に各人の生活実態調査アンケートを実施した。その内容は下記である。

　設問Ａ：学校がある平日の過ごし方をお教えください（アルバイトをしている人はその日を記載ください）。日によって大幅に違う場合にはたとえば 2.5〜3.5 と（　）内に記載ください。なお大学やアルバイト先への通学・通勤時間も加算ください。また，時間は 0.5 時間単位まで記載ください。

　　⑴　大学での勉学時間（含む通学時間）　　　　　（　　　　　）時間
　　⑵　インターネットやテレビや携帯電話で過ごす　（　　　　　）時間
　　⑶　娯楽ゲーム等で過ごす（友人とのゲームも含む）（　　　　　）時間
　　⑷　学校関係の勉強（予習・復習・宿題など）をする（　　　　　）時間
　　⑸　家族との団らんで過ごす（含む朝食・夕食）　（　　　　　）時間
　　⑹　友達と過ごす（雑談等，ゲームは⑶項へ）　　（　　　　　）時間
　　⑺　アルバイトをする（含む通勤時間）　　　　　（　　　　　）時間
　　⑻　部活動（その他趣味など）　　　　　　　　　（　　　　　）時間
　　⑼　就寝時間　　　　　　　　　　　　　　　　　（　　　　　）時間
　　⑽　その他（　　　　　　　　　）　　　　　　　（　　　　　）時間
　　　　　　　　　　　　　　　　　　合計時間　（　 24.0 　）時間

　・同じ学年学部にも関わらず大学での勉学時間がバラバラであること。地方大学であり他県から片道３時間かけて通学している学生もいる。
　・アルバイト時間は睡眠時間を犠牲にしていること（例：バイト６時間＋睡眠３時間）。足し算すると同じになるという時間の使い方。
　・インターネット等で過ごす時間の多い学生とそうでない学生が二極化して

いること。

・家族団らんや友達と語らう等で過ごす時間が極端に少ないこと。

などである。

2013年2月14日NHKテレビニュースよると大学生協の調査として下記が報じられた。

・大学生の1日の勉強時間（文系大学生28分，理系大学生48分，平均39分）

・まったく勉強しない学生比率（1年生7.6％，2年生10.2％，3年生11.75％，4年生12.8％）

・文系4年生は18.2％が全く勉強せず⇒この人たちが社会に巣立っていくのである。

「驚きの結果である。平和ボケ，本来大学生へなるような人材であったのか」（元文部大臣指摘）

2-2　地方大学生の日常の過ごし方（本格調査1）（2013年2月8日筆者調査）

筆者は，2-1と同じ調査項目シートで地方大学生の生活実態調査を試みた。今回は1年生と2年生の200名にお願いした。その結果を見ると，大学での勉強時間はほぼ同じであった。理由をよくよく考えればわかる通り，1・2年生は教養科目の必修科目が多く，学生間の履修科目の差があまりないのである。2-1節のプレ調査では学生が3年生であり1・2年次頑張った学生は3年ではとんど授業を履修しなくてよいのである。こんなことも知らずに前回，悩んだ自分にあきれたところである。

さて今回は下記方程式で学生の生活スタイルをデータ分析してみた。

①　24時間－｛(1)大学拘束時間＋(4)予習・復習時間＋(9)就寝時間)｝＝使用できる時間。

②　学生が使用できる時間の40％以上を占めている行動が生活スタイルの中心をなすと仮定。

③　4つの生活スタイル区分

1）人間と関わり合う時間（(5)家族団らん＋(6)友人交流＋(8)部活（含む趣味））
2）ネット等と関わる時間（(2)インターネット・テレビ・携帯電話＋(3)ゲーム等）
3）バイトで拘束されている時間（(7)アルバイトをする時間）
4）バランスよく時間使う（上記の1）から3）のいずれも40％にならない）

　上記の方程式で分析したところ下円グラフのような分布となった。大学によりその生活スタイル区分は変わると思われるが，今回，調査した範囲ではアルバイトで拘束されている時間が自由になる時間の40％以上になる学生が4割以上いることがわかった。

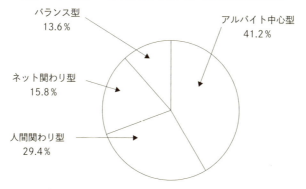

図表11-2　地方1・2年大学生（200名）の生活実態調査結果

バランス型 13.6％
アルバイト中心型 41.2％
ネット関わり型 15.8％
人間関わり型 29.4％

出所：筆者の調査結果を基に作成

　学生が1日当たりに使用できる時間は7時間から15時間であり，個人差が大きい。平均12時間ほど使用できる時間があり，アルバイト中心型学生は通常，1日に5時間以上働いている。
　驚くことはアルバイトをせずにインターネットを7時間以上毎日行っている学生もいた。一方部活をしている学生はその点，アルバイトやネットをする時間さえない状況のようである。

144 第Ⅱ部 各専門分野の価値向上概念

2-3 首都圏大学生の日常の過ごし方（本格調査 2）（2017 年 6 月 16 日 筆者調査）

　筆者は，2-1 と同じ調査項目シートで首都圏の大学生の生活実態調査を試みた。今回は 1 年生 26 名にアクティブラーニングの教育の手始めに大学生になり 24 時間をどのように過ごしているかを各人アンケート調査シートに記載後，6 チーム（男女構成）に分かれて自分たちの日常の過ごし方についてディスカッションし発表してもらった。そのアンケートシートを回収しまとめた結果が図表 11-3 である。調査 2 が今回の結果（首都圏大学 1 年生）である。調査 1 は 2-2 の結果（地方大学 1・2 年生）である。

図表 11-3　大学生の日常の過ごし方の 2013 年と 2017 年の比較調査結果

調査区分 生活スタイル	調査 1 （2013 年 2 月） （被験者数 200 名）	調査 2 （2017 年 6 月） （被験者数 26 名）
1）アルバイト中心型	41%	42%
2）人間関わり型	29%	38%
3）ネット関わり型	16%	12%
4）バランス型	14%	4%
5）その他	0%	4%
備考欄	1・2 年生 （K 校）	1 年生 （N 校）

出所：筆者の調査結果を基に作成

　異なる大学（地方と首都圏）で 4 年前との比較だが，ほぼ同じ傾向にあることがわかる。

　今回の調査 2 のデータでは自由になる時間は平均 10 時間（6〜14 時間）で，その 40％以上をバイト時間に当てている学生が 42％もいた。しかも新学期が始まって間がない時期である。中には 9 時間もしている学生もいた。中国や米国など海外では学生のバイトは大学内での TA（ティーチングアシスタント）など限られた仕事しか認められていないのが常識であり，文化水準の高いとされる国々の中では，日本のように高校生からバイトができる国はないのであ

る。将来を担う学生たちがバイトをしなければならないことが問題であると考える。無論学生側の問題，遊び金を確保するために働くもあろうが，学生時代の大半をバイト漬になっているとすれば，問題ではないだろうか。

2番目に人間と関わる型であることにはほっとした。学生生活での最も大切な人間交流だからである。中には趣味に没頭（1日9時間）し睡眠時間をカットしている学生がいた。これなどは若者であり学生生活を満喫しているのだと思う。一方，インターネットほか外部情報に振り回される学生は思ったより少なかった。生まれた時からすでにネット社会であったことから，ネットに対する抵抗力があるのだろう。

2019年3月22日の読売新聞記事によると大学生協の調査（2018年10月）として下記が報じられた。

読書ゼロの推移では，小学校入学前31.8％，小学校高学年16.4％，高校31％，大学生48％である。また大学生で，アパートを借りている自宅外の学生のバイト月収は過去最高の31,670円であった。仕送りが減る中で働かなければならない事情がある。

3．社会的価値はだれがつくり，だれが啓蒙し，だれが認知し，だれによって引き継がれるのか

1節と2節で取り上げた子供の教育環境に関する問題はどのような方向性で社会的価値を再度見直すのであろうか。このような問題の解決に当時者（教師，学生，父母，そしてスマートフォン提供業者と動画・ゲーム・ラインの配信業者など）を一同に集め論議したところで問題解決策が得られることはまずない。では現状はどうなるのだろうか。現政府のやり方は利害関係のない有識者（大学教授や利害関係のない経営者やその他著名人（作家，芸術家など））を集め，意見を聞き，その取りまとめを中央官庁（この場合には文部科学省）の役人が意見集約して会議を開催し，答申案としてまとめ，その内容を利害関係者に開示し公聴会で意見を聞き，部分的修正を行う方法が取られてきた。筆者はこのアプローチでは到底解決ができないと思うし，うまくいかないと思

146 第Ⅱ部 各専門分野の価値向上概念

う。理由は簡単である。「当時者でもない人が改善提案を出せますか？」「役人が策定する折衷案がベストと思われますか？」「利害関係者は自身の利益誘導を優先するのではありませんか？」要するに結論が100％陳腐なものになりかねないのである[108]。

これの繰り返しが今日の日本の社会的価値に関するアプローチである。

だれがつくるか：有力なマスコミ数社の主幹級のスペシャリスト（当問題に熟知した人物）が対象テーマの問題を整理し，改善提案のポイント項目（本テーマなら，学生の読書のあり方，スマートフォンの使用のあり方など）を列挙し，入札方式で国民への提案課題解決提言書を一般公募し，その応募内容を同メンバーで審査する（この過程で一切中央官庁の役人は参加させない）。

だれが啓蒙するか：選ばれた提言書の実行準備は提言書作成者がリーダーとなりリーダーが指名したメンバーが中央官庁の役人や国権を使い，正しい情報の収集やその分析を実施すべきである。この際政府系の調査・分析を常態的に行ってきたコンサルティングファームは排除すべきであろう。提言書の具体化ができたらその内容のトライを特定の学校なり，子供たちに実施してもらい，その問題点を洗練化し，その結論を国会と政府に提出し，政府はその実現のための予算の裏付けと実施組織を明確化し，国会は与野党議員が国家の将来を見通す観点で徹底審議を行い政府提出案の承認可否に当たるのである。

だれが認知するか：国民の認知がなければ，社会的価値の新たな動き作りはできないのである。現在も実施している日本各地で公開論議を重ね，更なる具体化された案の詳細な点まで詰める努力をする。なおテーマが重い場合（例えば，憲法改正，他国の協力を仰ぐといった場合）には国民投票を行うべきである。なお，筆者は社会的価値テーマの場合には政治家や政党が自分たちの価値観をぶつけあうことよりも日本人として，人類としてどうあるべきかの論議をして，決してイデオロギーを持ち出さないことが肝

---

108 筆者は過去，検討専門委員会に出たことがあったが，結局は儀式であり，中央官庁の役人たちが考えたシナリオの演者（手順に載った役を演じている者）であったように思える。

要と思う。

　だれによって引き継がれるのか：これを実施に移す時には，その言い出した方（採択された提言書を作成した人（グループ）がフォローすべきである。上記は常軌を逸する行動のように思われるが，多くの国々の社会的価値の見直し行動には，これに近い行動がなされてきたのである。

4．現実には社会的価値は，官僚（中央，地方）が仕切る

　2019年3月7日の読売新聞によれば，小中学生のスマートフォンや携帯電話について文部科学省は，従来学校への「持ち込み禁止」を求めてきたが方針を見直すことになった。その理由は所持率が上がったことに加え，大阪府教育庁が災害など緊急時の連絡手段として「持ち込みを容認」の姿勢を示したこともふまえたとしている。まだ決定ではないが問題行動であると筆者は考える。

　以下に現状の動きを記載する。

　だれがつくるか：中央官庁の文部科学省と地方自治体の大阪府教育庁である。小中学生のスマートフォンの長時間使用の問題から発生する学力低下，睡眠障害，そううつ障害などの問題の抜本的対応をせず，事実を黙認していく姿勢はいただけない。大阪府教育庁のガイドライン（素案）は緊急時の対応を最優先する文章で，いかにも役人作成の文章である。たとえば，「スマートフォンは子供が管理」「適切な使い方や危険性は家庭や学校で指導する」「家庭で使う時間は平日30分以内，休日60分以内」「SNSで知り合った人と会わない」と他人事で問題の根源的な対応にはなっていないのである。

　この後の項目はきっと前述した「利害関係のない有識者（大学教授や利害関係のない経営者やその他著名人（作家，芸術家など））を集め，意見を聞き，その取りまとめを中央官庁（この場合には文部科学省）の役人が意見集約して会議を開催し，答申案としてまとめ，その内容を利害関係者に開示し公聴会で意見を聞き，部分的修正を行う方法が取られてきた」になるのだと思う。

　有識者についてであるが，新聞では有識者3名（大学准教授（専門：生徒

指導論），子ども教育機関理事長（専門：安全教育），小学校学園長（実業家兼任））が各得意分野の範疇で解説を加えている。ただし，そもそも論，小学生にスマートフォンを持たせることの是非については全く触れていないのがすごく残念でならない。要は日本の行政は，社会的価値を見直すためのグランドデザインを新たに創成しようという姿勢が全くないのである。これが問題である。北欧3国が始めた福祉政策を実施するために多額な税金徴収を始めた時点での社会システムの抜本的見直しのための実施アクションを見習ってほしいものである。

第12章

政治的価値とは

1. アイアンズの「政治と価値」についての言及とは

　政治的価値とはどのようなものであろうか。アーモンドとウイルソンの両名の編著（1988年）の第3部「価値と諸制度」でアイアンズが「政治と価値」について言及している。「価値の諸問題が政治の実践的場面で常に生じることは言うまでもないが，価値と学問の関係は複雑な問題である。ここでは後者の政治の学問的研究に焦点を当てる」。

　まず「政治」と「権力」の問題が大昔から存在するとしている。政治を実践すれば職務を遂行する上で不可欠なものが権力である。マキャベリーの「君主は尊敬されるような事柄をすべて行うことなどできない。国家を維持するために，誠実，友情，人間性，宗教に反する行為を強いられることがたびたびある」と言っている。

　次に「自由」と「平等」の問題がある。両概念は相反する内容である。すべての人々にとって平等が大きくなればなるほど，ある人々にとって自由は小さくなる。逆に市民が享受する個人的な自由が大きくなるほど，市民が平等へと到達する機会は小さくなる。

　政治的価値とは結局社会がその根本的な価値をどのように配分（明確化）するかという問題に到達する。このことは道徳や宗教と切り放しができないものである。なぜならば，道徳や宗教は政治学的価値からは政治の構成要素だからである。

　政治的価値は，近年その一線を越える動きが出て来た。それが技術的，経済的に世界が結びつきグローバル化したことから，その範囲が拡張し，もし我々

150 第Ⅱ部 各専門分野の価値向上概念

が選択をせずに試そうとすれば，世の中の動きに翻弄されかれない。

2．民主主義において我々は自由な選挙に大きな価値を置いている

　前述したアイアンズは政治学をスタートさせるには首題を明確化することが
前提だとしている。ただし，「自由な選挙」とは何を意味するのだろうかと疑
問を投げかけている。本件について筆者の考え方を記したい。これは政治的価
値の前提条件だからである。

2-1　筆者の住まいのある町の区長選挙

　2014 年の 6 月末の日曜日に 60 年近く住んでいるある町の区長選（含む区議
補欠選）があった。投票率はなんと 29.8％であった。また，自分の住んでい
る町はなんと 5 人に 1 人（22.3％）であった。こんなことがあって良いのかと
思った。

　私は 20 歳から今日まで 49 年間一度も選挙を棄権したことがない。人生で自
慢できる皆勤賞は 1 つもないが，選挙だけは必ず投票してきた。選挙当日都合
が悪ければ期日前投票をした。過去 1 回は仕事の関係で当日一番で投票所に行
き投票箱の中を改めることをしたことや 1 回は投票時間ぎりぎりでかろうじて
間に合い，投票所のある小学校の校門で選挙の世話をしている方がクリスマス
のジングルベルに似たベルを鳴らしていたのを思い出す。その時は小学校校内
を走って滑り込みセーフで投票した。この年齢まで病気もせず，海外の長期勤
務もなく来たことが幸いしている。何回ぐらい投票してきたのだろうか？　お
そらく 60 回以上は選挙したような気がする。

　さて，ここまで投票率が低い選挙は有効か？　選挙管理委員会の準備費用は
毎回どれだけ掛かるのか？　選挙結果に文句はいうが選挙自体に参加していな
い方に文句を言う権利などあるのか？　などいろいろなことが浮かぶ。何度か
棄権した有権者は氏名を公開するとか，そもそも選挙権をはく奪する等の強制
的処置をすべきとすら考える。きっとブーイングがあるでしょう。最近の小学

第 12 章　政治的価値とは　　*151*

校の社会科の教科書に載っているかは確認していないが，以前は高額納税者しか選挙権がない，女性には選挙権がないという時代があった。選挙権は国民が獲得したと書いてあった。その権利を放棄する行為は民主主義を否定する方々であるわけで断罪すべきと筆者は考える。国政選挙などでは棄権をする行為も1選挙方法と暴論を吐く方もおられるが全くそれは間違いだと思う。なぜならば，民主主義では最後に賛否を問う方法で多数決で決定するからである。その結果ですべてのことが決まるのだから選挙の棄権は理由のいかんを問わず最終決定の評議に参加しなかったもので断罪されるべき行為と考える。

　さて，国政選挙だと，投票後出口調査と称し投票所の外で「どの党に投票したか」，「誰に投票したか」としつこく付きまとわれることがある。大体期日前投票をする時である。これはマスコミのやり方であるが，私は違法行為（個人情報の開示を強要する行為で処罰されるべき行為）とすら思うが間違いでしょうか？　選挙当日，投票が終了すると開票が始まったばかりなのに，A 氏当確と速報が流れる。こんなことをしなくとも，数時間経過すれば結果が出るのだから，静かに確定結果を待てば良いだけだと思うのですが間違いでしょうか？　さすがに区長選挙ではメジャーなマスコミは出口調査をしないので，自らその結果を区広報で見るしかないのですが。統計学を活用した出口調査法が米国で確立し，その方法などを参考にしたマスコミのアプローチは本当に正当化されるべきことでしょうか？　疑問である。なぜならば，選挙終了後ならまだしも，選挙期間中もどの党の誰が有利と報道するのだから民主主義のかけらもない，洗脳事前宣伝とも取れる行為と思う。

　むろん最近は自省ムードではありますが，マスコミにとっては格好の話題だから毎回フライングする放送局が現れる。2014 年 12 月 14 日に第 47 回衆議院議員総選挙が行われた。過去最低の 52.66％の投票であった。有権者の半分の投票者による選挙が有効だろうか？　また今回も某局で当確の方が最終集計で落選した。これは明らかに誤報であり，その責任はだれが取るのだろうか？

2-2　選挙に行く・行かないは個人の自由か

　2 節の冒頭で記したアイアンズ氏は，文面でオーストラリアやエル・サルバ

ドルでは投票することは義務化されていて，それに違反すると罰金が科される
とある。それに対しアイアンズ氏は，選挙をするか，しないかは自由なはず
で，しないと罰金は非自由すぎと書いている。一方日本は選挙に行かなくとも
何も罰せられない。それに対し筆者はそれが問題だとしている。このように政
治的価値の中で民主主義社会では当たり前の選挙1つとってもその価値につい
て2つの全く異なる考え方が存在している。読者は如何に思われるだろうか。

第13章

宗教的価値とは

　宗教的価値とは，第Ⅱ部で取り上げる7つの価値の内，おそらく最も個人的価値に属するものではないかと思われる。筆者は若い頃，海外出張する時に上司から言われたことは決して宗教の話はしないようにと言われた。当時米国での固有技術に関する学会などでは，その学会会長職は歴代，カトリックとプロテスタントが順番に交代すると言った暗黙のルールがあると聞いた事がある。したがって，本書では各宗教の概要に触れるだけとする。なおその後で，筆者が以前，興味を持った不可知論や無神論の観点での国際比較と日本人が「お客様は神様」と考える根源的理由について言及する。

1．世界に現存する宗教の分類

　世界中には数えきれないほどの教祖があみ出した宗教が存在する。本書では，戒野（2010a，2010b，2010c）を参考に分類する。戒野では発祥地域別に西アジア，中央アジア，東アジアに分けている。

　戒野（2010a）の「はじめに」の一部を引用する。「ハンチントンが文明の衝突の中で，冷戦体制の終焉にあたり8つの文明・文化圏（中華，ヒンドゥー，イスラム，日本，東方正教会，西欧，ラテンアメリカ，アフリカ）の結束と衝突によって多元的拮抗体制が形成されていくと指摘しているように，そのベースとなる宗教が政治・経済・社会を含めて大きな影響を与える時代に入っている。経済・企業経営面ではユダヤ教が背景とするユダヤ民族の国際金融支配，キリスト教の理念国家である米国のグローバリゼーションの名のもとに行われ

154　第Ⅱ部　各専門分野の価値向上概念

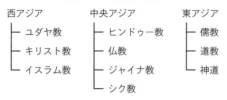

図表 13-1　宗教の分類

出所：戒野（2010a, 2010b, 2010c）を参照し筆者が作成

る米国流新市場主義の流れ，イスラム教のアジア・アフリカへの普及とイスラム市場・金融の拡大，儒教・道教・仏教的考え方にもとづく中国・韓国・ベトナム・シンガポール・台湾やヒンドゥー教の考え方にもとづくインドの巨大市場の台頭など，宗教の経済・企業経営への影響がますます強まる流れにあると想定される」という認識において，個々に登場した図表13-1の宗教について，以下，個別の概要と価値観についてまとめる。

2．各宗教の概要と価値観

2-1　各宗教の概要

まず発祥地域別に西アジア，中央アジア，東アジア別に，戒野（2010a, 2010b, 2010c）を引用しながら概説する。

西アジアにおいては，BC6世紀に古代イスラエルの宗教に影響を受けてアブラハムを始祖としてユダヤ教が生まれる。そのユダヤ教をもとに，元年頃にイエス・キリストがキリスト教を創始し，次にやはりユダヤ教をもとに，610年にムハンマドがイスラム教を創始した。ユダヤ教は自然宗教，キリスト教とイスラム教は創唱宗教と呼ばれる。ユダヤ教とキリスト教とイスラム教はこの宇宙を創造した唯一絶対同一神を信仰する「一神教」[109]である。

109　同一神ではあるが，ユダヤ教はヤハウェ，キリスト教はイエス・キリスト，イスラム教はアッ↗

第 13 章　宗教的価値とは　　*155*

　中央アジアに位置するインドにおいては，インダス文明の古代インド宗教に北西からBC1500年頃侵入してきたアーリア人のブエーダの宗教が混ざり，カースト制度やカルマ（業）による輪廻転生（りんねてんせい）と修行による解脱を求めるヒンドゥー教が生まれる。その輪廻転生から解脱を求める修行者の中からBC6〜5世紀頃，仏教を創始したゴータマ・シツダールタやジャイナ教を創始したマハーヴィーラが現れた。さらにイスラム教のインド侵入と支配により，ヒンドゥー教の改革運動が起こり1500年頃，ナーナクがシク教を開祖した。ヒンドゥー教と仏教とジャイナ教とシク教は「輪廻転生（死んであの世に還った魂がこの世に何度も生まれ変わってくること）」を基とした教えである。

　東アジアにおいては，中国の儒教と道教[110]とインド発祥の仏教が混淆する形で存在している。その核となる儒教は古代中国の祖先崇拝を中心とするシャマニズム的原儒を基に孔子ら（BC5世紀）の倫理・政治思考が加わり体系化されたもので創唱宗教である。道教は中国のアニミズムを中心とした民間信仰を母胎に老子（BC6世紀）・荘子（BC4世紀）の思想を核にした漢民族の多神教の民族宗教である。神道は日本民族の古来の森羅何象に神々を見出すアニミズム的信仰習俗と祖先崇拝に儒教や仏教や道教の渡来・混淆した民族宗教で多神教かつ自然宗教である。

　東アジアの宗教の動きは土着の崇拝信仰に仏教が影響している。中国においては，仏教はBC2年の漢時代にインドから入り，道教が仏教に取り込まれた。さらに11世紀初頭の宋時代に三教合一した道教となった。中国以外の東南アジアでは，インドから直接，または中国経由で仏教が伝来し前述した道教や儒教思想が普及した。日本では中国から朝鮮半島経由で儒教（AD3世紀），仏教（AD6世紀），道教（AD7世紀）が伝来し日本の独特の混淆宗教観が形成された。

　　　＼ラーである。3宗教は起点が同じことから，今日まで，宗教上のトラブルが後を絶たない。
110　儒教と道教はほぼ同時期に発祥しているが，儒教は統治者側に立った国家・社会の秩序を守る姿勢が顕著で，道教は統治される民衆の側に立った現世の生活を安寧ならしめるための反儒教的な宗教であった。宗教と政治という観点でみると宗教が政治を支配することの是非を判断する上で貴重な示唆を与えるものである。

156   第Ⅱ部　各専門分野の価値向上概念

2-2　各宗教の信者人口数と価値観比較

各宗教の信仰人口数比較（世界と日本）

　百科事典「ブリタニカ」年鑑 2009 年版によると世界人口は 67 億 4,960 万人
で，宗教人口の多い順番に列挙すると下記となる。

　・キリスト教：22 億 5,400 万人（33.4％）

　　（イタリア・フランス・ベルギー・スペイン・ポルトガル・中南米諸国・
　　アメリカ・カナダ・イギリス・ドイツ・オランダ・北欧 3 カ国・オースト
　　ラリア）

　・イスラム教：15 億 0,000 万人（22.2％）

　　（インドネシア・マレーシア・トルコ・エジプト・サウジアラビア・イラ
　　ン・イラク・中東諸国）

　・ヒンドゥー教：9 億 1,360 万人（13.5％）

　　（インド・ネパール・バリ島）

　・無宗教：7 億 6,900 万人（11.4％）

　・仏教：3 億 8,500 万人（5.7％）

　　（日本・中国・韓国・ベトナム・タイ・カンボジア・ラオス・スリランカ・
　　ミャンマー・チベット）

　・中国伝統的宗教[111]：3 億 8,500 万人（5.7％）

　・無神論：1 億 4,830 万人（2.2％）

　・心霊主義：1,366 万人（0.2％）

　・バハーイ教：786 万人（0.1％）

　・儒教：641 万人（0.1％）

　・道教：337 万人（0.1％）

　・神道：278 万人（0.0％）

　・その他：134 万人（0.0％）

111　筆者は中国伝統的宗教の中身はよく知らないが，現在中国では国策として個人の宗教選択の自
　　由が余りないと聞いており，無宗教 7.7 億人と中国伝統的宗教 3.9 億人を合計するとほぼ中国の総
　　人口となり納得性のあるデータと思う。なお，日本人も無宗教と思われる人が多いような気がす
　　る。

第13章 宗教的価値とは　　*157*

文化庁『宗教年鑑』2017 年版によると日本人口は 1 億 8,226 万人（宗教統計総数）で，宗教人口の多い順番に列挙すると下記となる。

- ・仏教系が 8,770 万 2,069 人（48.1％）
- ・神道系が 8,473 万 9,699 人（46.5％）
- ・キリスト教系が 191 万 4,196 人（1.1％）
- ・諸教（神道系・仏教系・キリスト教系以外であるもの）791 万 0,440 人（4.3％）

なお，世界のデータと日本のデータとの「神道」に著しい相違がある。これは，後者が「神道系」と日本人に聞いているため，しいて言えばという感覚的捉え方でのアンケート調査に答えたためと考えられる。したがって日本人の多くが世界データでは無宗教のところに入るのかもしれない。

各宗教の価値観比較

ここでは世界での上位 4 宗教（キリスト教，イスラム教，ヒンドゥー教，仏教）の特徴，企業経営に関する価値観（仕事，行動規範，社会生活と宗教）を簡単に図表 13-2 で比較する。

なお，図表 13-2 の左側の宗教名の下部のカッコ内はその宗教の中でどこを意識したかという内容である。たとえば，キリスト教であれば，いろいろな宗派があり，その価値観に幅がある。

西アジアで創始されたユダヤ教から誕生したキリスト教とイスラム教は一神教であることから，社会生活と宗教では，教会やモスクへの礼拝など日常的に宗教と関わる拘束時間が多いことがわかる。また中央アジアから誕生したヒンドゥー教と仏教は，輪廻転生思想であることから，各個人が修行をするという建前で各宗教の関係者（宣教師，伝道師，僧侶）がその代表者として修行し神や仏に仕えることで宗派が維持されてきているようである。なおヒンドゥー教はそれが開祖される前からあるカースト制があり，インドにおいては 1950 年には法律でカースト制の廃止がなされたが，今日でもその影響が色濃く残っている。その点ではヒンドゥー教が最も人々の人生そのものへの影響力を行使している宗教と言えよう[112]。

図表 13-2 主な宗教の特徴と企業経営に関する価値観

宗教名 （（）内は記述の中心を示す）	特徴	企業経営に関する価値観		
		仕事	行動規範	社会生活と宗教
キリスト教 （プロテスタント中心）	・唯一の神の存在を信じる ・イエス・キリストを信じる ・愛とは神が人類を救済する意思 ・三位一体思想（父なる神、子なるイエス、精霊）	プロテスタントでは労働を職業神聖な義務とし後の奴隷売買、植民地支配、略奪行為、利子・資本運用を容認した	「自分にしてもらいたいことを他の人にいやせよ」「受けるより与える方が幸せである」倫理は人の内面にあり。社会への施しはイエスへの信仰表明。人間行動とは別物	イエスの復活を意識し日曜日を祝うことと、教会に行き礼拝に行き懺悔するなどを礼拝にする。社会への施しはイエスへの信仰表明
イスラム教 （イスラム中心）	・アラーが全知全能の神 ・信仰の基本は六信（神、天使、経典、預言者、来世、天命） ・サラート（1日5回の礼拝） ・ザカート（富の1部を献納） ・ウンマ（イスラム教共同体）	労働は神が人に課した懲罰であり、労働そのものは悪い価が低い。不労所得は悪。勤勉で神を信じて働くことは奨励	イスラム法が人主法より優先。資本主義経済の各種行為の禁止条項あり（個人間の取引原則。仲介・媒介・斡旋の禁止）	ラマダン1カ月間は日中飲食・喫煙・性行を断つ。毎日5回の礼拝。男性は金曜日、モスクで礼拝。食では豚・酒が禁止
ヒンドゥー教 （インド中心）	・カースト制（4階級＋選民） ・上記別規範の実行を遵守 ・3000種の区分と社会制度（就職、婚姻、会食など） ・輪廻転生が究極の目標（輪廻から逃れ、解脱へ）	労働は肯定し無職の者には寛大な風土。職業の地位ランクが明確にあり、近年は商業・金貸業の地位が高い	親から引き継ぐ職業に励み繁栄させる義務あり。約束ことは口約束でも遵守すべし。問題解決は話し合いでの原則あり	牛や孔雀の殺傷は禁止とカースト制度をとるが、集団での礼拝や公式安息日など宗教行事による約束はない
仏教 （日本中心）	・人は悟れば仏陀になれる ・四法印（諸行無常・諸法無我・涅槃寂静・一切皆苦） ・輪廻転生を目的として四諦八正道を行う ・三帰依を唱え五戒を守る	大乗仏教（日本）は現世の労働は菩薩行。労働の奨励。尊重。節約と慈愛の精神に基づく奉仕的活動を奨励	陰徳・堪忍・忍耐の心を持ち、堅実冷静な精神です覚・算用・勘定・合理的経営を説く。他人の財物の益む。貧利を禁止	修行僧には制約がある（不殺生戒など）も在家者は一切なし。道徳的説教を通して各人が自身で判断する自由度がある

出所：戒野敏浩（2010a、2010b、2010c）を参考に筆者作成

3．不可知論や無神論の観点での国際比較

2節で各宗教の価値観の比較を図表13-2で行った。実際にその記述は正しかったのかを図表13-3で検証する。図表13-3はギャラップ調査（2007～2008年），電通総研調査（2006年），ズッカーマン調査（2005年）である。それぞれの調査内容は下記である。

ギャラップ調査：質問「宗教は重要ですか」に「いいえ」と答えた方の百分率（％）である。要は，数字が大きい場合，『宗教は重要ではない』と考えていることを示す。

電通総研調査：質問「宗教は持たない」に「はい」と答えた方の百分率（％）である。要は，無神論者（いかなる神も信じない人）である。

ズッカーマン調査：無神論者と不可知論者であると答えた人の回答分布範囲を示す。不可知論者とは神が存在するかどうかについて態度を保留している人である。要は神の存在を否定も肯定もしないで無神論者である。

ギャラップ調査によると，イスラム教徒が多い国々は0～17％と少ない値である。ということは宗教が重要であると考えている。また同調査によるヒンドゥー教が多いインドは17％と少ない値である。イスラム教と同様に宗教が重要であると考えている。一方，仏教は3カ国しかないがその単純平均値が63％であり明らかにイスラム教やヒンドゥー教とは異なり，宗教は重要ではないと考えている人が多いことがわかる。なおキリスト教はイタリアを除くEUグループと米国とメキシコのグループに2分できる。さらに北欧3カ国とそれ以外のEU諸国に分けられる。

北欧3カ国の単純平均値は80％，それ以外のEU諸国の単純平均値は

112　インドは現在，情報通信技術では米国に次ぎ，沢山の技術者を排出し，インドの国の発展産業として注目されているがその理由はこのカースト制にあるという。3,000種ある職業分類にまだ情報通信技術事業が組み込まれていないというのである。未来を自らの手で切り開こうとしているインドの若者たちが，カースト制のルールに縛られない業種として職業選択が自由な本業種を選んだ結果なのである。カースト制の深刻さがわかるエピソードである。

160　第Ⅱ部　各専門分野の価値向上概念

図表 13-3　宗教の重要性に関する国別調査結果

国名	ギャラップ	電通	ズッカーマン	宗教名	国名	ギャラップ	電通	ズッカーマン	宗教名
中国	—	93%	8-14%	仏教	ドイツ	57%	25%	41-49%	キリスト
スウェーデン	83%	25%	46-85%	キリスト	韓国	54%	37%	30-52%	仏教
デンマーク	80%	10%	43-80%	キリスト	米国	35%	20%	3-9%	キリスト
ノルウェー	80%	—	31-72%	キリスト	メキシコ	29%	21%	—	キリスト
フランス	73%	43%	43-54%	キリスト	イタリア	26%	18%	6-15%	キリスト
日本	73%	52%	64-84%	仏教	インド	17%	7%		ヒンドゥー
イギリス	71%	—	31-44%	キリスト	イラク	17%	—		イスラム
オーストラリア	68%	—	24-25%	キリスト	イラン	16%	1%		イスラム
オランダ	66%	55%	39-44%	キリスト	ペルー	14%	5%		キリスト
ニュージーランド	66%	—	20-22%	キリスト	アフガニスタン	3%	—		イスラム
ロシア	63%	48%	24-48%	キリスト	パキスタン	3%	—		イスラム
ベトナム	61%	46%	81%	仏教	エジプト	0%	—		イスラム

出所：フリー百科事典「ウィキペディア」2018 年 12 月 29 日 UTC 版引用

66％，北米（米国＋メキシコ）の単純平均値は 31％であった。北欧 3 カ国は
バイキングがいた地域で，キリスト教の普及が弱かった地域と言われ，日本
同様に冠婚葬祭だけに教会を使う程度の関わり合いのようである。一方その他
EU 諸国は北欧 3 カ国とは異なるが，高い水準，すなわち宗教が重要ではない
の認識である。なおイタリアはキリスト教の中のカトリック教会に属する人が
75.2％でカトリック教会は厳格な教えを遂行するため毎週教会にいくなど，生
活の一部が宗教行事参加であることから 26％と比較的低く，宗教を重要であ
ると捉えている。なお米国やメキシコではなぜ 31％と低いかと言うと移民国
家でそもそもキリスト教を崇拝する人々は全人口の半分程度しかなく，イスラ
ム教徒の比率が高いためと考えられる。また，ズッカーマン調査から言えるこ
とであるが無神論者が極端に少ないことも影響している。なお EU 諸国も米国
ほどではないが，キリスト教徒が国民に占める比率が移民政策により年々低下
し，65～70％程度の水準になっている。

4．日本人が「お客様は神様」とする根源的理由

　「なぜ日本企業は他国の企業より品質保証に重きが置かれるのか？」この質問への回答であるが，その理由は3点が考えらえる。

　まず1つ目は，日本人は丁寧な仕上がりをいい仕事をしたと思うこと，2つ目は，日本の消費者は品質要求をエスカレートさせることで満足を得る傾向が高いこと，3つ目は同業他社が多く同質的競争があることである。しかし多かれ少なかれ他国も同様である。

　では根源的理由はなんであろうか？　仮説としてすべての日本企業が顧客の要求を受け入れることが原因だと思う。次の3つの質問で日本人の多くがどのように答えるであろうか。

　　・あなたは日々ポリシーを持って行動していると思いますか？

　　　→答えは「いいえ」が多い。

　　・あなたは経験から物事を理解できると思いますか？

　　　→答えは「はい」が多い。

　　・あなたは神様（絶対神）の存在を信じますか？

　　　→答えは「いいえ」が多い。

　日本人は図表13-3のギャラップ調査から「宗教は重要ではない」が73%で，電通総研調査から「無神論者（いかなる神も信じない人）」が52%で，ズッカーマン調査から「神の存在を否定も肯定もしないで無神論者である」が64〜84%の範囲にある。要するに，日本人はキリスト教徒やイスラム教徒などのように一神教で絶対神がいつも自身の上にいて，毎週末，教会で神の前で懺悔し，神のご加護を得るべく一身に祈り続けるといったことをすることはまずない。

　日本人は絶対神と各自の行動規範を持たない。従って，日本人は顧客要求に絶対服従しなければならないと思い込んでしまう。その結果他国（米国やインドやイラクなど）に存在する絶対神（含む明確なポリシー）の場所に顧客を据える。三波春夫氏が言った「お客様は神様です」になってしまうのではない

162　第Ⅱ部　各専門分野の価値向上概念

図表 13-4　日本人が「お客様は神様」とする根源的理由

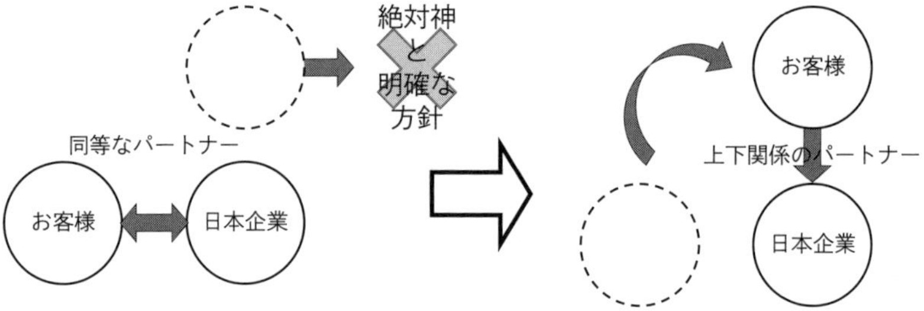

絶対神 と 明確な方針

同等なパートナー

お客様 ←→ 日本企業

上下関係のパートナー

お客様

日本企業

出所：櫻井（2013a，2013b）および Sakurai（2013）を参考に筆者が作成

か。上図の相手を同等のパートナーと見るか，上下関係のパートナーと見るか
でお客様の言葉（ご要求）が絶対になるかどうかが決まると思う（図表 13-4
参照）。

　図表 13-3 のズッカーマン調査結果では北欧 3 カ国やベトナムが日本と同様
な傾向である[113]。

　中国（15％未満）や米国（10％未満）と対照的である。前者は歴史的経緯か
ら緩い戒律や同一民族意識が強く自己主張せずに今日まで来ている。一方後者
は多民族で多くの国民がいて自己主張をし続け 1 週間終わったら神に懺悔する
といった習慣の違いと説明することもできよう。仮説の域を超えられないが，
そうだとすると日本企業の経営者は自社マネージャーにその対応策を示す必要
があろう。

---

[113]　日本，北欧 3 カ国，ベトナムの順に，（ギャラップ調査，電通総研調査，ズッカーマン調査）
　　でデータを記述すると，（73％，52％，64〜84％），（78〜83％，10〜25％，31〜85％），（61％，
　　46％，81％）である。

第14章

司法的価値とは

　アリストテレスが紀元前350年前に述べた最後，7番目の司法的価値について下記言及したい。

　アーモンドとウイルソンの両名の編著（1988年）の第3部「価値と諸制度」でニコラス[114]が「民法における価値」について言及している。この話から司法的価値の入り口の概念を理解することとする。下記『　』内の文章は，筆者が簡潔に説明するため一部文章表現を変えている。

1. 司法的価値は「正義」の実行

　『民法も刑法も，法律の第1の最優先の価値は「正義」でなければならないことは言うまでもない。民法とは個人間の関係を規制する法で，刑法とは個人が社会の善き秩序を脅かすという理由で有罪となる行為を罰する法である。「正義」には2つの意味があり，1つは判決が下されるまでの一連の手続きが明確に実行されることと，もう1つは裁判そのものが公平な審判で行われることである。そのため，裁判に関わる全ての者たち（裁判長，検事，弁護士）が公平な意志決定の最小限の諸基準を設定し（これを手段価値と称する），また裁判中の各種意志決定に用いられる行為規則の具体性が重要である（これを実体的価値と称する）。ここで私が，検討しようとする価値とは主に慣習法に反

114　J.K.B.M. ニコラスはオックスフォード大学で比較法学の教授をされ，その後，オックスフォード大学のブレーズノース・カレッジ学長を務めている。

映されているもので，① 法廷で作られる法と ② 国会で制定された法がある。明らかなことは ② 国会で制定された法はしばしば，その法が制定された時代に権力を握っていた政党の価値を反映することが多い。司法における実体的価値は「義務の道徳」と「熱望の道徳」の 2 つがあるが，法が道徳を具現化する限りにおいては，「義務の道徳」でしかない。「熱望の道徳」，すなわち慈悲の心は，時の政府が発令する大赦権の施行によるしかないのである』。

　筆者がとくに目に留まったことは，「国会で制定された法はしばしば，その法が制定された時代に権力を握っていた政党の価値を反映することが多い」である。本内容は最も歴史が古い議会制民主主義の国であるイギリスでもそのような認識であることに驚いた。また，司法は立法や行政と密な関係性があり「価値」に関する論議をする上でも常にその緊張関係の中での行動パターンがあることがわかる。以下，司法とは少し違う立法と行政の範囲での身近な問題を例に挙げ，価値について考えてみたい。そうすることで，司法を含む三権（立法，行政，司法）がより有益な関係性を生み出されると考えるからである。

2．違法駐車対策強化を目的とした駐車監視員制度

2-1　駐車監視員制度の概要

　日本では 2006 年 6 月の道路交通法の改正によって，違法駐車対策の強化のため，放置違反金制度の新設，放置車両確認事務等の違法駐車対策の推進を図るための規定が整備された。その一環として，放置車両確認事務の業務が民間法人に開放され，警察署長が公安委員会に法人登録した法人に業務委託が可能になった。各都道府県の警察本部（警視庁を含む）の実施する駐車監視員資格者講習の修了者，又は交通取締事務経験者で，修了考査又は認定考査に合格した者のうち，駐車監視員資格者認定要件を満たし，都道府県公安委員会が道路交通法 51 条の 13 で定めた資格要件を満たした者に交付される「駐車監視員資格者証」を保有し，放置車両確認機関（放置車両確認事務受託法人）に従事し，放置車両確認事務を遂行する者を駐車監視員と言う。駐車監視員は駐車違

反の「取締り」は行わず，放置車両の確認及び確認標章の取付けを行い，警察署長に放置車両の状況を報告するにとどまる[115]。

2-2　筆者が目撃・見聞した内容

　本制度ができたばかりの頃，筆者は企業人として京都に出張し出向いた先との打ち合わせ時間がまだ1時間以上あり，最寄の喫茶店で時間調整していた時，その喫茶店の常連と思われる客が，店の店主に本制度で取り締まりの違反切符を切られたということがあった。その方の話では，近所の裏道で車もめったに通らないようなところで，路上駐車で取りしまられたとのことであった。その喫茶店を出てからその周辺を見る限り，こんな辺鄙なところまで本制度が実施されているのかと驚いた。これをみて筆者は駐車監視員とは「非国民」だと思い，その監視員を目にするとその後，家族には「非国民がいる」というようになった[116]。

　最近2019年3月24日（日曜日）地元の方南通りで宅急便の車両が駐車し，お客に配送していた最中の商業車両に違反切符を貼るための作業[117]をしている駐車監視員をみた。一時，本制度発足当時は宅急便業者が2名乗車し，1名が乗車して待機し，1名が荷物を配送する光景をよく見たが，最近のドライバー不足と経費節減ではその対応もできなくなっているのだろう。筆者はこのような商業車まで取り締まる駐車監視員には「非国民」と呼びたくなるのである。

2-3　反則金はどう使われるのか

　以前聞いた話だと，駐車監視員には違反確認台数のノルマはないが，各自治

115　ウイキペディアの「駐車監視員」を引用。

116　駐車監視員に対する誹謗中傷を意図したものではなく，目的は交通安全のためであろうが，その対象とは思えない場所での取り締まりや商業車まで実施する姿勢に腹が立ったのである。

117　駐車監視員は警察官ではないので，反則切符はきれないが，放置駐車確認標章を貼ることができ，その情報は自動的に警察署に届けられ反則切符が自動的に発行されるから，その意味では本表現でも間違いではないと思われる。

体が違反金で得た収益で駐車監視員を雇う企業と契約をしているため，事実上のノルマが存在するのである。要するに善良な市民や配送業務が専門の社員から「法律[118]に従って処罰するため反則金を徴収する」のである。その反則金の一部が駐車監視員を雇う企業に入り駐車監視員の給料が払われるのである。さらに付け加えるならば，本制度ができてから，空き地を駐車場にするケースが増えた。

2-4 国家的損失に目を向ける時期ではないか

最近，家のブラインド工事をお願いした際，工事業者は遠い駐車場に車を止めてきた。「これから工事機材と商品を何回かに分けて持ってきます」と言われたので，筆者は「自宅前はほとんど車が来ないし，自宅前に車を置けばいいじゃないですか」といって，自宅前に移動してもらった。

この工事業者の車や前述した商用車などから考えると，駐車監視員制度による国家的損失（工事作業時間アップ，無駄な金の支払など）と本来の交通安全確保（違法駐車による交通事故数削減）との関係を今一度見直す必要はないだろうか[119]。駐車監視員を雇う企業と空き地の駐車場を経営する企業を潤すためや駐車監視員の生活のために進めている制度としてこのまま継続することは如何なものであろうか。筆者は制度発足13年目であり，実績データに基づき，「人間社会にとって本制度は価値があるか，どうか」を再見直しする必要があると考える。

118　違法駐車対策の強化のためと称し，道路交通法の改正を行い放置違反金制度を新設した。

119　筆者は本制度による取り締まりで罰金を支払ったことはないが，危うく取り締まられそうになったことがあった。1回は夜，駐車場のないスーパーマーケットに入るため路上駐車し買い物をしていると，店内放送で「駐車監視員がいる」の案内があり事なきを得た。もう一回は友人を駅に見送りに行き，車をおり，車の横であいさつし始めたらすぐにやってきたのである。聞くところによると，近くで待機していて，道路沿いのお店屋さんが通報するそうで，駆けつけ取り締まりをするという。無論1通報ごとに報酬をもらえるというのである。こんなことがまかりとおっていいのでしょうか？

3．自動車業界の自動運転と法整備

3-1　自動車業界の動向は如何に

　世の中は AI（人工知能）だ，IoT（Internet of Things）だといって，あらゆるモノがインターネットを通じてつながることによって実現する新たなサービス，ビジネスモデルの計画・実施が目白押しである。その中でも，事業業績が伸び悩んでいる自動車業界では，ガソリン車から電気自動車への切り替え需要の喚起と近未来自動車の完全自動運転（ハンドルを持たないで安全走行）を武器に各社がしのぎを削っている状況である。図表 14-1 に示すようにすでに第 2 段階までは実現し，メルセデス・ベンツ社が 2018 年夏に第 3 段階の発売を計画中と発表し，またボルボ社は 2018 年 10 月に 2033 年には第 5 段階の車を発売する用意があるとしそのイメージ車を公開したのである。

3-2　世の中の動きと法律改訂の動き

　通常，世の中の動きと遅れること 3～10 年してからようやく，新たな製品やシステムに対する規制を目的とした法律や規則が制定されるものである。ちょうど現在，自動車業界の自動運転の安全基準に関する法律をどうするかが世界中の国々で論議されている。

　日本においては，第 2 段階までは法制化がなされ，2019 年 3 月の閣議で第 3 段階の法制化をすることが採択され，実際の詳細検討がこれからなされ，道路交通法や道路運送車両法の改訂準備が進められる。これによると第 3 段階では自動車の自動運転中はメール，通話，カーナビ，ゲーム，食事，読書は良いことになっている。しかし飲酒や睡眠は駄目である。いずれにしても緊急時はドライバーが操作することが義務付けられることになる。また第 2 段階同様に，設計上の不良はメーカーが刑事責任を問われ，車の整備不良はドライバーが責任を問われることになる。

168　第Ⅱ部　各専門分野の価値向上概念

図表 14-1　自動車の自動運転の区分

実施有無	レベル	事故責任	内容説明
実施まだ	5	未定	どのような条件でも完全に自動運転
	4	未定	特定条件下にて完全に自動運転
法整備中	3	未定	条件付きで自動運転（緊急時はドライバーが操作）
実施済み	2	ドライバー責任	複数の操作が自動運転（高速道路での前方車の追従・追い越し・車線維持）
	1		アクセル，ブレーキ，ハンドルのいずれかが自動運転（自動ブレーキ，ラインはみ出し防止など）

出所：2019 年春期の新聞記事やテレビ放映の内容を基に筆者作成

3-3　自動運転車開発で先行する米国の状況

　米国は日本や EU よりも約 5 年先行して自動運転車の開発に乗り出している。すでに米国では国防省が陸上用の特殊車両が戦場で標的にされることから自動運転車にする計画が推進されている。但し民間の車については，現在安全性に対する認識が甘かったことが国民や州政府で社会問題になっている。これは自動車業界が先行している自動運転に対する社会秩序の問題と人間を本当に幸せにするものであるかという本質的な価値論議がされているのである。その原因は自動運転中の死亡事故が続いているためである。ドライバーが死亡したテスラー社製の「オートパイロット」（2016 年 5 月）や歩行者がはねられ死亡したウーバー・テクノロジーズ社製の車（2018 年 3 月）である。その影響から GM 社が開発し 2018 年春から一般道路の走行をニューヨーク州に申請したがいまだに認可が出されていないのである。このような開発の減速化が進む中，トヨタ自動車が米国ウーバー・テクノロジーズ社と提携を結び，米国ウェイモ（グーグル）とフィアット・クライスラーオートモービルズ社とインテル社と BMW 社が提携を結んでいる。フォルクスワーゲン社はフォードモーター社と提携協議中である。またホンダは米国ウェイモ（グーグル）と共同研究をしている。

　上記の研究開発を基に自動化運転を志向する自動車各社は次のような完全自動運転車の実現計画を発表している。2020 年にトヨタ自動車とホンダが高速

道路での自動運転実現（レベル 3），2021 年にフォードが完全な自動運転車を実用化（レベル 4），2022 年には日産自動車が完全な自動運転車を実用化（レベル 4），2033 年にボルボが完全な自動運転車の実用化（レベル 5）をめざしている。以上から各社は図表 14-1 のレベル 3 やレベル 4 やレベル 5 を実現するため研究開発を行っている。

　一方各国の行政府はその対応に四苦八苦している。このような新たな技術開発が進展（イノベーション）し実現途上にある時には，そのイノベーションが社会にどのようなインパクトを与え，そこから発生する問題への対処をどのようにすることが必要かの論議がなされ，社会正義を実現できる法律が立案されなければならない。そのための図表 14-1 の自動車の自動運転区分の安全基準の法令が制定されなければならないのである。しかし，ニコラスが指摘するような，自動車業界の企業存続意向を踏まえた，時の権力者による不当な社会正義がなされないようにしなければならない。また司法的価値は社会正義の最後の門番となるべきもので，その際「義務の道徳」の論議も必要になるのである。

結章

VA 創始者マイルズ師から学んだこと

マイルズ師から直接指南されたこと，マイルズ著作図書からの学び，肉声インタビューからの学びについて，その肝となることについて以下整理し，結章とする。

1．マイルズ師との出会い

マイルズ師に最初にお目にかかる切っ掛けは 1982 年 10 月 12・13 日に行われた第 15 回 VE 全国大会（東京商工会議所東商ホール）で筆者が発表した論文「サンドイッチ形機能系統図技法」が，その年の発表論文 23 篇で最優秀論文賞を受賞したことに始まる。その審査委員長をされ，日本の VE 導入の草分け的指導をされておられた玉井正寿先生（産能短期大学教授）のすすめで，翌 1983 年 5 月 22〜25 日のアメリカ VE 協会主催の第 23 回世界大会（イリノイ州シカゴ）での発表を行ったことによる。その際，一緒に行った日本人の方々とマイルズ邸（メリーランド州イーストン）を訪問した。マイルズ師は我々を温かく向い入れて，自らローストビーフを庭で調理してくれたのである。その際，彼は書斎に我々を案内し壁に貼られた写真を示し，「彼らのお蔭で VA が世に出たのである」と言われた。そして，厚さが約 7cm の自身がコンサルタント活動で使うワークショップセミナー用指導書を居間の椅子の上において，「興味があれば読んでください」と言った。その後自身は庭に出て前述の調理を始めたのである。筆者は，夕食前の 1 時間半ぐらいの時間，その WSS 用指導書を手に取り，わかる範囲で読み続けたのである。後に，手紙で夫人から

知ったことだが，マイルズ師が，筆者が熱心に指導書を読んでいたことを知っているとレターに書いてきてくれた。その夕食の晩さん会が済み，別れる際，筆者は，「日本に来られた時には是非，筆者が所属している企業で講演してほしい」とお願いした。幸い，その年の10月にマイルズ夫妻が日本に3度目の来日をされ，その際，マイルズ師が日本VE協会に筆者の在籍する会社に講演に行きたい旨を話されたのである。そのようなことから日本滞在中，2日間同行（カバン持ち）した。また帰国時は日本VE協会の児玉事務局長（当時）に依頼され，成田空港に筆者家族がお見送りをしたのである。その後なくなるまで，手紙のやり取りをしたのである。1983年11月から1985年4月までに5通の手紙（内マイルズ師直筆は最初の3通で，残りの2通はマイルズ夫人の代筆）であった。彼は1985年8月1日に他界されたが，その年の10月にマイルズ氏の功績に対して日本国より「勲三等瑞宝章」を授与された。その際，マイルズ夫人が日本に来られ，1983年5月と10月に夫人とお会いしていることから，熱海に隣接した来宮にあるゲストハウス（当時所属していた企業所有）で，筆者家族で1泊2日のおもてなしをしたのである。以上のマイルズ夫妻との交友から，筆者は勝手にマイルズの愛弟子と思っているのである。

　マイルズ師との直接お会いしている時間は総計18時間程度で，これとは別に5通の手紙のやり取りをしたのである。マイルズ師が病気になられた話を聞いた際には，鯉のぼり（全長4mの緋鯉）を贈った。その贈り物に添えた手紙には，日本では子供の健やかな健康を祈り，鯉を5月5日に空高く上げる風習がある。マイルズ師が元気になってほしいのでお贈りしたと書いたのである。マイルズ師死去時，葬儀に行かれた日本VE協会の児玉事務局長（当時）が自宅を訪問した時には，その鯉のぼりが居間の壁に貼られていたと後日聞いたのである。なぜ，真鯉（黒色）でなく緋鯉（朱色）にしたかであるが，1983年10月に来日された際に，日本の伝統的工芸品の鑑賞をと港区にある畠山記念館にお連れした際に，渋い土色の茶器よりも，朱色の茶器をとても興味深くご覧になり「Wonderful」を連発されていたからである。

結章　VA 創始者マイルズ師から学んだこと　　*173*

2．エンジニアは成果を出すことが大切（マイルズ師からの最初の手紙）

筆者は，上記の体験からマイルズ師には 1983 年 11 月から 1985 年 4 月までに 5 通の手紙を交わした[120]。その最初の手紙で筆者はマイルズ師に「あなたの VA は Old VE である」[121] と言明していくつかの点で論議を吹っかけたのである。今考えると若気の至りであったと反省しきりであるが，マイルズ師は回想録（第Ⅲ部資料 3 参照）にあるように非常に温厚で他人の話を否定することはなかったとの言い伝え通りであり，筆者への返信レター冒頭に「エンジニアは成果を出すことが大切ではないか？」と書き出されてあった。几帳面な師は続けて「君[122] は工業用冷凍機の研究開発のエンジニアと紹介を受けた[123]。私も昔は GE 社で電気工学分野の研究開発のエンジニアだった。エンジニアで大切なことは，新たな課題を克服して新たなものをプロダクトアウトすることではないか？」さらにいくつかの事例を記載後「君がエンジニアであり続けるには成果を出し続ける気構えとその実践こそ大切である」。その後マイルズ師がエンジニアだった頃の 2 事例を紹介後，「君に言いたい。エンジニアはいろいろな障害（技術的制約と会社内の障壁）を克服してこそ，そのエンジニア

120　マイルズ師と交わした手紙は，1983 年 11 月，1984 年 3 月，1984 年 10 月，1985 年 2 月，4 月の 5 回であった。その内後半の 2 通はマイルズ夫人の代筆だった。

121　筆者は VE の肝は機能を分析して改善方向に向けさせることで，機能分析法をより先鋭化することだ。そのためには，筆者の当時の持論であった制約機能を把握しその制約機能が魅力機能化できるかどうかを見定め新たな製品を生み出すべきだとする考え方である。サンドイッチ形機能系統図技法（詳細は櫻井（1982 年）参照）と称する。その内容と比較し，マイルズ師の提唱されている「ジョブステップ（情報・分析・創造・判断・計画）」と「成果の促進剤（13 の VA テクニック）」では，一般的過ぎて，企業では使い物にならない。したがって Old VE であると記したのである。

122　マイルズ師からのレターでは Sakurai SAN と記載されていた。ただし本書では君と記載する。

123　1983 年 10 月に来日された際，筆者が在籍していた荏原製作所での講演のために来社された時に会長室にマイルズ夫妻が案内され，池野会長が荏原側メンバーの紹介をした。その際，筆者を「櫻井は工業用冷凍機の研究開発を行い，米国の技術提携先とのクロスライセンス製品を開発した。」と紹介したのである。当時はその事業部門から本社の VE 推進センターに移り，VE 推進に邁進していた時期である。

リングのできる人間としての価値が認められるのである。君ならわかるはずである」。その後に私の主張したVEについての師の見解が箇条書きで書かれてあった。その内容は下記であった。

　　・価値分析とはBlast, Create, Refine（破壊し，創造し，洗練化せよ）をすることだ（櫻井（2018年））。
　　・価値を判断する基準は存在するかもしれないが大抵は人の心で決まる。
　　・エンジニアはBlast, Create, Refine（破壊し，創造し，洗練化せよ）を同時に行える人であるべきだ。
　　・できる人間はそのようなことを言わなくてもできる。
　　・できない人間にはVAの考え方の入り口まで導く必要がある。

　なお，事例は師がGE社で手掛けた真空管の特許取得事例と調達活動で苦労された時の即決即断のためのBlast, Create, Refine（破壊し，創造し，洗練化せよ）のコメントであった。

《上記返信からの筆者の学び》

　マイルズ師が言わんとした内容は，返信当時（1983年）と今日（2018年）の筆者理解では多少異なる。1983年当時には「機能分析活動よりも，① 創造活動に注力せよ」と解釈した。現2018年時では1983年時の解釈に加え「② 即決即断の判断の重要性と ③ 瞬時に価値の低さを見抜くことと ④ 価値分析とは機能評価と創造性発揮を同時に行うこと」[124]と理解した。

　要するにVAとは手順通りに行う活動ではないと言うことである。瞬時に行うことを引き伸ばしてみるとこのような手順となった。その手順とは師が書した第2版に提示した通りの基本的ステップ（機能の分析，機能評価，代替案作成）[125]（玉井ら（1981年）pp. 225-226）となる。その活動を短時間で実施するための促進剤（マイルズの13のテクニック）を個別ステップで紹介している（図表4-11参照）。

124　これは本章12節の図表結-1の価値分析と記載の○印部で行う分析・創造の時に行うことである。
125　筆者翻訳では機能確認，比較による機能評価，代替策開発である（図表結-1参照）。

結章　VA 創始者マイルズ師から学んだこと　*175*

3．マイルズ師作成ワークショップ活動の指導書からの学び（マイルズ宅訪問時の指導書拝見）

　前述した 1983 年 5 月のマイルズ宅で読んだワークショップ活動（以下 WSS）用指導書はまだ，パソコンが普及する前の時代であったので，タイプアップされた紙面であった。図表や写真はノリで貼り付けてあったように記憶する。今，考えると，マイルズ師の著作書に掲載された事例と同じであったように思う。その綴じ方は左パンチ 2 穴にひもで縛るような体裁であったと思う。

　特に筆者が興味を持ったのは，事例に書き込まれた数字の訂正箇所であった。赤字のペンではなく，黒字のペンで修正が施されてあった。数字はでたらめであるが，たとえば 0.101 と印字されているとその下に 0.102 とペンで修正されていたのである。但し間違えた数字に横棒はなかった。基のタイプが間違いていたのか，後でチェックしたらそもそも間違っていて修正したのかわからないが相当細かい数字までチェックしてあったのが印象的である。筆者はマイルズ師がエンジニアでかつ几帳面な性格の持ち主であったと推測した。また図は明らかに製作図面の縮小版やシーケンス図であり，マイルズ師自身が個々の事例の改善内容とその効果（主にコスト低減の値）を大事にしていたことがわかった。また些細なことだが，表紙も他のページと同じタイプ用紙であったように記憶している。

《WSS 指導書からの筆者の学び》

　マイルズ師の著書（第Ⅲ部資料 1 を参照）でもそうだが，1 セントでも安くすることをきっちり説明して受講者の理解を求めようとしている。また，その WSS を受講する専門家であるエンジニアやバイヤーほかに，納得してもらう材料（過去の WSS 成果）を提供し，力ずくで VA 手法をやらせるのではなく，その大切さを受講者に気付いてもらいたいがために，正確な WSS の過去事例を紹介したかったのだと思う。また，文体は短く筆者でも読める内容で

あった。きっと，GE社はじめ関係会社の現場作業員からホワイトカラーのエンジニアーやバイヤーやマイルズ師に共感しVAを広めようとしているコンサルタントの方々までのあらゆる方々に，わかりやすく説明したかったのだと思う。

　各章立ての最後には，5行程度で，その章立てのポイントがキーワードで書いてあった。いかにも実践技術者であるなあーと感じた。

4．航空機の計器取付け用スペーサースタッドの現物を頂いた時の学び

　1983年10月に来日された際，VE全国大会の終了後，筆者の所属していた企業（荏原製作所本社（羽田））に来られ講演をされた。その日，講演前に会長室で池野会長（当時）ほかと談笑した。その際，マイルズ師が持参した革製で上部が左右に開く工具箱のようなバックを開くと，筆者を呼び，「この中から好きな品物を取ってください」と言った。バック内には比較的小さな部品（スペーサー，ピン，プーリー，シャフト，ねじ，ボルト・ナットなど）が沢山入っていた。筆者は，マイルズ師の図書（第二版の日本語版のpp. 44-46）の航空機の計器取付け用スペーサースタッドの改善後部品を取った。するとマイルズ師はその改善前の部品をそのバックから探し出しそれと一緒に筆者に渡した。「この2つの部品はいくらがいくらになったのか？」と聞かれた。筆者はその原価を答えられなかった。その場はそれで終わった。翌朝，ホテルにお迎えに行った時に，マイルズ師に「昨日いただいた航空機の計器取付け用スペーサースタッドの改善前後の原価は，8セントが0.8セントになった」と答えたのである。マイルズ師は迎えに来たことに謝意を表したが，そのスペーサースタッドの前後の原価についてはその後，何も言わなかった。この改善前後のスペーサースタッドは筆者の宝物である（写真4-1参照）。

《改善前後の原価の把握からの筆者の学び》
　マイルズ師は本部品について，筆者が調べ回答したことに一定の評価をして

結章　VA 創始者マイルズ師から学んだこと　*177*

くれたのだと思った。ただし，前日，即答できなかったことには失望したのだと思った。マイルズ回想録によれば，マイルズ師は価値向上の結果に大変シビアーであったと書かれてあった。『このスペーサースタッドは，量産部品で1個当たり 7.2 セントの節約になり，年間 2,000 個購入するから，14,400 ドル（日本円で当時 5,184,000 円）の節約ができたのである。さらに，その製法が改善前は丸棒の削り出しは如何にも高い。釘ならいくらか？　せいぜい 1 セントだろう。形状の真ん中のスペーサー（六角）部分が如何にももったいない。ならば鍛造で作れないか？　釘が鍛造でできているからその技を使えばできるはずである』。

　すなわち，「この 2 つの部品はいくらがいくらになったのか？」と聞かれ，その場（前日）で即座に上記の『　』に書かれた内容を即答できればマイルズ師は褒めてくれたかもしれないと思った。

　マイルズ師は自身が関わった革製のバックにあった部品の全てについて，その ① 価値分析プロセス（Blast, Create, Refine）と ② 実現できた価値改善（節約額）を覚えていたのだと思う。真のバリューエンジニアはそれができる人物でなければならないとお考えだったのだと思う。筆者の翌日朝の回答は上記の『　』内の正解を大学生レベルとすると，幼児レベルの回答だったのだと思った。したがって前日の回答ができなかったのは生まれた赤ちゃんレベルとがっかりしたのだと思えてならない。やっと，35 年間経ってそのことに気付いたのである。筆者は反省しきりである。

5．成田空港帰国夕食時のマイルズ師のされていた腕時計からの学び

　1983 年 11 月のマイルズ夫妻の帰国日の成田空港のお見送りは筆者と筆者家族（妻と当時 3 歳の娘）であった。成田空港の待ち合わせ場所で再開した。マイルズ師が「まだ出発までに時間があるから軽く食事をしましょう」と言われたので，空港内のレストランで 5 名で食事をした。マイルズ師と私は 1 つのテーブルに向かいあって座った。エレノア夫人と私の妻と娘は別のテーブルで食事をした。マイルズ師が照り焼き風ハンバーグ定食を注文すると言われたの

で，筆者も同じ食事内容とした[126]。

　食事が運ばれて来る前，マイルズ師は私に自身が身に付けている腕時計を取って差し出した。その腕時計は初めて見るものであった。時計の文字盤の下に時計とは別に電卓の小さい 2.5cm 四角の箱が付いていた。

　マイルズ師：「香港にいる友人からのプレゼントだ。どう思いますか？」

　私：「時計の文字盤の手前の四角のは何ですか？　計算機みたいですが？」

　マイルズ師：「計算機付の腕時計だ。」

　私：「計算する時，どうやって操作するのですか？」

　マイルズ師：「この棒で数字や記号のキーを押すのです。」

　確かに楊枝より細く短い棒がその電卓の側面に付いていた。操作は大変そうであった。

　マイルズ師：「この腕時計をどう思いますか？」

　再度同じ質問をされた。

　私：「この時計は時刻を知ると計算を行なえるの 2 つの機能ですね。計算機　能が使いづらそう」

　　　「私はこの時計は欲しくない。理由は余計な機能が付いているからだ」

　マイルズ師：「いくらなら買いますか」

　私：「私は 5 万円でも絶対に買いません。計算機能は余計であるからです」

　マイルズ師：「私はいくらか知らない。しかし便利だと思わないのですね」

　私：「利便性のない・使いづらい機能は余計，そんなものに金は払えない」[127]

　　　「電卓は手のひらサイズ以上でないと使えません。わざわざコンパクトな電卓を付けても計算をしょっちゅうするわけでないから不要です」

　マイルズ師：「そうですか」

126　筆者は待ち合わせ時間（17 時頃）の約 1 時間前に成田空港に着いていた。3 歳の娘が，お腹が空いたとぐずるといけないので，空港内のそば屋で丼と子供にはうどんを食べさせたように記憶する。したがってマイルズ師の夕食を食べましょうの提案は少し困ったが，仕方ないと割り切り 2 食食べたことになる。マイルズ夫人らはサンドイッチであったように記憶する。

127　筆者はマーケティング分野のイノベーター理論のアーリーアダプター（初期購入者）でも次のアーリーマジョリティー（前期追従者）でもない。新しい機能に飛びつく購買をすることは皆無であった。必要機能以外を購入する姿勢は昔からなかったのである。

結章　VA 創始者マイルズ師から学んだこと　　*179*

このやり取りの後はこの話題は無くなった。私の子供の話題となった。

筆者はその腕時計をマイルズ師にお返しした。

《マイルズ師の付けていた腕時計談義からの筆者の学び》

その時は何も考えなかったが，マイルズ師がその腕時計を日本滞在中ずっと付けていたとは思えない。私との会話のために準備してしていたような気がした。また，マイルズ回想録を読むと，彼の VA ワークショップでは講演でまず，腕時計を手からはずし「これは何をするものか」と聞いたそうである。ある者は「腕時計です」と答える（その名称のみ）し，またある者は時計の原理を説明（時計の動くメカニズムを説明）し，他のある者は時計の部品構成をとうとうと述べその原価がいくらかかると説明（時計の部品ごとの原価や製法を細かく説明）した。その発表者に敬意を表した後，突然，手に持っている腕時計を壁めがけて強く投げたという。そうすると無残に腕時計は割れ使い物にならなくなったのである。その状態で再び「これは何をするものか」と聞いたのである。皆黙ってしまったという。

時刻を刻むためであり，壊せばその機能は無くなるのである。筆者は，この話をマイルズ財団の『マイルズ回想録』を翻訳したので，マイルズ師は会う人の価値分析能力を腕時計論議で見定めていたのだなと思った。その時点では，わからなかったが，今思うと，マイルズ師との成田空港の晩飯の計算機付腕時計の談義もその延長線上ではなかったのかなと思った。

成田空港でのマイルズ師と私の禅問答は何だったのであろうか？　私はマイルズ師が私に投げかけたかったのは「この腕時計には値打ちがあるかどうか」をこの腕時計を「どう思いますか？」と「いくらなら買いますか」の質問で確かめたかったのであろうと思っている。その結果答え方によってはいろいろな質問や討議をしたのかも知れない。

ここでマイルズ師は価値を見定める目を養ってほしいという気持ちだったように思える。「どう思うか」とは「あなたの対象に対するお考えを聞かせてください」。すなわち，「どのような価値観をお持ちでしょうか」といったことのように思える。

6．筆者手紙へのマイルズ師からの回答からの学び

　1983 年 11 月の返信の内容は 2 節に記載した通りである。以下，その後の 1984 年 3 月，同年 10 月，1985 年 2 月，同年 4 月の各内容を記す。

6-1　1984 年 3 月発信（第 2 回目）の返信手紙
　　　（マイルズ師直筆サイン入り）

《筆者レター骨子》

　1984 年 3 月の内容は，半年前の思い出話（日本に滞在した時のこと）と日本で当時はやっていた歌の歌詞を英語に翻訳してお送りした。さらに筆者がジョブで実施している最中の日本政府の仕事での費用削減（技術で差別化した内容）の一端と，厚生省仕様が変わる可能性があると手紙に書いた。マイルズ師からは毎回 2～3 週間以内で返信が来たように記憶する。本返信内容の骨子を記す。

《マイルズ師レター骨子》

　素晴らしい手紙だ。日本のこと，VA 成果出したこと。国の仕事の成果は国家予算の削減につながり，私も GE 時代よくやった。2 つの部品事例を紹介（タイトルのみ）。さらに，エンジニアの心得を 2 つ指南してくれた。

・機能から実現する仕様を決めることは正しい。但し機能が正しいかが問題だ。

・エンジニアが良く間違えるのは仕様をただ闇雲に上げることをすることだ。君ならわかるはずだ。

結章　VA 創始者マイルズ師から学んだこと　　*181*

6-2　1984 年 10 月発信（第 3 回目）の返信手紙
　　（マイルズ師直筆サイン入り）

《筆者レター骨子》

　1 年前を思い出します。全社で今後「限界利益」を高める活動をすることになりました。その事務局をします。売上額から支払額を引いた残りを増やす努力です。そのために VA 提案の実施をします。当面はその数字目標よりも社員に「限界利益」を実感してもらうことが先決だと思っています。結果はまた報告します。最近は F 工場や P 事業所のジョブでの改善が思うようにいきません。理由は改善アイデアが出ないのです。やり尽くした感があります。

《マイルズ師レター骨子》

　「限界利益」を出す活動，おもしろそうですね。企業利益確保は大切です。結果を聞かせてください。ジョブの改善がうまくいかない場合には 2 つの原因がある。
- ・改善する人の問題
- ・改善目標値の問題

　前者は人の入れ替えで改善が可能だろう，後者は難しい問題です。後者は目標値を 1 回下げてみると良い。そうすれば自信が付く。しかしそれを続けるのはよくない。ゆくゆくはコスト削減目標を 30% 程度まで上げることだ。順繰りにあせらず実施せよ。私の経験では大抵うまくいった。

6-3　1985 年 2 月発信（第 4 回目）の返信手紙（マイルズ夫人代筆）

《筆者レター骨子》

　うれしい話ができる。1984 年 12 月 5 日付で Certifid Value Specialist の資格を米国 VE 協会会長と日本 VE 協会会長のサインの入った証明書をいただいた。35 歳と 1 カ月で取得できた。うれしい。マイルズ師のお蔭だと思う。
　「限界利益確保活動」は社長の推進で拍車がかかっている。良かった。F 工場活動はテーマを変えた。そうしたら成果が出た。

《マイルズ師レター骨子》

　CVS取得おめでとう。貴殿の努力がそうさせた。私などによるものではない。おそらく米国と日本でのCVS取得者の最年少のはずである。凄いですねSakurai SAN。私がSakurai SANに助言することなどなくなった。貴殿はこれから指導者として活躍しなさい。君ならできる。「限界利益」の近況報告ありがとう。良かった。良かった（ここまではタイプアップでマイルズ夫人代筆記述）。

　その後に，マイルズ師が喜んでいるとマイルズ夫人のペン字手書き文字が添えてあった（今回は短いレターであった）。

6-4　1985年4月発信（第5回目）の返信手紙（マイルズ夫人代筆）

《筆者レター骨子》

　日本VE協会の児玉事務局長からマイルズ師がお病気だと聞きました。知らずに申し訳ありませんでした。家内とお見舞いを考えました。日本では，5月5日が子供の日で国民の祝日です。日本では，子供たちの健やかな成長を願い鯉のぼりを7m程度の棒の上に括り付け五月風で空に泳がすことをします。

　マイルズ師のお病気が快方に向かうようにとの思いを込めてお送りします。

　一昨年お邪魔した時のようにマイルズ師が元気になってほしいです。

　先日，会社で，社長に呼ばれ社長賞をもらいました。改善努力の成果でした。

　ご報告まで。

《マイルズ師レター骨子》

　マイルズ夫人が書いた文章でした。「マイルズに見せたわ。Sakurai SANと奥様からのプレゼントよ」マイルズはうなずいたわ。喜んでいるわ。私（夫人）もうれしかった。きっと願いが通じるはずよ。きっと[128]。

---

[128]　マイルズ師にお送りした鯉のぼりは，1985年8月1日死去後，マイルズ宅に葬儀で日本VE協会の児玉事務局長が行かれた時，居間の暖炉の上の壁に飾られてあったと，帰国後，児玉事務局長から教えていただいた。2年3カ月前自宅にお邪魔した時の光景とマイルズ師の顔を思い出／

結章　VA創始者マイルズ師から学んだこと　　*183*

《マイルズ師レターからの筆者の学び》

マイルズ回想録によると「マイルズ夫人は大変有能な秘書であった。マイルズ師の述べたいことを理解し対応できる人物であると」記されてあった。

《上記返信（第2〜5回目）からの筆者の理解》

マイルズ師からの返信は2〜3週間後にAir mail便箋で送られてきた。筆者が書いた内容を必ず全網羅した返信で，記載内容を無視することは一度もなかった。また全否定するような文章を受けたことは一度もなかった。筆者はその後ホームページを立ち上げた際，作成した「企業訪問リスト」には，2018年11月現在134事業所の訪問での各企業の特徴ある活動記述は素晴らしい活動内容のみ紹介し続けている。理由は否定的見解よりも，肯定的見解による良いところを伸ばす考え方の方が，前向きであるとマイルズ師から伝授されたからである。

7．所属企業内でのマイルズ師の講演内容からの学び

1983年10月14日，1時間の講演内容のサマリーを下記する。事前にマイルズ師から講演内容骨子が送られてきた。その内容を所属企業の経営企画室の担当者が翻訳し，筆者がチェックし，その内容を準備して講演に備えた。マイルズ師はその原稿とほぼ同じ内容を講演してくれた。

当日通訳は経営企画室の担当者であったがスムーズな講演となった[129]。

マイルズ師の講演の骨子は下記3項目であった。

・錆びついた頭脳を課題解決に向けさせる。

＼してとてもつらい気持ちになった。

[129]　マイルズ師の講演には約300名が参集した。本社の課長職以上と国内の事業所（工場・事業部）の部長や工場長や事業部長であった。講演後の質疑応答も活発であった。当時当社で10年ほど，VAを全社活動として実施し，開発VEを中心に実施（先に記述した池野会長の指導の基）していたのでその過程での取り組む姿勢などについて現実的質問が十数件出たが，的確な回答がなされた。とても70歳代後半の方とは思えない迫力であった。

・組織的合意を取り付ける。

・課題解決を最後まで遂行させる。

　以下内容は，荏原製作所の米国 VE 協会認定の VE-WSS（ワークショップ
セミナー）テキスト記載内容（筆者翻訳）をそのまま引用する。

マイルズ師の講演内容の一部抜粋

　私はこの 35 年間で，VA 技法が基本的には製品を改善するシステムではな
く，むしろ人間を改良するシステムであることを学んできました。人間が改良
されると，その人間が製品を，そしてプロセスを，さらに意思決定を，またあ
らゆる行動を改良していきます。人間を改良するためには人間を理解しなけれ
ばなりません。ここで心理学者の学説に学ぶことが多くありました。良く物事
を考える人の場合，普通になんとなく行動する人の 2 倍の意思決定能力がある
と言われています。ということは，教える側の立場からは，非常に大きな能力
開発の可能性が残されていることになります。

　「人間は象のようなものである。象は，その過去の生活をすべて引き継いで
現在が成り立っている」という話を聞いたことがあります。象は，いろいろな
ことを教えられ，経験し，感じ，見てきたのです。それらが総合され，象の
頭の中で自動的に物事の解決がはかられます。私の国では，象といえば，サー
カスの象を思い出します。象が一列に並び，土の上に打ちこんだ杭に鎖で結び
つけられています。象はいつもそこにとどまっています。そうしていたいので
しょうか。おそらく，そうではないでしょう。象はその杭を引き抜く力を持っ
ているでしょうか。その百倍の力を持っているでしょう。では，なぜ象はその
杭を引抜かないのでしょう。それは今まで教え込まれたことによって，象は一
つの制約を受け入れているからです。象の思考と筋肉の潜在力は，もう麻痺し
ているのです。驚くべきことですが，人間も同じようにプログラム化されてい
ます。きちんとプログラムされてしまった頭脳は，往々重要な課題を解決する
革新的なアプローチを開発する力を失ってしまいます。

　こういうわけで，要求を満たす上で今までと違ったもの，まったく新しいも
の，あるいはこれまでよりはるかに優れたものが必要とされる時に，すっかり
固まってしまった頭脳の経路を避けた枠組みの中に課題を投入すれば良好な

結果が得られるのです。VA（価値分析）はこのようなプログラム化されてしまった頭脳の経路をうまく回避する手法なのです。（荏原製作所本社敬愛堂にて）

《マイルズ師講演からの筆者の学び》

VA手法は改善のために手順化したものであるとの認識ではなく，そもそも改善する人間の頭を改善に向けさせる道具であるとの捉え方は新鮮であった。

一般的に手法は「こうすれば改善ができ，利益が上げられる」といった類に解釈が取られるが，そうではなく「錆びついた頭脳を課題解決に向けさせる」との認識はすばらしいと思う。上記ではサマリーだけの説明であったが，最初に書いた講演の骨子ごとにその講演の質疑応答内容を含め下記を小括する。

・錆びついた頭脳を課題解決に向けさせる。

たとえばBlast, Create, Refine（破壊し，創造し，洗練化せよ）の進め方やマイルズ師の提唱した「ジョブステップ（情報・分析・創造・判断・計画）」の手順がこの課題解決に向けさせる道具であるとしている。改善の主役は人間であり，その人間を奮い立たせることが進め方や手順であるとの考え方は新鮮で我々日本人は見習う必要がある[130]。

・組織的合意を取り付ける。

この内容は企業やその他組織集団が団結してことに当たる時には，目的や目標を持って課題解決を実践するのだが，その際その解決活動のスピーディーな行動が重要である。その際，その組織（プロジェクトチーム，その活動を評価する事業部門，そしてその実施を指示する経営者の各層に共通に

130　日本にも習いごとでは「守破離」という教えがある。【守】段階では，指導者の話をしっかり聞き，その行動を見習って，指導者の価値観を自分のものにする。【破】段階で，指導者の話を守るだけではなく，自分で工夫して，指導者の話になかった方法を試してみる。【離】段階では，指導者のもとから離れて自分自身で工夫し学んだ事をさらに発展させる。武道や芸事に限らず仕事においても，最初に【守】は大切なことで，マイルズの進め方やジョブステップはその入口であるとの認識が大切である。日本では管理技法が【守】で終わっているのが残念でならない（https://ameblo.jp/fmentor-adachi/entry-11382425049.html を参考に筆者加筆）。

コミュニケーションツールがあれば，その「改善策定」と「改善提案評価」と「改善実行」の間にある意思疎通がスムーズにいくのである。言葉の定義，方法の内容，結論の導き方が企業の全員に共通言語として浸透していることが重要なのである。そうすれば，改善提案の組織合意は取りやすくなるのである[131]。

・課題解決を最後まで遂行させる。

この内容はかならず，課題解決を実行し成果を出せということであり，VA活動に限ったことではない。しかし，やり尽くされたコスト削減の課題解決に新たな方法であるVAは成果が出るまで遂行することのできる新たな方法であるとマイルズ師は強調していた[132]。

8．マイルズ氏の著作原書 *Techniques of Value Analysis and Engineering*（1961年）の第1章と第2章からの学び

まず第1章であるが，VAを如何に万人に伝えるかの苦労が伺える文面である。

8-1　事例を沢山紹介

VAを創始したマイルズ師が，初めて著作した図書である。VAが創始された1947年から14年後の出版である。筆者が翻訳した1章と2章もそうであるが，図書全体に解説の後に必ず事例が詳細に書かれているのが特徴である。その詳細とは ① 改善内容，② 価値分析の実成果（年間の節約金額が詳細記述），

131　マイルズ師はその内容に詳しく言及しなかったが，たとえばバイザウエーの提唱したFAST（ファンクショナル・アナリシス・システム・テクニック）やマイルズ師の提唱した13の成功のためのテクニックなどがこれに当たる。
132　マイルズ師はやり尽くされた課題解決の方法として調達部門のネゴシエーションや材質や形状をむやみに変える方法によるコスト削減が悲劇を生むと言われた。このことはメーカーではよくある話であった。

結章　VA 創始者マイルズ師から学んだこと　*187*

③ 改善ポイントが細かく記載されている。著書の第 1 章 1-4 節に「「平均的な人間がより潜在的能力を高めるように改善されたツールを提供しなければならない」というのが，価値分析の基本的考え方である」と書かれてある。筆者は，マイルズ師が十数年間実践してきた VA 活動事例を通してその考え方や技法スキルの習得を実現させたいという思いがにじみ出ている良著であると思う。

8-2　VA（価値分析）の考え方

　著書の第 1 章で特筆すべきことは，VA とは何かを解説している点である。1-4 節の「価値を高めるための考察」に記載されている内容がその全容を示していると筆者は考えている。要約すると，下記がその肝である。

　市場競争に打ち勝つには，

・顧客が求める性能を提供し，さらに適切なコストで販売する必要がある。
・顧客が望む使用価値と貴重価値[133] を最低限のコストでどれだけ提供できるかで決まる。

　その実現のために VA 活動がある。その VA 活動とは，

・各自[134] がどれだけ最高のアイディア，最高の情報，最高の価値を提供できるかで決まる。
・不要コストがどれだけあるか特定できるかが重要である。
・不要コストを生み出す原因は各部門で，① 最低限のコストを実現する情報を逃がしたままであること，② 検討時間がないこと，③ 価値志向の測定ができないこと，④ 価値志向の活動の共通ルールがないことによる問題の発生（コミュニケーション，誤解，摩擦），⑤ 新しい方法（新プロセス，新製品，新材料）を取り込む努力を怠ることである。

133　使用価値とは製品が性能を発揮する機能を要求すること。貴重価値とは製品が売れる機能を要求すること。と記載あり。
134　本文章の前文として販売部員，設計エンジニア，生産エンジニア，製造専門家が行うべき「性能と価値」の実現のために実践すべき行動が詳細に記載されている。したがって，VA を実施するには，企業の全部門が一致協力して実践すべきとし，そのために各自が何をす・くきか記載してある。

8-3 VA の活動方法

8-2 項で記載した「顧客が望む使用価値と貴重価値を最低限のコストでどれだけ提供できるか」を確認するためには，金銭的価値で評価する必要がある。そのためには，

- ・VA 対象「全てをまとめる機能」と「個別の機能」に関する比較をすることで判断できる。
- ・価値（使用・貴重）⇒機能変換⇒コスト算出⇒コスト比較⇒不要コスト確認
- ・製品にコストを支払うのではなく，機能（サービスや働き）にコストを支払うのである。
- ・VA 基本ステップは上記の活動のフローから「機能確認」⇒「比較による機能評価」⇒「代替策開発」
- ・VA 手法は「対象物は何か」⇒「コストはどれだけか」⇒「その製品は何をするものか」⇒「代替案として何を行うか」⇒「代替案のコストはどれだけか」

第 2 章は VA 活動のマネジメントについて記述されている。

8-4 VA の作業計画

原因と結果の関係性がある事柄には計画立案後実施するのが良いとし，まず，毎朝，自動車を始動し仕事場までの反復行動を明らかにしている。日常的な行動を例にして計画の必要性を説いている。実際の VA の作業計画ステップは以下の通りとしている。

1）目的の確認：達成すべき機能に関する問題を明確に認識し，それに対峙する。
2）情報：必要な情報を得る。
3）熟考：非常に重要な創造的作業を行う。
4）分析：最善の行動を選択するために創造的作業の結果を分析する。
5）プログラムの計画：最善の行動を実施するために効果的なプログラムを

結章　VA創始者マイルズ師から学んだこと　　189

作成する。

6）プログラムの実施：作成したプログラムを確実に実行する。

7）状況のまとめ結論：決定や行動の結果を蓄積し，評価する。

なお事例として選んだ電気接点は制御装置内の単一機能テーマであっても大きな成果が出ることを明らかにしたかったと思われる。

9．マイルズ氏の著作原書 "Value Engineering in R&D"（1962 年）*S.A.V.E. Journal* Vol. 9-62-1 からの学び

本論文は米国VE協会の発刊するジャーナルに掲載されたものである。Value Engineering とタイトルに記載されていることから，米国国防省の研究開発部門を対象に執筆されたものである。

我々が理解している R&D のための VA 活動とは異なる特徴がある。それは，R&D といっても，その全コストの大半（90％）は既存技術を使っているので，そこにメスを入れる必要があること，そして新しいアイディアの創出が必要なことが述べられ，そのためには，技術や問題を解決する固有技術のエンジニアではなく，経済的要件を重視するテーマでは万能選手である価値分析エンジニアの投入がよいとしている。その能力を ① 機能を特定，② 金銭的に機能を評価，③ 経済的解決の創成の３つを上げている。またそのための価値エンジニアの育成には，① 平均的能力分布で選ぶが生産性の高い者を人選し，② 価値工学の技術を教育し，③ 性能面で重要な分野の責任者にさせるような開発グループをつくることが重要であるとしている。そうすることで R&D 部門の管理者はマネジメントがやりやすくなると解説している。その結果は，

①　開発期間の３分の１の短縮，

②　信頼性の向上，

③　製造コストの半減ができ，ドルあたりの製造武器数を倍増（半分のコストで製造）できると結論している。

これは，R&D 段階の活動が過去の不十分な設計を真似することによるリスクを回避することができるという考え方であり，研究や開発をする者たちへの

警鐘を鳴らす内容である。

10. マイルズ財団編著 *Lawrence D. Miles Recollections*（1987 年）からの学び

本回想録で明らかにされたこととして重要なことは，① VA 誕生のきっかけ，② VA で初めて成果を上げた事例，③ マイルズ師は温厚な性格で，接触する人々全員に誠実な対応の 3 点である。

10-1　VA 誕生のきっかけ

「必要は発明の母である」という言葉がある。マイルズ師は 1947 年に VA は創始されたが，そのきっかけは，第二次世界大戦で，米国でも物資が不足したこととその部品生産が間に合わなかったことに由来する。戦中に調達業務をしていたマイルズ師は下記を考え実践したのである。

「もし，その製品を手に入れられないのなら，その機能を手に入れなければならない。手に入れられる機械，労働力，材料を使って，どうやってその機能を提供することができるかを幾度となく行った」。たとえば，抵抗器やコンデンサの製造要件（戦闘機 B17・B24 のターボ・スーパーチャージャーの生産数を週 50 個から 1,000 個に増産する米国軍のニーズ対応）を満たすために「探し，交渉し，入手する」一連の調達行動において，工場の図面（仕様記載）ではなく，使用目的やその働きを明らかにしてその要件を満たす部品を調達したのである。マイルズ師は，その経験から第二次世界大戦後に「機能重視の考え方」の重要性を意識したのである。その結果として，GE 社員がコストに興味を示さない現実を改善するために VA（価値分析）アプローチを創始したのである。

結章　VA 創始者マイルズ師から学んだこと　*191*

10-2　マイルズ師が VA で初めて成果を上げた事例

　日本人で VE を習った多くの人々は，マイルズ師が創始した VA ／ VE のきっかけをなす事柄として「GE 社のアスベスト事件」を思い出すと思う。筆者もその一人であった。しかし，本書を翻訳して実は違うことがわかった[135]。それは冷蔵庫の温度制御装置のカバーとそれを止めるクリップの材料の変更事例である。内容の骨子は *Techniques of Value Analysis and Engineering*（1961 年）の第 1 章 1 節の事例として最初に紹介されているのである。本書でも事例の骨子を文章化してある。筆者はなぜこの事例が最初に事例紹介されているか翻訳している時，不思議に思ったのである。しかし，本回想録で，マイルズ師が初めて VA アプローチとして適用実施したことを知り納得した[136]。

10-3　マイルズ師は温厚な性格で，接触する人々全員に誠実な対応

　マイルズ師の回想録であることからマイルズ師の悪口を書く方は 1 人もいないことは事実であるが，筆者が直接お会いして話している間での認識や手紙のやり取りの内容からすると回想録で書かれている内容どおりの方だと思った。本回想録には「温厚な性格，会話から何かを教えてくれる，発言したことを否定しない，マイルズ師の経験した知識を惜しみなく与えてくれる，面倒見がよい，父親のような存在，褒めてくれる，他人に尽くす，大望を抱いた人に支援をしてくれる，意見が対立している時にはどちらかに加担しないなど」と書かれてある。その通りな方であると思う。

135　アスベスト事件の話は *Techniques of Value Analysis and Engineering* の第 1 版（1961 年）の第 3 章「バリューアナリシスの諸技術」および第 2 版（1972 年）第 8 章「成果の促進剤」の 6 節「障害物を明確にし取り除く」の事例 1 として紹介されている。したがって GE で VA がなされたことは間違いない。

136　本事例は従来のカバーやクリップが過剰仕様であり材質変更でコスト削減（19,000 ドル（687 万円）削減した話である。

10-4　マイルズ師の行ったワークショップの1場面

　マイルズ師は自分がしていた腕時計を掲げ，「どれくらいの価値があるか」と受講生に訊ねた。受講生の1人がその原価を詳細に説明と総額を発表した。「他の受講生はどう思うか」と訊ねた。受講生は皆，その意見に賛成とうなずいた。そこでマイルズ師は「では，この腕時計に費用をかけてみよう」というと，その腕時計を壁めがけて力いっぱい投げたのである。当然，腕時計はバラバラに壊れた。「さて，この腕時計の価値は何か」受講者は途方に暮れた。一体答えは何だ。マイルズ師は静かに言った。「機能だ。腕時計は何をする。その価値は，それが何をするかで決まる。製造コストは関係ない」受講生たちは価値の意味を永久に刻みつけることができた。そのような別の事例も紹介されている。実際に体験させ，気付かせるVAのワークショップは好評だった。

11.　マイルズ財団編著「Videos Message」
　（1984年4月インタビューメッセージ）からの学び

(Part1　ビデオテープ)

　マイルズ師が創始した活動をどのように名付けたかの経緯は興味深いものがある。マイルズ師本人の直接インタビュー内容は次のようなものである。購買担当副社長やエンジニア取りまとめ担当副社長の了解が得られたことが，VAがGE内で推進されるきっかけとなった。またエンジニア取りまとめ担当副社長との話から『価値分析』という名前が付けられた。その内容は下記である。副社長曰く，

　「① 経費削減ではない，② 費用分析ではない，③ 機能分析でもない，④ 価値分析と名付けよう」。「何らかの価値を持つものはすべて適切な機能と適切なコストを持っている。その2つに注意しなければならない」。マイルズ師は賛同し，その後この活動を『価値分析』と命名した。すなわち，名付けとは初めてそのアプローチを知り，感銘した者が純粋な気持ちで発した言葉が切っ掛けなのであろう。

結章　VA 創始者マイルズ師から学んだこと　193

蛇足だが，日本人は GE 社が実践したマネジメントをよく利用することがある[137]。マイルズ師が在籍した GE 社で 1947 年頃 VA を創始しようとした時，購買副社長，さらにエンジニア副社長との接点が素早くでき，即決即断で VA 導入の意思決定がなされる様が語られている。このスピード感こそ日本が見習わなければならないことである。

(Part2　ビデオテープ)

VA を啓蒙するために教育についてのマイルズ師本人のインタビュー内容である。価値分析を社内外に広めるためには，何よりも結果（GE にとって購買品の経費を節約することが大切で，そのために何よりも成果を出す人間（GE 社員，外注業者，注文先（米国海軍ほか）など）を教育することである。単にやり方を伝授するのではなく，成果を出せるようにすることが大切である。

米国国防省でなぜ「価値分析」を「価値工学」と言い直したかについて話している。海軍の船舶局長との話し合いで VA の導入が決まったが，国防省で導入するためには，価値分析する人間（エンジニア）を雇う必要があるが，そのためには「分析」では税金が使えない。したがって，「工学」の名称が入った言い方にする必要である。そこで「価値工学」という名称が生まれた。

合理的な意思決定をする国の米国でも，言葉の障壁があるのですね。マイルズ師はそれ以来，どのような書物にも必ず「価値分析／価値工学」と記述している。律儀な人物である。

(Part3　ビデオテープ)

本内容はマイルズ師の遺言のように思える。1984 年現在（VA 創始後 37 年経過）で価値分析は 10 段階でどの段階かと問われ，「2.5 段階」と答え，「究極のゴールである 10 段階には決して到達しない。なぜならば人間は多様で，価値方法論は人間が達成したいと思うことを達成する手助けをするのであり，基

137　例えば，GE の CEO ジャック・ウェルチの「ナンバー1，ナンバー2戦略」であった。市場における地位が1位もしくは2位でない事業はきっぱりと撤退，閉鎖，売却する。いわゆる「集中と選択」を行うマネジメントである。また，最近では AI や IoT のデジタル革命の潮流のスタート時点で CE 事例が紹介された。

本的には人間を育てる方法だからである」。

「人間を育てるとは，人間がやりたいと思うことが何であっても，① それを助けること，② 何が重要かを整理すること，③ 良い仕事をするには次に取り掛かるべきことを意識させることです」。

経営者には「「目的は，機能は，働きは，費用はどうなっているか」の質問がきっちりできればより良い意思決定を下すことができる」と言っている。

最後に「VA はどんな種類の問題であっても解決の手助けをしてくれる」。ですから『価値分析』を皆さんが学ばなければなりません。そして教えなければなりません。他の人たちに教えさせなければなりません。そして自分で使わなければなりません」。80 歳の誕生日にマイルズ師が肉声で言われた言葉であることを噛みしめたいと思う。

12. Blast, Create, Refine（破壊し，創造し，洗練化せよ）からの学び

本フレーズはマイルズ師の著書はむろん，講演でもよく使われた言葉であり，筆者はマイルズ師の肉声での「Blast, Create, Refine」を思い出す。それは「価値分析のテクニック」なのである。本書では敢えてテクニックのジョブプラン（改善の進め方手順）を詳しく載せなかった。理由は価値分析の本質を知ってもらいたかったからである。ここで，マイルズ師（1961 年）とマイルズ師（1972 年）に記載のジョブプランを併記して「Blast, Create, Refine」がどこで使われるかを示す（図表結 -1 参照）。図表の価値分析と書いてあるステップの○印箇所で適用する。

マイルズ師（1961 年）の第 3 章は「価値分析の諸技術」と書かれてあり，いわゆるマイルズ師の 13 のテクニックと言われる 13 項目の箇条書きの活用鉄則[138] がある。

それによると，エンジニアが Blast をすることは心情的にもつらいことであ

---

[138] これは第二版の第 9 章の 9-3 節に問題解決システムの項目別（図表結-1 の右側の①から⑤まで）ごとにどの鉄則を使うべきかが記載されている。それは図表結-1 の適用場所に○印が付いている箇所である。

結章　VA 創始者マイルズ師から学んだこと　*195*

図表結-1　マイルズ師のジョブプランと「Blast, Create, Refine」の適用場所

| | マイルズ著
（第 1 版 1961 年） | | | マイルズ著
（第 2 版 1972 年） | 適用場所 |
	基本的ステップ （第 1 章 1-6）	手法 （第 1 章 1-7）	作業計画 （第 2 章 2-2）	問題解決システム （第 5 章・第 9 章）	
	①機能確認	①対象物は何か ②コストはどれだけか	①目的の確認 ②情報	①情報収集ステップ	
価値分析	②比較による機能評価〇	③その製品は何をするものか〇 ④代替策として何を行うか〇	③熟考〇 ④分析〇	（①情報収集ステップ） ②分析ステップ 　（分析・創造・判断） 　〇　　〇	〇
	③代替策開発	⑤代替策のコストはどれだけか	⑤プログラム計画 ⑥プログラム実施 ⑦状況のまとめと結論	③創造ステップ ④判断ステップ ⑤具体化計画ステップ	〇

出所：マイルズ著（1961, 1972）より対象箇所を整理。筆者作成

るが，価値分析では必要であり，機能を明確化し次に Create をして新たな方法を見つけ出し，それを Refine するの一連の活動を通して価値が高いかどうかを見極めるのである。この価値分析方法を取る理由は，我々は日々製品を改善しながら新しくしていくが，これには不要なコストが沢山含まれているからである。

　そこで 2 つの問題を解決する方法として「Blast, Create, Refine」を連続的にかつ短時間で行うことが有効であることはわかった。2 つの問題とは下記である。

　・影響力の連鎖を周期的に断ち切ること

　・必要な機能が現在の知識で客観的に眺められること

　このために Blast では達成機能を心に留めて破壊した内容を実現するアイディアを出し，その直後に最も経済的な方法で機能達成の保証のできる代替案を選び出し特定コストを明確化する。

　次に Create では，出されたアイディアを修正してコストアップになっても現実性のある内容までにする。さらに Refine では全機能を満足する代替案にまで持っていく努力，すなわち洗練化過程でさらなるコストアップは生じても

已むを得ない。土屋（1998年）の「機能の評価」のアイディア想定による評価に近い内容である。

マイルズ師は筆者への手紙にも書いてあるが，この価値分析を少人数で素早くすること（短時間）が大切と説くのである。その理由は積み上げられた現存製品を見直すためにはその方法（少人数，短時間）がベストと実務経験から思われていたからであろう。筆者も同感である。

13. マイルズ師の好物

マイルズ師の好物について少し言及したい。1983年10月来日された際の帰国時のお見送りのため，筆者と家族（妻と3歳の娘）は成田空港にいったのだが，その際，産業能率短期大学国際部におられた楢崎靖雄氏から「マイルズ氏はご高齢でもあり，噛みやすいえびせんや照り焼きバーガーがお好きである」と聞いていた。そのご忠告を受けて，飛行機に乗ってからのスナック菓子としてえびせんとその類の軽く食べやすいスナック菓子をコンビニエンスストアーで買ってお土産として持参し別れ際に手渡ししたのである。マイルズ夫妻は喜ばれた。また，成田空港では出発までに少し時間があり，軽く食事をすることとなったが，その際マイルズ師が注文したのはハンバーグ定食であった。そのたれは「照り焼き」であった。

14. マイルズ師の経歴

詳しい経歴はマイルズ財団のホームページなどで検索できるのでここではアウトラインのみ記述する。

マイルズ師は，1904年4月21日，ネブラスカ州ハーバードで生まれ，1929年，ネブラスカ・ウェズリアン大学で教育学（心理学）を修め，さらに1931年ネブラスカ大学電気工学科を卒業後，GE社に入社し設計技術者として働き始めた。そして，1947年にVAを生み出した。1959年には米国VE協会初代

会長に就任。1972年, 1978年, 1983年の3回にわたって来日され, 「VE全国大会」でVEの基本理念について講演された他, 多くの企業でも講演され, VEの普及促進に貢献された。1985年8月1日に他界されたが, 同年の10月には, マイルズ氏の功績に対して, 日本国より「勲三等瑞宝章」を授与された。

第Ⅲ部

VA 創始者マイルズ師の思想

資料1

L. D. Miles (1961), *Techniques of Value Analysis and Engineering*, McGraw-Hill Book Company Inc., pp. 1-35（『価値分析と価値工学の技法（第1版）』の第1章と第2章の翻訳）

資料2

L. D. Miles (1962), "Value Engineering in R&D", *S.A.V.E. Journal*, Vol. 9-62-1, pp. 6-8（「研究開発における価値工学」の翻訳）

資料3

James J. O'Brien (editor) (1987), *Lawrence D. Miles Recollections*, Miles Value Foundation, pp. 1-64（『ローレンス・D・マイルズ回想録』の翻訳）

資料4

Miles Value Foundation, Videos Message（『マイルズ財団のビデオによるマイルズメッセージ』の翻訳）

　『価値分析の物語（Part 1)』，『価値分析の物語（Part 2)』，『価値分析の物語（Part 3)』，『ローレンス・マイルズが遺してくれたもの』，『ラリー・マイルズってどんな人』

Document 1, Document 3, and Document 4 are copyrighted by the Miles Value Foundation, and the responsible persons, Bruce Lenzer (Director and President), allow translation.

Document 2 is a journal issued by SAVE International, which is copyrighted by Melissa Baldwin (Executive Director), which permits the translation.

201

資料 1

L. D. Miles（1961）, *Techniques of Value Analysis and Engineering*, McGraw-Hill Book Company, Inc., pp.1-35（『価値分析と価値工学の技法（第 1 版）』の第 1 章と第 2 章の翻訳）

第 1 章　価値分析—根本原理・概念・基本的段階・手法

1-1　価値分析とは何か

　価値分析（Value Analysis）とは，一連の技法，知識，習得したスキルを用いて行う一つの基本的原則である。それは，不必要なコスト，すなわち，品質，用途，寿命，外観，顧客の基準に応じた特徴に関係のないコストを効率的に特定するための秩序だった創造的手法である。

　価値分析を行うことで，代替材料，新しい工程，専門供給業者を秩序立てて有効に使うことができる。価値分析では，生産技術，製造，材料の購入において，より低いコストで同等の性能を達成するという目的に焦点を絞る。それに基づいて，その目的を効率的かつ確実に達成するための段階を踏んだ手順が示されている。

　価値分析は，生産技術，製造，調達，マーケティング，管理など，企業のすべての部門で有効である。価値分析により，適切な製品やサービスに対して，よりよい価値，すなわちより低いコストを達成するために，無限とも言える技術情報やスキルの蓄積の中から適用可能な特定の情報を得ることができるようになる。

　価値分析は，従来の費用削減方法に代わるものではなく，むしろ，より大きな成果を得るための，非常に効果的で今までとは全く異なる手順なのである。今まで見過ごされてきた点を埋め合わせることによって，長年慣習的に行われ

202　第Ⅲ部　VA 創始者マイルズ師の思想

てきた作業の効果を向上させることができる。価値分析の原則を効果的に適用
することで，製造コストが 15％から 25％，それ以上削減されることは非常に
よくあることなのである。

事例　温度調整器カバーを止めるクリップの不要コスト見直しの価値分析
（詳細省略）

価値分析の成果：カバーは材質変更で 37.5％削減，クリップも材質変更で
　57.1％削減

改善のポイント：本対象部品の使用期間の開閉頻度が 6 回程度と判明。そ
　こで材質変更

年間節約合計額：19,000 ドル（684 万円）

強調されている事：主要な機能変更なく品質を損なわず価値向上を実現し
　た。

　　　　　　　　　　　　　　（事例内容は筆者が翻訳内容を基に要約した）

1-2　価値とは何か

　「価値」という語は，様々な意味で使われるため，使う人によって多くの意
味を持つ。また，この単語は，コストや価格と混同されることも多い。

　大体の場合，生産者にとっての価値は，ユーザにとっての価値とは異なる。
また，時期，場所，用途によって，同じものが，同じ顧客にとって異なった価
値を持つこともあり得る。

　このように，価値は非常に広い意味を持つ語であるが，いくつかの種類に分
類して説明することができる。下記は，4 つの種類に分ける，一般的な方法で
ある。そのうち，私たちが価値を考えるときに有用なのは，最初の 2 つであ
る。

　使用価値：使用，作業，サービスのための特性や品質
　貴重価値：それを所有したいと望むような特性，特徴，魅力
　費用価値：それを生産するための人件費，材料，その他の様々な費用の合計

交換価値：他の望むものと交換できる特性や品質

　価値とは，元々定められているものではなく，多くの要因によって決定されるものである。価値は，不要なコストを特定して削減するために，関連するコストの適正さを測る指標となる。価値とは，適切な使用価値や貴重価値を生み出すために，製品を購入したり製造したりする際に支払わなければならない最低金額として説明できる。

　製品の価値とは，使用を可能にし，適切な貴重評価を得るための適切なコストと考えられる。私たちに関係するのは，機能が確実に達成されるための最低コストとしての使用価値，また，顧客が望む外観，魅力，特徴を可能にするための最低コストとしての貴重価値である。

最大価値：

　最大価値とは，おそらく決して達成できないものである。あらゆる製品の価値の高さは，その問題に対して使用可能なすべてのアイディア，材料，アプローチが，どのくらい効果的に特定され，研究され，利用されるかによって決まる。価値分析の特別な技法や知識は，より少ない時間とコストで，より良い価値の組み合わせをより多く生み出すことに焦点を絞ることを目的としている。

通常の価値：

　通常，製品が，アイディア，プロセス，材料，機能，費用の点で，競合製品よりも優れている場合に，価値が高いと考えられる。その逆の状況で売上高が落ちると価値が低いとみなされる。このようにして価値の高さを決める方法では，時機を失するし，大きな限界があることは容易に理解できる。

　そこで，いくつかの典型的な製品に特に注目し，競合製品との比較ではなく，最適なアイディア，プロセス，材料，設計の組み合わせの場合と比較してみた。その結果不要だと確認されたコストは，生産コストの25％から75％にのぼった。

204　第Ⅲ部　VA創始者マイルズ師の思想

　ここで理解しておかなければならないのは，これらの不要なコストは，梨の木にぶら下がっている梨の実のように簡単に摘みとれるものではなく，価値指向の効果的なツールを利用し，費用や能力を適切に使った秩序だった方法によってのみ，初めて特定して削減することができるものだということである。

1-3　価値の重要性

　競争が十分に行われている自由な企業システムにおいては，長期的なビジネスの成功は，顧客が望む価格で最高の価値を提供し続けることができるかどうかにかかっている。すなわち，競争によって，類似の製品やサービスを提供している他社との競合性を高めるために価値を設定する際の方向性が決定される。

　この最高の価値は，性能とコストという2つの要因で決定される。

　長い間，製品が受け入れられるためには，顧客が期待するレベルで顧客のニーズや望みに応えなければならないと考えられてきた。つまり，製品は，性能において優れていなければならない。近年になって，生産コストは，顧客が競争価格で製品を買うことができるレベルでなければならないという点が重視されるようになった。これが価値の概念を生み出した。

製品の履歴のサイクル：

　一般的に，製品の生産は，3つのサイクルから成り立っている。最初は，研究開発段階で，この段階では，新たな機能を生み出し，付加機能を提供し，既存の機能の信頼性や効率を高めるための技術革新に知識が活用される。この段階では，新たなニーズを満たし，新機能を実行し，すでにある機能をいろいろな方法で改善するための方法や手段が模索される。その結果として生まれる製品は期待をもって待たれ，成功すれば，今後の性能研究を続けていくに十分な数が売れる。2番目のサイクルは，成長段階である。ニーズを満たすことが証明された製品は，顧客の需要が増え，競合製品が登場してくる。この段階では，他社と競合して十分な数を販売するためにより低いコストで製品を生産しなければならないことが明らかになってくる。

図1-2 製品成熟サイクル

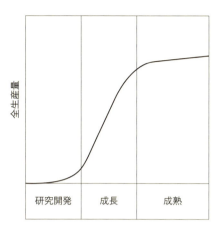

図1-3 製品の成熟による性能志向エンジニアリングと価値志向エンジニアリングの適用の最適な変化

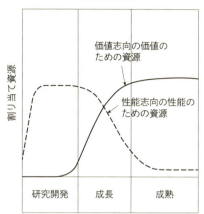

図1-4 性能志向技術から価値志向技術への変更のタイミングによる生産者の販売高への影響

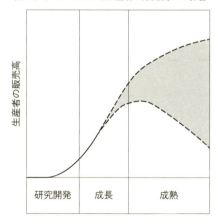

　製品が十分に成熟すると，第3のサイクルである成熟段階に入る。この段階では，もはや研究開発を続けても，機能効率，寿命の延長，新機能の付加が大きく改善されることはない。従って，製造業者の主な仕事は，価値の部分を高めることに適切に取り組むことであり，性能の均一化と価値における主導権を取ることで，その製品の市場における主導権を維持することができる。つまり，不要な費用を特定し，人やその他の資源のより多くを，製品の主導権という価値に対して割り当てるという事である。

　企業が，販売を増やして利益を増大し続けられるか，逆に，利益が減少して，その分野から落ちこぼれてしまうかは，競合相手と比べて性能から価値の重視へのこのシフトを，どの程度適切な時機に認識して行うことができるか，また，資源や能力の割り当てをどの程度効果的にシフトしていけるかにかかっ

206 第Ⅲ部 VA創始者マイルズ師の思想

ている。

事例：（重要な事例なので翻訳文を全文記載）

　通常，家庭において，料理を作ったり，食べたりする際に出る台所のゴミは，避けられない派生物である。文明的な生活が始まった初期の頃は，通常，そのゴミを豚の餌にしたり，地面に埋めたり，その他の簡単な方法で処理していた。生活様式が，町や都市での居住という方向に進んでくると，組織的にゴミの収集や処理を行って，この問題を解決するようになった。半世紀近く前，台所のゴミを，より適切に衛生的な方法で処理する必要があるという意識が高まった。この問題に関して研究開発が行われ，まもなく，ゴミが出る場所でゴミを直接処理できる形にする方法が考えられた。

　薬品を使った実験や，燃焼実験などが行われたが，その結果，ゴミをすり潰して下水システムで処理可能な形にするという方法が編み出された。このようにして，研究開発の結果，今日の家庭用生ごみディスポーザーが作り出された。

　その原型製品は，すぐにユーザに受け入れられ，その後の成長段階において，製品が改良されコストが下がって生産で利益を出せる程度まで需要が拡大した。

　比較的短期間に，生ごみディスポーザーの生産者数は，最初の1社から12社以上に増えた。成熟期が訪れ，その製品で利益を出せるかどうかは，不要なコストをなくせるかどうかで決まるようになった。

価値志向の取り組み：

　価値志向の取り組み（より高い価値を生み出すための努力）の重要性は，製品サイクルが進むにつれて増大するが，それは常に，性能志向の取り組み（性能を確実にすることに集中する）の後に行われる。ここで新たな問題が浮上する。人を雇って訓練し，性能指向のツールを与えたのにも関わらず，取り組みが価値志向にシフトするという事である。人が作り出すすべての製品を見てみると，軍需品のように，性能志向の取り組みが最も活気がある分野も数多くある。しかし，年々，成熟した製品が増えており，多くの企業にとって，成功す

るためには価値志向の取り組みが非常に重要になってきている。

価値資源の活用：

　基本的に，性能志向の取り組みでは，主に，人が望み必要とする新たな機能を達成するために資源を使う。価値志向の取り組みでは，すでに達成されているこれらの機能をより少ない材料や時間で作り出すことを目指す。実際には，コストが，使われる資源の量を示す尺度となる。価値志向の取り組みは，資源をより有利に使うための研究であり，一定量の資源で，人の必要とするものをより多く供給することに役立つ。このように，価値志向の取り組みは，資源をより効率的に使うことで繁栄する期間を延長するための手段である。

　性能志向の取り組みでは，試験結果が，研究者や設計者が最初に抱いていた「感覚」とは全く逆の予期せぬ方向に突然変化することがある。しかし，価値志向の取り組みでは，試験結果と言うものがないため，製品の価値を上げるために生産技術や製造において選択肢を選ぶ際に，依然として感覚が大きな要因になる。

価値志向の取り組みが市場と仕事を拡大する：

　多くの製品の場合，製品の使用，すなわち製品の需要は，コストを下げるに比例して増える。言い換えれば，顧客が，ある特定の製品をもっと少ない努力で買えるということに気が付くにつれ，ますます多くの顧客が，それを現実的に考えるようになる。例えば，テレビというかなり複雑な装置の最低コストが約 1,000 ドルだとしたら，市場は現在よりもっと限定されるだろう。現在のコストはもっと低いため，より多くの人に喜びが提供され，雇用も倍増する。コストが低くなるに従って生産量が増え，全体的な経済活動が促進される。すべての業界は，十分な性能を維持しながらコストを削減することで発展してきた。例えば，以前に比べ一部屋だけでなく多くの部屋で見られるようになった電気時計や，数年前は家庭ではめったに見られなかったが，今では家庭の数多くの製品に使われている小型電気モータを例にとってみよう。これらの発展は，製品の性能の向上だけでは可能ではなかったであろう。製品の価値が高められた事，つまり，不要なコストが削減された事で市場が拡大し，その生産に

208　第Ⅲ部　VA創始者マイルズ師の思想

関わる仕事も増えた。

人的作業の排除：

　日常的な仕事のために必要とされ望まれるニーズやサービスでは，依然として多くの人的労力が必要である。しかし，これらの仕事の大部分は，コストが高すぎるという制限がなくなれば，機械で行うことができるだろう。効果的な価値志向の取り組みを十分に行えば，コストが下がり，退屈で大変な仕事をなくすための装置がより多く使われるようになるだろう。よい例は，最近数百万の人が使うようになった洗濯機である。

低コストによる適切な防衛：

　国をしっかりと守れるかどうかは，新たな機能をより効率的に提供するための研究開発にかかっている。この点は長い間認識されてきた。しかし今，国が破産することなく適切な武器を提供するためには，効果的で効率的な価値志向の取り組みにより，不要なコストを特定して削減することも同様に重要であることが明らかになってきている。高コストによって重要な防衛武器が削減されれば，国の軍事力を低下させる。コスト削減は，重要な国家的問題なのである。

1-4　価値を高めるための考察

　顧客が求める性能を提供し，しかも，それを適切なコストで行わなければならないという板挟みの状態が，製品サイクルの研究開発段階から成熟段階まで通じて続くため，製品に不要なコストが含まれ続けていく要因は数多くある。そのいくつかについて考察し，明らかにしていきたい。

誰が性能と価値に貢献するか：

　製品を生み出すことに関わった各個人が，必要とされる性能を達成するために貢献し，また，各自の分野で，製品の価値にも貢献しなければならない。
　まず初めに，販売部の担当者が，何らかの方法で顧客に連絡を取り，顧客が

何を買いたいと思っているか，何のためならお金を払うつもりがあるかを模索しなければならない。販売担当者は，単に注文を取り，顧客に対して知識や経験に基づく助言を与えるだけでなく，適切な性能と魅力的な価値を結び付けるために多くの点で貢献できる。

　次に，設計エンジニアが，装置の形状と詳細を決める。これが，あらかじめ決められた使用価値と貴重価値を達成するための手段となる。この段階で，通常は，最終的な選択を行う前に，複数の有効な解決策が考えられる。従って，エンジニアによる決定を行う際には，特定の用途のための性能と価値の最適なコンビネーションを達成するための評価を十分に行わなければならない。

　その後，生産エンジニアと製造専門家が，その製品を作るための最も効率的なツールと設備を提供する。この段階では，製品の適切な価値を保証できる選択を行うために，装置や方法に関して，社内および社外で徹底的な見直しを行わなければならない。通常は，これらの作業の多くは，意図する製造方法を設計の決定に取り入れるため，一つ前の段階で並行して行われる。

　最後に，実際に製品を製造する工場の管理において，製造コストに含まれるすべての要素に十分配慮しなければならない。これには，材料という非常に実質的な要素も含まれ，通常，購買部は，材料の調達において，製品の価値をより高めるために重要な貢献を行う機会がある。

　これらの様々な参加者の各自の決定により，顧客が望む使用価値と貴重価値を最低限のコストでどれだけ提供できるかが決まる。これらの参加者が，各自の領域で，どれだけ最高のアイディア，最高の情報，最高の価値を提供できるかで，不要なコストがどれだけあるか特定できる。

各段階での十分な情報の取り込み：

　製品サイクルの各段階において，市場のどこかに，最低限のコストで必要な機能を確実に達成するために役立つ情報があることは容易に理解できる。そのような情報は，何らかの決定と関連していて，それを逃せば，決定を行う際にその情報が適切に組み込まれることはない。そうなれば，各段階で適用可能な情報を適切に考慮することができないため，余計なコストがかかる。

210　第Ⅲ部　VA創始者マイルズ師の思想

時間不足の影響：

　時間がないという問題は，あらゆる事柄に関して起こるように思われる。特に製品サイクルにおいては顕著である。顧客のある特定のニーズが，少なくともあいまいな形であれ，表に現れてくるまで，販売部門の人間はそれをつかむことはできない。そして，ニーズが分かれば，それを満たすための提案を急いで提示しなければならない。しかも，競合会社がチャンスをつかむ前に，できるだけ早く効果的に行わなければならない。そこで，その製品は生産技術の設計段階に入り，それに対して期限が設定されるため，最低限のコストで顧客に提供するための研究，実験，情報の確認や利用などを完全に行うことはできない。同じ状況が，購買，製造，その他すべての部門で起こる。このように，時間の不足は，必然的に不要なコストが含まれる原因となる。

価値志向の取り組みの測定不能：

　前述したように，性能志向の取り組みにおける意思決定は，試験と測定に基づいて行うことができる。対照的に，製品設計と製造の各段階における価値志向の取り組みでは，正確に結果を測定することができない。従って，製造と生産技術上の選択肢に関して，各個人が，価値志向のツールを用い，時間や情報を使って努力した後，その判断に基づいて決定が行われる。つまり，決定の結果，性能がよくなければ試験で確認することができる。一方，価値に関する結果がよくなくても，それをすぐに明らかにする方法がない。その結果，性能志向の取り組みは，一般的に，価値志向の取り組みよりも効率的，効果的に行われる。

事例研究　電気制御装置（20cm 立法体）の短納期受注品の納品後の価値分析結果の考察（詳細省略）

価値分析の成果：5つの部品が1/5 ～ 1/10 のコストで実現できることが判明

改善のポイント：同一機能部品を集めて製造数を増やす，市場カタログ品を使用する

強調されている事：過去製作販売した製品を価値分析してみると改善の余

地があった。関係者にその情報を開示する。そうした結果，類似製品の受注が来た時に改善活動ができ費用節約ができた。価値分析は都度実施でなくともよい。検視（変死者の死体を価値分析で事実を調べること）が大切である。

（事例内容は筆者が翻訳内容を基に要約した）

人的要素：（価値分析のためのツールの基本的考え方）

　より複雑な製品やシステムの場合，関わる人々の十分なコミュニケーションの不足，誤解，一般的な摩擦などが，不要なコストの原因となることが多い。平均的な人間が優れた仕事を行うことができる可能性を否定するつもりはないが，通常，平均的な仕事は，平均的な人間によって行われ，それは概して平均的なレベルである。平均的な人間は，天才のためでなく平均的な人間のために作られた特別なツールを与えられれば，より効果的に仕事を行うことができる。したがって，平均的な人間がより潜在的能力を高めるように改良されたツールを提供しなければならないというのが，価値分析の基本的考え方である。

新たなプロセス・製品・材料の影響：

　新しいアイディア，プロセス，製品，材料が常に取り入れられ，それが頻繁に行われるようになると，それが適切に適用されれば，望まれる使用価値や貴重価値をより低いコストで生み出す助けとなる。すなわち，製品が設計され製作され市場に出ると，それは，その時点ですでに時代遅れとなり，その製品は価値志向に向かっているという事である。価値志向の取り組みのためのよいツールがあれば，より多くの新しい情報を早く取り入れ，製品が時代遅れとなる問題の影響を最小限にすることができる。

1-5　価値分析の概念

　設計者にとってみれば，顧客の使用価値と貴重価値とは，製品の機能を意味

する。製品の機能とは，顧客が望む使用価値を達成し貴重価値を提供するという2点に明確に分けられる。

特定のための知識：

広範囲の知識と一連の技術により，価値の代替策を創造的に模索し，効果的に特定することが可能になる。

機能の分類：

使用価値は，製品が性能を発揮する機能を要求し，一方，貴重価値は，製品が売れる機能を要求する。両方とも重要であり，両方とも価値分析に含まれる。逆に言うと，性能を発揮するためや売れるための機能を付加できないコストは製品に含まれるべきではない。機能とは，製品が性能を発揮することと売れることという二つの部分から成り立っており，金銭的な価値とは，これらの価値を確実に達成する設計，材料，プロセスの最も低いコストでの組み合わせということになる。

比較による価値：

金銭的な価値は，すべての機能をまとめたものと各機能に関し比較してみることで決定される。

目的：

価値分析における目的の一つは，より低いコストで同等の性能を提供することである。コストとは，それによって手に入れられる機能，サービス，働きのために支払われるものである。

事例研究　鍛造・鋳造品の内部欠陥用X線装置の放射能遮蔽壁費用の削減（詳細省略）

価値分析の成果：コンクリート製（厚み2.1m）から土製（厚み4.2m）へ変更

改善のポイント：「他に何か使えないか」を調べることが有益である。

> ジョブ節約額：入札額 50,000 ドル → 5,000 ドル　節約額 45,000 ドル（1620万円）
>
> 強調されている事：研究所長は遮蔽壁で 1,800 万円の費用発生にびっくり。何か良いアイディアはないか動いた。疑問を持ち行動したことが成果を生んだ。
>
> （事例内容は筆者が翻訳内容を基に要約した）

価値志向の取り組みの時期：

　機能の特定は，製品の設計前でも設計後と同様に行うことができる。代替品の決定も，実際のモデルを使って行うのと同様，図面に基づいて行うこともできる。従って，価値志向の取り組みは，基本設計の前や基本ツールの購入前に行うことができる。

　しかし，だからと言って，設計後，または実際に製品のパーツや組立て部品を使い始めてから再度価値分析を行っても利益がないと言っているわけではない。製品寿命の間，定期的に，コストの重要要素を機能と照らし合わせて確認し，価値分析の知識と手法を使って，さらに生産技術や製造における代替策を模索しなければならない。そうすることで，多くの場合，価値に関する最初の意思決定の時点で様々な理由により行われなかった，多額の不要なコストの削減を行うことができる。

価値を決定する基盤：

　価値を決定する基盤は，ある製品やアイテムに望まれる機能やサービスに対して期待されるレベルである。それは，設計の最終的目的を詳細に調べることで分かる。設計が複雑な場合，評価者は，その機能や目的をしっかりと理解するために他の人の助けが必要になるかもしれない。その場合，目的から分析や評価手法，そして最終的評価につながる鎖の重要なつなぎ目になるのは，よい人間関係である。すなわち，理解力，分析力，手法を生み出す力が，よい人間関係を築く力と結びついて，価値分析において必要とされる基本的姿勢を作り上げることができる。

214 第Ⅲ部　VA創始者マイルズ師の思想

利用可能な能力の活用：

　より低いコストで同等の性能を達成するためには，目標に達するために他の人の知識を利用する必要性と重要性を認識しなければならない。他の国と同様，この国の至る所に，あらゆる分野においてほとんど無限の専門的知識の蓄えが存在する。価値分析とは，そのような知識を最大限に利用することを意味する。専門的な組織の専門家たちは，機会があれば，彼らの技能と資料を使って，求められる機能をより経済的かつ確実に達成しようと待ち構えている。彼らの提案を求め，評価に対する報酬を与えるべきである。そのようにして，価値分析は，無限にある技術的情報を利用し，機能性材料や機能性製品の供給業者に対し，特定の要件に関して自社のアプリケーションを提案するための，生産技術や製造におけるツールとなるのである。

1-6　価値分析の基本的ステップ

　より低いコストで生産技術や製造における解決策や代替策を可能にするため，下記の3つの基本的ステップが適用される。

　1．機能確認
　2．比較による機能評価
　3．代替策開発

　これらの基本的ステップが効果的な価値分析の最初の手段として有効であることを読者に理解してもらうため，下記に詳しく述べる。

ステップ1　機能確認

　あらゆる有用な製品やサービスには，主要機能がある。その機能は，通常2つの単語で説明される。光を照らす，水をくみ上げる，時間を表示する，ほこりを除去する，ハンドルを支持するなどである。

　また，二次的機能が必要な場合もある。光源に対して耐衝撃性が必要な場合，家庭用ポンプに静音性が求められる場合，時計や腕時計に魅力的な外観が求められる場合，傘を杖として使う場合，空気清浄器の内部にアクセスできる

事が必要な場合，ハンドルの支持にロック機能が必要な場合などである。

　別の例として，冷蔵庫も挙げられる。冷蔵庫の主要機能は，電気的手段により食物を保存することであるが，付加機能として，回転式棚，バター保存用ボックス，ドアポケットなどの二次的機能がある。

　主要機能と二次的機能が決定し評価されると，各機能のコストを調べ，その適切性を確認したり，その機能をより低いコストで達成する方法を探したりする。ここでの根本的原則は，その装置や部品が，原則としてその機能を提供するために望まれているものであるという仮定を受け入れなければならないという事である。さもないと，目的から余りにも外れてしまう。冷蔵庫の話に戻ると，私たちが望んでいるのは冷蔵庫であり，アイスボックスやその他の食糧保存手段ではないとまず仮定しなければならない。

　この機能的アプローチにおいて，その部品とコストを機能別に分類してみることが役に立つ。例えば，大きな電気スイッチを例にとって考えると，次のような機能に分類できる。

電気部品　　　　　支持
機械部品　　　　　最終加工
ケース　　　　　　外観
カバー

この分類から，下記のコストに関する明確な事実が導き出される。
電気的機能　　　　筐体
機械的機能　　　　組立部品

　これらのコストは，利益を上げるために行う価値分析において，どの部分が最もコストを下げる可能性があるかを示すものである。

　機能を確認するステップは，価値分析の最初の段階である。場合によっては，このステップを適切に行うだけで，価値を高めるためのアイディアや情報を生み出すかもしれない。例えば，直径３インチ（7.6cm）×厚さ４分の１インチ（0.64cm）の，中心にキー溝付きの穴が開いた丸い青銅の鋳造部品のコストが16ドル（5,760円）だったとする。その機能は何か。それは，バルブ軸

に取り付けて，手でバルブの開け閉めをしやすくするためのものであった。つまり，バルブを開け閉めするためのハンドルを付けるのに16ドルが使われていたのである。ほとんどすべての人が，適切なハンドルの付いたバルブを見たことがあり，そのバルブが2ドルか3ドル（720円から1,080円）くらいで買える事に気づくであろう。そこですぐに，「何とかしなければならない」という気持ちになり，良い答えを求めてバルブの専門家に相談する。このステップだけで，同じ効果があって容易に手に入る，似たようなバルブハンドルが60セント（216円）で製造されるようになった。

ステップ2　比較による機能評価

　価値とは，絶対的尺度ではなく相対的な尺度なので，機能を評価する際は，比較手法を使わなければならない。「その機能は最適なコストで確実に達成できるか」という質問に答えるには，比較を行うしかない。

　分析する物が大きくて複雑であるほど，各機能の最高価値を理解するための分析を行うには，数多くの比較を行う必要がある。すなわち，一連の基本的な機能を分析するために，組立て部品をサブユニット，各部品，パーツに分解して確認することを意味する。そして，ある材料を他の材料と比較したり，ある部品の形式を同等のものと比較したり，ある製造工程を他の方法と比較したりする事が必要である。それは，例えば，より低いコストで確実に必要な機能を達成するための，金属部品とプラスチック部品の比較，ねじ切り盤で加工した部品と旋盤加工部品との比較，または，打ち抜き加工とスピニング加工の比較といったことである。

　比較無しで評価はできないという点については，おそらく反対意見はないであろう。すべての評価は，何らかの比較によって行われる。標準との比較もあれば，部分的に類似したものとの比較もある。より良い価値を追求する際に，機能が確認されず，その機能が比較によって評価されなければ，そのプロセスは価値分析ではなく，単なる費用分析である。

　「比較による機能評価」というこの非常に重要なステップは，いくつかの例を見ることで最もよく理解できるであろう。

資料1　*217*

事例1　使用価値が最も重要な場合

　釘の金銭的価値とは何か。「釘に必要とされる用途，便宜性，寿命などの正確な機能は何か」，次に，「同じ信頼性でそれらの機能をすべて達成する代替品は何か」，最後に，「それら代替品のコストはどれだけか」といった質問に対する答えを，比較によって見つける。その釘の価値は，比較によって判明した同じ信頼性でそのすべての機能を達成できる最も安い代替品のコストを超えてはならない。

　真鍮製ネジの価値とは何か。まず，用途，外観，便宜性，耐久性などのすべての機能を，明確に確認しなければならない。次に，すべての目的を確実に達成できる他の材料，工程，製品の組み合わせを比較する。これらの代替品のコストを調べ，すべての目的を確実に達成できる最も安い代替品のコストが，そのネジの最大価値となる。そして，そのネジは，その価格で実際に入手できなければならない。さもないと，顧客は，そのネジを使うのを止め，他の製品を買うだろう。

　電気スイッチの価値とは何か。やはり，電気スイッチのすべての機能を明確にし，同じ条件で確実に電流を遮断する他の方法を探さなければならない。よりコストがかかる代替品もあれば，もっとコストが安いものもあるかもしれない。コストが安いものが見つかったら，それは，そのスイッチの短所が比較により明らかになったという事で，そのメーカはその製品の販売で問題を抱えることになる。

事例2　貴重価値が最も重要な場合

　総合的な金銭的価値は，使用価値と貴重価値という両方の要素を比較することで決定される。工業用製品の大部分は，釘一本からすべて，使用価値が最も重要である。しかし，他の多種多様な製品，例えば電気時計などは，使用価値のための機能を確実に達成することに加え，顧客が買いたいと思うような外観，魅力，その他の興味を引く要素を備えていなければならない。これらの要素を，まとめて貴重と呼ぶことにする。ここで，スーツを例にとって考えてみよう。使用価値は，基本的に，暖かさと快適さを提供するという機能によるものである。一方，貴重価値は，主に，外観，魅力，社会的慣習への適合性の

ための機能に基づいている。また，これらの価値は，比較によって決まる。よく調べてみれば，50ドル（18,000円）のスーツと同じくらいの防寒性と快適性を提供する手段が，10ドルか15ドル（3,600〜5,400円）で見つかるであろう。これは，同じ防寒性と快適性を保証するすべての代替手段を比較することによって可能になる。そこで，そのスーツの50ドル（18,000円）の価値に到達するために，貴重価値として35ドル（12,600円）か40ドルを（14,400円）付け加えなければならない。ここでも比較が重要である。そのスーツと同じ外観，魅力，社会的慣習への適合性をより低いコストで提供できるもっと良い方法があれば，そのスーツは50ドル（18,000円）の価値はないという事になる。それを買うのは，それについて知らない顧客だけである。その情報を知っているユーザは，製品を比較して，見つかった代替品に変更するだろう。

　そうすると，評価とは，比較の結果であると思われる。比較の質は，使用する技術，特定の技術の適用性，技術を使用する効果，関連して必要となる知識量によって決まるが，それについては，後に詳しく説明する。

ステップ3　代替策開発（効果的な代替品の開発を行うには，第3章で述べる13の価値分析テクニックに従う）

　現実の状況に直面し，反対を克服し，生産技術，製造，その他の分野における効果的な代替品を開発する。

　「しかし，他に方法がない」というのが，多くの分野の意思決定責任者がよく使う言葉であり，一般的にその通りだと信じられる。この言葉は，最終的なものとして強調して語られるが，その真に意味するところは，「私は，他の方法は知らないし，同じくらい効果的な他の方法はないと確信する」という事である。価値志向の取り組みに携わる者は，この時機を捉えて，過度にまたは不要に人の気持ちを害することなく，実質的な事実を提示する責任がある。ここでは，その問題に対し，一貫して，より低いコストで望まれる機能を達成する方向で，それらの「感情」や「確信」を変えることのできる情報を，目に見える形で提示するという方法を用いることが必要である。

　代替品を探したり選択したりする際には，一つの材料，部品，装置などではなく，常に機能に対して焦点を絞ることが必要である。これを怠ると，設計の

意図する機能を損なうような代替品を選択するという罠にはまり，より低いコストで確実に必要な機能を達成するという価値分析の根本的条件を満たすことができなくなる。

事例研究　制御装置の電流を流す部分のコスト削減（詳細省略）

価値分析の成果：電流を流す部品の材料を銅製材料から鉄製材料へ変更

改善のポイント：「温度が高くなって銅製では調節と形状を維持できない」ことがわかった。

ジョブ節約額：コストも低減でき，信頼性も向上した。

強調されている事：電気を流す＝伝導率高い銅製材料と思い込む。使用条件が高温であれば鉄製材料がベストとわかった。常識化された習慣はしばしば正道を踏み外す。

（事例内容は筆者が翻訳内容を基に要約した）

1-7　価値分析の手法

価値分析を行うためには，まず次の5つの質問に有効で完全な答えができることが必要である。
1．対象物は何か。
2．コストはどれだけか。
3．その製品は何をするものか。
4．代替策として何を行うか。
5．代替策のコストはどれだけか。

これらの基本的質問は，必要な関連する事実を明らかにするためのものである。これらの質問の答えを準備することで，意思決定者に対して提案を提示するための客観的データを作成する基礎となる。従って，これらの質問を理解して効果的に使うことの重要性は，いくら強調してもしすぎることはない。

220 第Ⅲ部　VA創始者マイルズ師の思想

１．対象物は何か。

　この質問は，通常客観的データから容易に答えられる。

２．コストはどれだけか。

　この質問の答えは，効果的で意味のあるコストに関するデータから得られるが，コストを見積るのが難しい場合もある。その場合は，第3章で述べる13の価値分析テクニックのうちの第2テクニック（すべて利用できるコストは集める）によって行う。

３．その製品は何をするものか。

　当面，「何をするものか」という質問以外の質問はすべて無視しなければならない。すなわち，以下のような質問は，しばらく脇に置いておくということである。

　　・その工場には，どんな機械があるか。

　　・その工場では，通常どんな工程を行っているか。

　　・その工場の人はどのような特殊技能を持っているか。

　　・計画を行う組織では，どのような特殊技能が利用可能か。

　　・どんな装置を整理清算しなければならないか。

　　・作業にはどのような建物が提供されるか。

　　・どの分野のどのような人が忙しくなるか。

　確かに，これらの追加質問はすべて，意思決定の際に考慮すべき内容を含んでいるが，価値分析のこの段階では，これらの質問によって，「電流を通す」，「ほこりを除去する」，「作業者をサポートする」「ダイアルを分離する」「モータを取り付ける」「制御装置を取り付ける」といった客観的なデータを効果的に集めることが妨げられると，意思決定のための基準を確立するのが難しくなる。

４．代替策として何を行うか。

　これは表面的な質問ではなく，つっこんだ質問である。この単純な質問に対する答えをどれだけ理解しているかによって，その価値志向作業の効果とレベ

資料1　　*221*

ルがかなり左右される。その調査者がどれだけ優れた技能を持っていても，また，どれだけ勤勉に，創造的に調査を行っても，見過ごしている代替策が必ず存在し，それらの多くは，より低いコストで確実に必要な性能を達成する可能性がある。優れた価値を獲得するためには，価値分析の数多くの特殊なテクニックや豊富な専門知識を使って，この質問に対するしっかりとした答えを得なければならない。そのためには，以下のような方法で代替策を広く調査することが必要である。

- ・手引書を調べる。
- ・関連業界の文献を熟読する。
- ・関連情報を持っている可能性のある人に電話する。
- ・効果的な代替策を知っている可能性のある専門家や企業に手紙を書く。
- ・取り組むべき課題にのみ想像力を集中させる。
- ・創造的な会議や調査の結果を精査して追加情報を得る。

この段階の作業を効果的かつ完全に行わないと製品が平均以上の価値を得ることは難しい。

5．代替策のコストはどれだけか。

手引書には，様々な製品や材料の特性や用途に関する情報が詰まっている。しかし，明らかに，コストに関する情報は載っていない。コストはその時々で変わるが，材料の特性や機能は比較的一定で変わらないため，これは当然である。さらに，文明が発達するにつれ，適切な寸法と重量の範囲内で必要な機能を満たす材料を見つけることが必要とされるようになってきた。従って，手引書には，これらに関する情報も記載されている。価値を目的とする場合，意思決定のために意味のあるコストを算定することが非常に重要である。従って，代替策のコストに関する質問は，効果的，客観的に答えられなければならない。

意味のあるコストは，以下のような様々な情報源から，またその情報を組み合わせることで算定することができる。

- ・原価部門
- ・原価分析

222　第Ⅲ部　VA創始者マイルズ師の思想

・カタログ

・製品や材料の供給業者

・特別の原価調査

　優れた価値を達成するには，多くの場合，様々な材料，製品，工程を使って，意味のあるコストを算定しなければならない。だからといって，この段階で完璧なコストデータが必要だと言っているわけではない。プラスマイナス5％の範囲内での予測で十分であるし，プラスマイナス10％の余裕を見たデータでも，その代替策が，さらに正確なコストの算定や調査を進める価値のあるものかどうかを判断するには十分である。

　この点の重要性を強調しすぎているように思われることを覚悟して言えば，価値の専門家は，「正確なコストが分からない状況にならないよう注意しろ」という意見を気にしすぎてはいけない。むしろ，「工具の値段が非常に高い，見積りを出す価値もない」とか，「量が少ないので，その工程は現実的ではない。だから見積りは出さない」とか，「これについては何度も検討したが，いつも実行できなかった。だから見積りを出す価値はない」という意見には注意すべきである。過去の確信や習慣から，当然だと思われているが必要のない多額のコストが封じ込められている場合が多い。

事例研究　木製円盤（直径91cm）を数本のボルト（1/2インチのねじ）とワッシャーとナットで機器に取り付けるジョブのコスト削減（一回の発注量は1万個）（詳細省略）

価値分析の成果：ボルトとワッシャーとナット→両端ねじの棒材とナット

　　2個へ変更

改善のポイント：優秀な納入業者にその使用法を説明して提案を募った。

ジョブ節約額：15％のコストが節約できた。

強調されている事：他にワッシャーとボルト一体型提案あり。

　（第3章の13の価値分析テクニックの7.専門家を利用する）

　　　　　　　　　　　　　　（事例内容は筆者が翻訳内容を基に要約した）

> **事例研究　蝶番（長さ20.3cm 2穴 鋼材製），年間50万個調達部品のコスト削減**（詳細省略）
>
> 価値分析の成果：個々鋼材のプレス成形から連続して帯鋼材のプレス成形へ
>
> 改善のポイント：1-7　価値分析の手法の5ステップを実践する。
>
> ジョブ節約額：節約額50,000ドル（1,800万円）
>
> 強調されている事：5ステップを計画的に実施する。代替品のアイディアは沢山出す。
>
> （事例内容は筆者が翻訳内容を基に要約した）

第2章　価値分析の作業計画

2-1　計画の必要性

　効率の良い行動は，適切な計画ができるかどうかにかかっている。原因と結果に明らかに直接的関係性がある場合，しっかりとした計画を立てるのが原則である。より複雑で，計画の結果が特定の原因と直接に結び付いていない場合計画は不適切で効果が少ないことが多い。

　簡単な例として，毎朝，車に乗って仕事場まで運転するという反復行動にも，計画が含まれている。

1. 車庫のドアを開ける。	14. 車から降りる。
2. 車のドアを開ける。	15. 車庫のドアを閉める。
3. 車に乗る。	16. もう一度車に乗る。
4. 車のドアを閉める。	17. 車のドアを閉める。
5. キーを差し込む。	18. ギアを入れる。
6. キーを回す。	19. 再度周囲に子供がいないか見る。
7. 始動スイッチを押す。	20. アクセルを踏む。

224　第Ⅲ部　VA創始者マイルズ師の思想

8. ギアを入れる。
9. 周囲に子供がいないか見る。
10. アクセルを踏む。
11. アクセルを離す。
12. ブレーキを踏む。
13. 車のドアを開ける。

21. 通りに入る。
22. アクセルを離す。
23. ブレーキを踏む。
24. ギアを変える。
25. アクセルを踏む。

　この計画のすべてのステップは，毎日行っていることであり，通常，よい結果が保証されている。どのステップを省略しても，目的を達成することができなくなる。

　対照的に，不要なコストを特定して削減するための努力は，通常，絶対必要なステップからなる効果的な全体計画なしで行われる。また，計画において，ある一つのステップを達成することが不都合な場合や困難な場合，そのステップは省略される。しかし，車を取り扱うときに必要なステップを省略してよい結果を得ることができないのと同様に，不要なコストを削減するという目的において，よい結果を得るためには，計画したステップを省力することはできない。

　実際，読者は，価値分析の作業分析において，専門家が以下のことを行わなければならないことを理解するであろう。

・達成すべき機能に関わる問題を明確に認識してそれに対峙する。

・必要な情報を得る。

・非常に重要な創造的作業を行う。

・最善の行動を選択するために，創造的作業の結果を分析する。

・最善の行動を実施するために，効果的なプログラムを作成する。

・作成したプログラムを確実に実行する。

・決定や行動の結果を蓄積し，評価する。

2-2　作業計画の段階

第1段階：目的の確認

まず，下記の項目を確認する。

・達成すべき目標は何か。

・顧客が本当に必要としている，または望んでいるものは何か。

・寸法，重量，外観，耐久性などに関し，望まれる特徴は何か。

第2段階：情報

この段階で重要なのは，費用，数量，販売会社，図面，使用，計画，製造方法に関する情報を収集し，適用されるパーツや組立て部品の実際のサンプルを入手することである。

新規の製品の場合，設計コンセプト，予備的な略図や図面，仮見積りなど，入手可能なすべての情報を手に入れる。

エンジニアと共に，基本的生産技術について調べる。その製品に関するこれまでの経緯について，エンジニアに質問して完全に理解する。

製造の専門家と共に，基本的製造について調べる。その工程に合わせて調整された製造方法について質問して，理解する。

数量，コスト，その他の関連する事実を考慮して，コストのそれぞれの重要な要素に対して，どれだけの努力をすべきか決定する。

第3段階：熟考

ここまでの段階で，すでに必要な内容を理解し，情報を入手して，懸案事項のすべて，一部分，または各問題に対し，あらゆる可能な解決策を生み出すための様々な手法を適用する基礎ができているはずである。ここで，創造力を最大限に活用するために，下記の事に留意しなければならない。

・創造力を十分に使う。

・ブレインストーミングのための会議などの機会を適切に設定する。

・出された提案は，どんなに可能性が低く思われても記録する。

・最大限の効果を生む可能性のあるものを選び，主な問題点を挙げ，それを

解決する方法を熟考する。
・様々な材料，工程，パーツの配置などを系統的に調べる。
・力になってくれそうな人に相談する。
・この段階の目的を達成するために有効なすべての技術を，できる限り活用
する。

第4段階：分析

各アイディアの金銭的価値を評価する。

どこに価値があるか，どこが最も達成可能であるかに注目して，すべてのア
イディアを検討する。

金銭的価値が高いと思われるアイディアを十分に吟味し，その長所と短所を
確認し，問題を解決，克服，最小化する。

分析の結果最も見込みがあると考えられるアイディアや手法を選択する。

第5段階：プログラムの計画

作業を，金具の締め作業，電気接点の作業，支持作業，粉塵防護作業など，
機能によって分類する。第3章で述べた価値分析手法を適用する。
・最高の専門家を選んで相談する。
・最高の販売会社を選んで相談する。
・鋳造，製作，樹脂加工工程，ワイヤ成形など，見込みのある各方法に関
し，最新の情報と最新の性能を調査するための計画を作る。
・専門家や販売会社にすべての必要な情報を提供し，新しい適用可能で効果
的な解決方法を考える。

第6段階：プログラムの実施

計画段階で設定された各提案を，継続的，定期的，徹底的，集中的に追求し
て，すべての提案を査定し，評価する。

専門家や販売会社に対し，定期的に情報と助言を与え，材料や工程に関して
の問題を克服できるようにする。専門家や販売会社が，代替策を達成するか，
またはその努力を終了させるまで協力する。

資料1　　*227*

図 2-1　価値分析提案書

価値分析提案書

部品名：フィルター付きバルブ	使用場所：ギアボックス
図面番号：REF.411130-5	数量／ユニット：1
	生産数／年間：2,400

現状：　　　　　　　　　　　　　　　　　　提案：

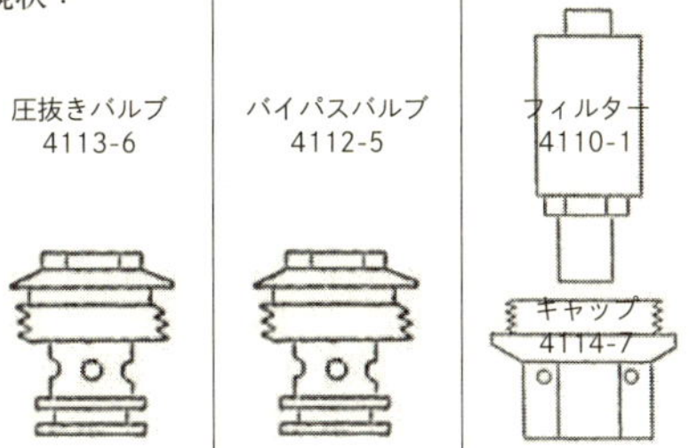

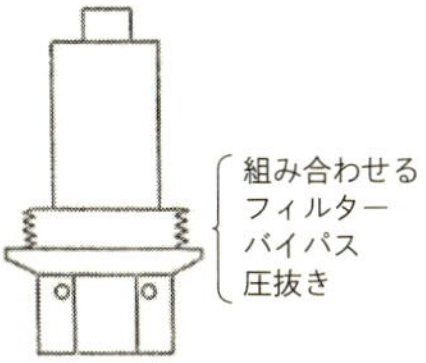

圧抜きバルブ　　　バイパスバルブ　　　フィルター
4113-6　　　　　　4112-5　　　　　　4110-1

キャップ
4114-7

組み合わせる
フィルター
バイパス
圧抜き

	材料費	労務費	製造経費	工具費・型費
現在コスト	$36.96 ／個 (13,300 円／個)	$1.21 ／個 (435 円／個)	$41.80 ／個 (15,050 円／個)	
提案コスト	$22.65 ／個 (8,150 円／個)	$—	$22.65 ／個 (8,150 円／個)	$—

予想年間削減経費：$45,960.00（1,656 万円）{($41.80 － $22.65)× 2,400 個}

コメント：提案コストは専門販売会社の見積りに基づく。上記の予測年間削減経費は上図の部品の製造経費のみ。さらに，ギアケースの鋳造と加工の変更により，かなりの経費削減と重量の軽減が見込まれる。

提案：2つのバルブと1つのフィルターの機能を一つの部品にまとめる。

プロジェクトチーム：(F. Wright) G. Robinson/ A. Turner/ G. Maraski

日付：1960 年 6 月 16 日

　専門家や販売会社の提案が，本当にその解決策を望んでいる人に受領されるようにする。その時初めて，その提案が有益な結果を生み，機能を達成するための様々な方法が最初に考慮される際に生じがちな小さな問題を解決することができる。

　それぞれの見込みのある提案を諦めることなく，明確でしっかりとした有益な結果が出るまで，問題を解決できるよう手助けする。

第 7 段階：状況のまとめと結論

　状況のまとめをどのように行うかは，各ケースによって異なる。設計エンジ

228 第Ⅲ部 VA創始者マイルズ師の思想

ニアや製造エンジニアが，価値分析の作業計画を通じて関わり，自ら意思決定をしたり対応策を取ったりする場合は，すぐに取りかかる事ができる。一方，よくある事だが，生産技術エンジニア，価値分析エンジニア，価値分析コンサルタントなどが，自ら意思決定をしたり対応策を取ったりする立場にない場合は，文書作成方法が非常に重要である。その場合は，提案書（図2-1参照）を出さなければならない。提案書は，正確で，意味があり，読みやすいものでなければならない。また，「責任者の言葉」で書かれ，一つの重要部品や重要機能についての説明が1ページ以上になってはならない。生産技術や根拠となるデータについては，提案書には含めず，別に書類を出さなければならない。

　繰り返すが，これは，可能性のある各製品，部品群，各部品に関し，正確で，意味があり，読みやすい提案書を提出するという事である。

　提案書には，その部品や組立て部品の変更前と変更後の略図，年間生産数，材料費，人件費，加工費などの実際的な関連情報や，提案する原価とツーリングコストなどを記載する。また，その部品の機能や提案について簡略に記載する。

　提案書は，上司の指定する人物に提出する。

　それまでに収集した，根拠となるデータ，生産技術情報，関連する製造方法や製造技法の説明，購買に関する情報などは，適切な立場の適切な人物に提供し，対応策を取るための準備ができるようにする。

　提案書を提出し，根拠となるデータを適切な相手に提供した時点で，その価値分析の作業は終了である。すぐに自由に次の作業を開始する。

2-3　作業計画の実施例

　前項で説明した手順について実際の例を用いて説明する。

第1段階：目的の確認

　この組立て部品は，110Vの回路の装置である。この部品は，回路の接続と切断を数百万回行うことが要求される。規定のインダクタンスで，最大10アンペアの始動電流で回路を接続し，最大3アンペアで回路を切断する。室温

図 2-2　電気接点

銀製接点－価値分析作業計画による対応

で，適度に乾燥した防振環境で使用される。

第2段階：情報

　この接点は，100万個使用されており，必要なサイクル数，回路の接続と切断を行うために必要となる銀の量を調べる。微小な銀部品を購入して，真鍮の土台に溶接されている。図面，仕様，販売会社名，コスト，注文数，その他すべての関連情報を入手する。原価は，1,000個で22ドルである。他の電気的接点と同様，表面の銀で電気の接続と切断を行い，土台の銅部分で，電流を伝導し，熱を効率的に防御する。

第3段階：熟考

　ここで，問題に対するあらゆる解決策を模索する。創造的な想像力を駆使して，分析段階で考慮するための方法を，例えば100通りほど提示する。例えば，下記のように，ブレインストーミングを行ってアイディアを出す。

質問：

　電流，電圧，インダクタンス，寿命，温度，その他の条件に関する要件が決まっている回路の接続と切断を，適切な回数行うにはどうすればよいか。

提案：

1．スチール片を使う。
2．銀を溶接したりロウ付けしたりする部分にスチール片を使う。

230　第Ⅲ部　VA創始者マイルズ師の思想

3. 真鍮片または銅製片を使う。

4. 銀を溶接する部分に真鍮片または銅製片を使う。

5. スチールワイヤを使う。

6. 真鍮ワイヤまたは銅ワイヤを使う。

7. 銀メッキワイヤ，または鉄片，真鍮片，銅片を使う。

8. 銀ワイヤを使う。

9. 鉄または真鍮，銅の土台に銀ワイヤを溶接する。

10. 鉄片，真鍮片，銅片に，銀ワイヤを切れ目なく溶接して，切断する。

11. 鉄または真鍮，銅に銀ワイヤを切れ目なく溶接し，切断して，鋳造する。

12. 銀片を真鍮片に溶接し，切断して，鋳造する。

13. 成型した銀片を真鍮片に溶接して，切断する。

14. 鉄または銅，真鍮の土台に銀製リベットを使用する。

15. 鉄または銅，真鍮の土台に銀製の球を溶接またはロウ付けする。

16. 現在の接点をより安い価格で購入する。購買方法について見直す必要がある。

第4段階：分析

個々の提案にコメントをつけてみる。たとえば下記である（1案から16案までコメントあるが，下記のみ翻訳した）。

7. 良い案である。もしメッキが経済的ならば，最低のコストで必要な機能を実現できそう。

13. この案は詳細をつめると良さそうである。

16. 購買部門で再検討する必要がありそう。

第5段階：プログラムの計画

前述した通り，代替策の可能性をさらに調べるための作業が必要である。可能性が高いと考えられる選択肢を，さらに信頼でき有益なものにするためのプログラムが必要である。

従って，選択肢の7，9，11，13，14，15を，その技術に優れていると思わ

れる特定の専門家や供給会社に割り当てる。まず，そのような専門家を，効果的に探し，選び出すことが必要である。次に，その専門家に関連する情報を提供し，適切な動機付けを行い，この場合に適した，コスト削減となる接点を提案できるようにする。選択肢16については，購買部に割り当てる。

第6段階：プログラムの実施

　何らかの作業を異なった方法で行おうとすると，新たな疑問が生じる。6つの供給業者や専門家のそれぞれに対し，担当者を決めて，適切に機能を満たすため，その技術に関しての追加情報や助言が提供できるようにする。彼らの疑問には迅速に応答し，ユーザも，より安いコストで安定して機能を達成できるよう，いかなる問題に関しても解決できるよう協力する。

図2-3　電気接点提案書

価値分析提案書

部品名：電気接点	使用場所：制御装置
図面番号：A-1645	数量／ユニット：1
	生産数／年間：10,000

現状：	提案：
真鍮片	ロウ付け済みの長細い材料を購入
穴あけ	
銀・真鍮接点	切断
接点組立て部品	

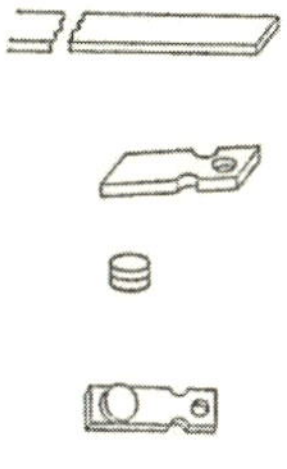

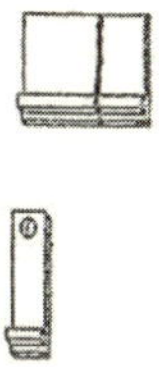

	材料費	労務費	製造経費	道具費・型費
現在コスト	$1.00	$0.60	$2.20	
提案コスト	$0.90	$0.10	$1.10	無し

予想年間削減経費：$11,000

コメント：現状は，真鍮片を購入し，穴あけしている。銀と真鍮の成形済み接点を購入して，真鍮の土台にロウ付けしている。

提案：適切な分量の真鍮と銀の部品を購入し，穴あけして使う。同量の銀と真鍮で，全く同じ機能を果たせる。

232 第Ⅲ部 VA創始者マイルズ師の思想

第7段階：状況のまとめと結論

　提案書には，いくつかの選択肢を含む場合も多いが，この例の場合は，一つ
だけが特にメリットがあると思われる。従って，提案書のサンプルには，一つ
だけ記載されている（図2-3）。

**事例研究　ピポットピン（直径4.2mm 長さ9.5mm ステンレス製）コ
スト削減**（詳細省略）

価値分析の成果：電気時計のピニオンとギヤーの軸で±0.00025インチ公
　　差必要と判明。製作業者の提案から5通の技術提案あり（1,000個当た
　　り1.55〜2.05ドル）

改善のポイント：公差が厳しく1,000個当たり3.65ドル（1,314円）と高
　　い。工場勤務社員からの問題提起，図面のチェックと業者への聞き込
　　みと実際の実験検査結果の分析から業者へ見積依頼。提案があり意思決
　　定。ピン軸公差はそのままで，グラインディングマシーン2台で加工す
　　ることで検査不合格率の低下を図った。

ジョブ節約額：年間の節約額83,000ドル（2,990万円）

　　1,000個当たり1.9ドル（684円）年間発注量4,700万本

強調されている事：実施計画には対象品の機能を意識して，情報収集，実
　　証検査，実施案作成，実施意思決定をして実行に移すべきである。

　　　　　　　　　　　　　　　（事例内容は筆者が翻訳内容を基に要約した）

資料 2

L. D. Miles (1962), "Value Engineering in R&D", *S.A.V.E. Journal*, Vol. 9-62-1, pp. 6-8 (『研究開発における価値工学』の翻訳)

研究開発における価値工学

ニューヨーク州スケネクタディ

ゼネラル・エレクトリック社

価値サービス部長 L. D. Miles

　本文は，価値工学（バリューエンジニアリング）と研究開発に関する多くの問題のうちの幾つかについて取り上げたものである。推奨されている解決策は，「価値工学と価値分析の父」により提唱された指針である。

　研究開発部門による多大な業績は，工業界で広く認識されている。今求められているのは，さらに研究開発を推進するため価値工学の考え方をより迅速に適切な方法で提供することである。

　研究開発においては，下記の点で改善が求められる。

　1．開発期間の短縮

　2．開発コストの削減

　3．製品性能の信頼性の向上

　4．最終製品の製造コストの削減

　私が提案したシステムではこの4つのうち次の3つに貢献することができる。

　・開発期間の3分の1の短縮

　・信頼性の向上

　・製造コストを半減させることにより，ドル当たりの製造武器数が倍増

234　第Ⅲ部　VA創始者マイルズ師の思想

　ここで明記すべきは，国にとって重要なのは，開発費ではなく生産数あたりの製造コストだという点である。研究開発における目的は次の2つであり，これらは同等に重要である。

　・技術的または性能上の仕様に適合する。

　・製品のコスト基準に適合する。

　いずれかを満たしていない製品は，設計が不十分だという事である。研究開発責任者は，両方を可能にするような能力を持った人材と組織を活用するように配慮しなければならない。

　まず，最終製品のコストという観点で考えると，新製品のほとんどのコストは古いものが使われている。最終製品の製造コストのうち，全く新しい部分が10％以上を占めるケースは非常に稀である。既存の技術を使った筐体，サーボ機構，計器などが，コストの少なくとも90％を占めている。差し当たり，新規の技術に使われる10％のコストは脇に置き，90％の中から多額のコストの削減を図る方が生産的である。

　二番目に，私の経験から言って，信頼性を上げ，製造コストの削減になるような開発を行う際に，それにかかる時間を短縮するのが難しいのは，新しい材料や工程がないからではなく，新しいアイディアが欠けているからである。

　従って，研究開発機関は，既存の技術やハードが使われている製造コストのうち最も大きな部分，すなわち90％の部分を削減するために，必要なアイディアを模索し，突き止め，提供できるような体制を整えなければならない。

　試験的なケースで，各設計エンジニアに対して価値分析エンジニアを割り当てて，驚くべき成果を上げる事ができた。最小限の時間で，技術的問題に対して，より簡単で信頼性が高くコストが低い解決策を生み出すことができた。エンジニアは両方とも，今までそのような生産的な環境で働いたことがないと述べ，その後まもなくコスト削減における大きな成果を誇ることができた。

　苦境に立たされている研究開発責任者は，すぐに「この価値分析エンジニアは，何をするのか」と尋ねる。そのような時は，今その責任者が抱えている多くの課題を，簡単に定義し直してみると効果的である。彼は，特定の技術的性能を達成し，コストパフォーマンスを満足させなければならない。そのため

に，技術，試験，測定によって，技術的仕様を満たす必要がある。価値分析エンジニアは，性能を適切に維持し，同時に，適切なコストを達成するための代替品を開発することができる。彼の持つ技術によって，設計エンジニアに対し，多大な経済的価値がある代替品を提供することができるのである。価値分析エンジニアは，「すでに完成している」解決策で，既存の技術分野だけでなく新規の技術分野においても，設計エンジニアが達成できる距離を伸ばし，開発期間を短縮することができる。達成範囲が広がることで，技術面では新たな技術を獲得して適用しコスト面では実現可能な代替品を見つけて開発することができる。

しかし，次のような質問が予想される。「もし，研究開発の速度を速めたいなら，エンジニアをもう一人増やして，一人ではなく二人にすれば，速度も二倍になるのではないか。なぜ，価値分析エンジニアを雇わなければならないのか」。

それは，専門的な技術と知識量の問題だと思う。

なぜ，もう一人エンジニアを雇う代わりに，冶金専門家や振動の専門家を雇うのか。それは，専門家の知識と手法によって，エンジニアのためにより良い解答をより早く得ることができることが分かっているからである。

価値分析エンジニアは，このような繊細な問題の専門家ではないが，「徹底的な万能選手」である。価値分析エンジニアは，鉄鋼，電子回路，真空鋳造，その他の個々の既存の技術について深くは知らない。彼がよく知っていて，頻繁に使うのは，機能を特定するシステム，金銭的に機能を評価するシステム，多大で多様な資源から，問題に対する経済的な解決方法を，しばしば「すぐに使える」形で生み出すような一連の取り組みを始めるためのシステムである。

価値分析エンジニアは杖（支援者）なのか。優れた数学者は杖（支援者）なのか。サーボ機構の専門家は杖（支援者）なのか。それとも，目的を達成するための効率的な方法なのか。

大きな仕事の速度が，同じツール（専門分野知識）を持ったエンジニアを増やすことで適切に速められることはめったにない。これは，研究開発において，特に，経済的な要件が非常に重視されている時に言えることである。500

丁のマシンガンを有した部隊がミッションを達成できないのなら，1,000丁あっても同じである。既存のシステムを使うのではなく，状況に応じて決められた資源の割り振りが必要とされる。おそらく，マシンガンは200丁だけ，それにバズーカ砲が20丁と偵察機が1機あれば良いだろう。

「つまり，研究開発に500人のエンジニアを使っていて，あなたが言うように生産性を上げたいなら，500人の価値分析エンジニアを雇わなければならないという事なのか」と思うかもしれない。

それは，もちろん違う。

まず，価値分析エンジニアとなる者を50人選ぶ。その際，彼らの能力分布が平均的なパターンになるようにし，一部は，最も生産性の高い者にする。彼らに価値工学の技術を教える。そして，彼らを，性能面で重要な分野の責任者に割り当てる。彼らの利点をどのように組織に組み入れるかを理解する。そして，その成果に基づき，組織内の変化を「生育」させ，技術面や経済面で効果的な開発グループを作る。

その後，必要に応じて，さらに多くの価値分析エンジニアを育てる。その一方で，組織の他の者に対し，価値分析エンジニアとは何か，彼らの使命や仕事のやり方，価値分析エンジニアと協力してどのようにしてよい結果をより速く得られるかについて，適切に情報を提供する。

きっと，開発の速度が倍になり，より信頼性が高く，コストが低い結果が得られることに満足するだろう。

ここで，一つ注意が必要である。よくあるのは，研究開発の責任者が，この方法を早く試そうとして，一般的な研修を受けただけの一般的な経験しかない者を選び，価値分析エンジニアと名付けてその業務を割り当てて仕事に就かせようとする事である。これはやってはならない。価値工学の分野では，すでに重要な技術，手法，専門的知識が開発されている。まず，それについて学ばせなければならない。

再度言わせてもらうと，適切な数の価値分析エンジニアがいれば，管理職の仕事の内容は違ってくる。

管理職の仕事は，下記のようになる。

・価値分析エンジニアのそれぞれや価値分析エンジニアグループに期待する
経済的成果すなわちコスト面での成果について計画を立てる。
・技術的に必要なツールを提供する。
・仕事の進み方を調整する。
・新たな影響が表れた場合，それに合わせた変更を指示する。
・仕事の内容，進展，成果を逐次確認する。
・価値分析エンジニアの仕事に関し，上層部に定期的に報告する。

　ここで，非常に重要な点を多少誇張して言わせてもらうと，「仕事に関する
規則や指針は，偏見を持った目で見ろ」という事である。規則は，その時々
の状況に合う場合のみ従えばよい。例えば，過去の統計に基づいた規則では，
「この1,000人に，サイズ40レギュラーで，袖の長さが32インチ，32×32イ
ンチのズボンのスーツを着せる」となっているかもしれない。確かに，この規
則によって，調達は合理化され，試着のコストも削減できるかもしれない。し
かし，それを着た姿はどんなにひどいもので，仕事の時にどれ程動きがぎこ
ちなくなる事だろう。問題は，規則がそれぞれの状況に合っていないことであ
る。おそらく，武器の開発の速度を加速し，1ドル当たりの生産数を倍にする
ことが必要なら，管理職は，規則を適用する前に，それが状況に合っているこ
とを確認させた方がよいだろう。
　設計や開発の現実では，まとめて決定した4つか5つの設計や製造に関する
選択肢のうち，最初の一つではコストの削減すなわち生産数の増加ができない
ことがある。最先端の技術の場合を除き，一つの達成すべき機能に対して設計
方法がいくつもあるのが普通である。この時点での設計方法によって，その製
品が500ドルで得られるのか5,000ドルかかるのかが決まる。
・次に選択された設計方法において，材料の選択によって，最終製品の最低
コストが決まる。
・さらに，工程の選択で最低コストが決まる。
・最終的にこれらの決定の枠組みの中で製造，組み立て，配置の選択によっ
てコストが決まる。

これらの決定の各時点で価値分析エンジニアは，研究開発エンジニアに対し，最終製品のコストを下げるような決定ができるよう代替策を提供する。

これらの段階を通じて，常に「すぐに使える」解決策が価値分析エンジニアによって豊富に提供されるので，開発にかかる時間が短縮される。

これらの代替策は，しばしば特定の機能を達成するための最善で最も簡単な方法であるため，製品の信頼性も改善される。

我々の仕事は，これまでの3分の2の時間で，製品の信頼性を上げ，これまでのコストの半分で製造できる最終製品を開発することである。

これを達成するために，我々に，この上なく高い基準を設定し，それを達成させて欲しい。我々は，価値分析と価値工学を使って，この基準を十分に達成することができる。

破壊し，(Blast)

　　創造し，(Create)

　　　　洗練せよ。(Refine)

239

資料3

James J. O'Brien (editor) (1987), *Lawrence D. Miles Recollections*, Miles Value Foundation, pp. 1–64（『ローレンス・D・マイルズ回想録』の翻訳）

ローレンス・D・マイルズ
回想録

　回想録には目次はないが，図書中のタイトル別に記載すると下記になる。なお，1章から5章までを翻訳した。

英文ページ

1．前文
2．はじめに「ラリー・マイルズは私に言った」································ 1
　　少年時代　大学時代
3．ゼネラル・エレクトリック時代································ 7
　　ゼネラル・エレクトリックでの価値分析
4．コンサルタントとしてのラリー・マイルズ································ 29
5．回想································ 37
　　支援の手　コミュニケーター　功績の共有　腰の低い人　熱心
　　で前向きな思索家　父親像　謙虚な偉人（人への支援，真の友
　　情，共有）
6．リタイヤ後のラリー・マイルズ································ 65
　　1966年以降　インタビュー
7．輝かしい表彰 ································ 111

編集者：ジェームズ・J・オブライエン（CVS）
Editor：James J. O'Braien
©1987　エレノア・マイルズとマイルズ価値財団（Eleanor Miles and Miles Value Foundation）

ローレンス・デロス・マイルズ (Lawrence Delos Miles)
価値分析の父 (The Father of Value Analysis)

前　文

　このラリー・マイルズ回想録は，次のような役割を持っている。

・ラリーを思い出す

・ラリーに出会う

・ラリーを知る

　ラリー・マイルズは，価値分析にとってのすべてである。ダスティ・フォークナーが「彼の時代のレジェンド」と称した，価値分析の創造者，伝道者，指導者，組織者，信奉者，動機付け，リーダー，聞き手である。

　初期の価値分析の実践者にとって「価値分析の父」であるラリー・マイルズは，様々な面を持つ人物であった。彼は，1985年まで，彼を必要とする多くの人のために働いたが，その多くは価値分析の方法を実践する人々であった。もはや直接彼の教えを請うことはできないし，これから先，価値分析を実践する人々が彼の素晴らしい人間性に触れる機会はない。

　従って，この回想録は，ラリー・マイルズを思い出し（彼を知る人々によって），これからの人々にラリー・マイルズを紹介するためのものである[139]。

編集者　ジェームズ・J・オブライエン　（CVS）

139　本回想録には25名の方々がマイルズ師との思い出を語り，米国価値エンジニア協会の機関誌（Value World 誌）に投稿した16名からの文章の一部引用によって構成されている。全文は124頁である。本訳文は翻訳者の判断で割愛されている箇所がある。それは，マイルズ師の晩年の内容である（翻訳者記載）。

242　第Ⅲ部　VA創始者マイルズ師の思想

はじめに

「ラリー・マイルズは私に言った」

　当時，米国価値エンジニア学会（SAVE）[140] の会長であったジョン・A・ジョンリスは，ローレンス・D・マイルズのための「Value World」の記念特集号（1986年1・2・3月号）に献辞を記した。

　ラリーが作りだした価値エンジニアリング[141] は，今も生き続け，進歩し続けている。しかし，ラリーの人柄がなければ，それほど広がり発展することはなかっただろう。彼は，技術的価値と人間的価値の両方に身を捧げた人である。それが，彼の教えの中に組み込まれている。もし，彼の説いた価値エンジニアリングが単なる技術的な方法であれば，今のような力を持つことはなかっただろう。価値エンジニアリングが今でも成功しているのは，それが私たちに，技術的価値と人間的価値の両方を，意識的にまた無意識に一体化させるものだからである。

　ラリーは機能を考えるときには機械的または電気的な側面だけでなく従業員や顧客の必要性や望みを考慮しなければならないと教えた。

　私たちがローレンス・D・マイルズから継承したのは，私たちが彼の価値原則を使うことによって生き続ける彼の人格の影響である。彼の教えを実践することによってこそ，ますます多くの人が，仕事や人生において真の価値を達成することができるのである。

　ディック・パークは，マイルズの価値分析のシンプルさから生まれる利点に

140　本回想録ではSAVE（Society of American Value Engineers）を直訳気味であるが米国価値エンジニア学会と記す。なお文章中の空欄や段落などは原書イメージに合わせた。（翻訳者記載）

141　本回想録では Value Engineering を VE と記載せずに価値エンジニアリングと記す。理由はVE を全く知らない読者がいる場合を想定した（翻訳者記載）。

ついて述べた。（「Value World」30頁）

アブラハムリンカーンは，ゲティスバーグで戦った人々を称える，簡略で力強い演説を行った。そのメッセージは，非常にシンプルで単刀直入だったため，それがもたらす影響は，すぐには認識されなかった。しかし，その後，歴史的に最も優れた文章の一つとなった。

ラリー・マイルズもシンプルなメッセージを作り上げた。それは，価値分析と呼ばれた。そのメッセージの理論はあまりに単純だったため，その影響力に気付いたものはごくわずかだった。しかし，時が経つにつれ，その理論が世界経済に与える影響力を理解するようになった。

価値分析の第一人者であり，ラリー・マイルズの古い友人でもあったカルロス・ファロンは，彼らの最初の出会いを回想した。

私が「価値分析をやるよ」というと，ラリーは素早く「何について」と尋ねた。私は「製品に望む機能について」と答えた。

「機能か。我々は機能だけを信じる。それが何をする物であるかだ。そこが言葉とアイディアの違いだ。」彼は，続けた。「価値分析での機能は，何かを行うためのよりよい方法でなければならない。価値分析を行った製品は，その用途における最高の製品でなければならない。価値とは，より安いということでなく，より良いという事なのだ。」

ラリーと話すたびに何かを教えられた。彼が指導者として偉大だったのは，彼が話すことがすべて，生徒にとっては新しく，驚くようなことだったという点だ。

私が覚えているラリーは，すばらしいアイディアを共有する，私たち皆の指導者で，私たちが有能な価値分析者になるのを見て喜ぶ人物であり，そして何よりも，良き友人であった。

少年時代

ローレンス・デロス・マイルズは，1904 年 4 月 21 日，ネブラスカ州ハーバード公立学校の教育長である父親デロス・ダニエル・マイルズと，ハーバードの小学校教師をしていた母親ヴィネッタ・コンクル・マイルズとの間に生まれた。一家は，1906 年にネブラスカ州ドージーに引っ越した。1910 年 9 月にドージーの小学校に入学し 1918 年 5 月に卒業した。1918 年，一家は教育的環境に恵まれたネブラスカ州リンカーンに引っ越した。1918 年 9 月にリンカーンのユニバーシティ・プレイス高校に入学し，通常は 4 年かかるところを 3 年で卒業した（1921 年 5 月）。

大学時代

ネブラスカ州リンカーンにあるネブラスカ・ウェスリアン大学で，主専攻として教育学，副専攻は経営を学び，1925 年 5 月，人文学士の学位を取得して卒業した。大学では，YMCA の会長に選ばれ，BETA KAPPA 男子学生会に所属していた。在学中は，放課後と土曜に働いて生計を立てていた（7 年間）。

卒業後，ネブラスカ州ウィネベーゴのウィネベーゴ高校の教員と校長を務めた。1926 年 5 月の学期末に，その職を辞し，ネブラスカ州ウィネベーゴのファースト・ナショナル・バンクの現金出納係補佐となった。この銀行は 1927 年 6 月に売却され，その後，ネブラスカ州クレイトンのセキュリティ・ナショナル・バンクの出納係となった。彼は，常に科学，物理，エンジニアリングに興味を持ち続け，1928 年 9 月，辞職してネブラスカ大学リンカーン工科カレッジに入学した。

1931 年までネブラスカ大学に通った。大学に通いながら，リンカーンのホリスター・エンジニアリングで非常勤コンサルタントとして働いた。1931 年 5 月，電気エンジニアリングの理学士号を取得した。ネブラスカ大学に在学中，名誉工科男子学生 SIGMA TAU に選ばれた。卒業して 22 年後の 1953 年，『価値分析（Value Analysis）』を発表後に，年次記念講演に招かれ，その方法論について講演を行った。

ホリスターで常勤コンサルタントとして働いている時に，ニューヨーク州スケネクタディにあるゼネラル・エレクトリックのボーリング氏から連絡を受けた。（彼は，ネブラスカ大学までマイルズに会いに来た。）彼は，その1931年3月当時，アメリカが壊滅的な不況に陥っていることに気づいていた。彼は，ボーリング氏に対し，ゼネラル・エレクトリックで働くことに興味があるが，常勤で働いているので，経済が回復してから転職したほうが，すべての人にとって有益であり，彼のエンジニアリングにおける仕事も加速するだろうと話した。ゼネラル・エレクトリックは，彼に，「あなたに当社で働いてもらいたい。最もよいと思われるときに，いつでもスケネクタディに来てください。」という手紙を送った。

ゼネラル・エレクトリック時代

彼は，1932年2月にホリスター・エンジニアリングを辞め，スケネクタディのゼネラル・エレクトリックで，真空管部門のW・C・ホワイト部長の元で，設計エンジニアとして働きだした。その部門で6年間働いた。この間に，彼は，真空管と関連の回路の設計で12個の特許を取得した。この間ずっと，不要なコストの存在や，もっとよい方法があることを意識していた。

1938年のある日，彼はホワイト部長の部屋に飛び込んで行って言った。「ゼネラル・エレクトリックの人間はだれもコストのことを気にしないのか。」この言葉がホワイト氏を刺激した。ホワイト氏は，受話器を取り上げ，購買担当副社長のハリー・エルリッカーに，マイルズの言葉を繰り返した。彼は言った。「マイルズをそちらに送ります。」

ラリー・マイルズ自身は，価値分析の始まりについて，ドン・パーカーに対し，次のように回想している。

1941年から1945年までの戦争中，ゼネラル・エレクトリックのハリー・エルリッカー購買担当副社長が，製品を安くするだけでなく，より良いものにするための代替品を使わざるを得なくなり，必要性に迫られてではなく日

的をもってその変更を行えるようにするための取り組みを始めたという話は，真実ではない。彼は，それを支えただけで，彼が始めたわけではない。

これは，その機能的方法やそれがもたらす業績を示すために，ゼネラル・エレクトリックの経営陣と面会の約束を取りやすくするための，いわゆる「セールストーク」だ。その話の発端を副社長にすることで，門戸が開かれたのだ。

この方法を使うことについては，事前にエルリッカー氏に承認を得た。彼はこう言った。「もし，それが有益だと思われるなら，一時的に使うことに反対はしない。だれも困惑しないだろう。それが真実でないと知っているのは，ラリー・マイルズとビル・スレデンスケックと私だけだ。」

悲劇的な地響きは，ヨーロッパからやってきた。アメリカは全く準備ができていなかった。1938年から1945年を経験した実業家は皆，すべての施設に対して徹底的に，生産計画の優先度がどんどん高まり，AAA以上になっていったことを覚えているだろう。すべての種類の鉄鋼が完全に計画生産になった。銅，青銅，錫，ニッケル，ボールベアリング，ローラーベアリング，電気抵抗器やコンデンサ，その他すべての重要な製品や原材料もそうだった。

マイルズは，B24のターボ・スーパーチャージャーの生産を週50個から1,000個に増大するための材料，急激に増大する軍の電子的ニーズに対応するコンデンサや抵抗器，B29の生産を増やすための軍備部品など，数多くの重要な材料を「探し，交渉し，入手する」という仕事を割り当てられた。このような状況で，根本的な結果を達成する寸前でやめることは不可能だった。

すでに過度に生産を拡張させられている供給業者は，増産計画や新しく必要となった製品に対して，しばしば「ノー」と言った。この絶望的状況で，マイルズは基本に立ち戻らざるを得なかった。「もし，その製品を手に入れられないのなら，その機能を手に入れなければならない。手に入れられる機械，労働力，材料を使って，どうやってその機能を提供することができるか。」その方法が見つかることは，幾度となくあった。エンジニアリングテストと承認を急いで行い，予定に間に合わせた。このようにして，「機能」は活力を増大し，その後，価値分析の手法の開発につながった。

資料3　　247

　こういった材料を確保し，その他の重要なプログラムに取り組むため，マイルズは，優先順位に従って，供給会社の工場で週に2日働き，ゼネラル・エレクトリックの工場で1日から2日働き，国防省で1日働き，土曜と日曜は自分のオフィスで働いた。下記の出来事が，マイルズが思い描いていた「機能重視の考え方」の重要性を示している。

　生産部長が，彼に，数十種類の抵抗器とコンデンサを週に数千個納品できるよう，1週間で準備するようにという予定表を渡した。当時の製造計画は，9カ月間分が公表され，そのうち6カ月分が確定していた。彼は，これは絶対的な要件だと言われた。マイルズは，「何が何でもこれを確保しなければならないというあなたの意見に誰が同意しているのか」と尋ねた。部長は，「ゼネラル・エレクトリックの統合生産部長のトム・ギャラハンだ」と答えた。「ハリー・エルリッカー氏は同意しているのか」とマイルズは尋ねた。部長は，そうだと答えた。次に，エルリッカーのオフィスに行って尋ねた。エルリッカーは，「そうだ」と言った。

　彼は，抵抗器とコンデンサの製造要件を達成した。それらは，テネシー州オーク・リッジ向けのものだった。そのかなり後になって，それが，原子爆弾の研究開発のためのものであったことが分かった。それは，他のすべてに優先するものだったが，その他の製品もやはり重要であった。マイルズは供給会社に行って計画の変更を告げたが，各供給会社に対し，異なった形状，種類，材料，装置を使って，その抵抗器とコンデンサの機能を果たす方法を何とかして見つけ，軍のための他の重要な電子装置の生産も計画通り行えるようにすると話した。その機能的手法は非常に効果的であることが分かり，彼はずっとその方法にこだわった。

　危機的な時期は過ぎた。1944年，エルリッカーはマイルズに対し，ゼネラル・エレクトリックの工場の購買代理人にならないかと尋ねた。マイルズは，購買を行う中で，さらに機能的手法によって恩恵を得た。

　1944年3月，彼は，ゼネラル・エレクトリックの子会社であるメリーランド州バルティモアのロック・インシュレーターに，購買部長として転勤になった。彼は，生産ラインの年間数百万ドルの材料や製品の納品とコストの責任者となった。その後4年近くの間に，エンジニアリング，研究，購買が協力して

1971年9月8日，ワシントンDCの米国価値エンジニア協会国会議事堂支部において，ウィリアム・スレデンスケックから賞を受け取るラリー

コストを削減し製品を改善する方法を開発した。彼は，人の態度や習慣から生まれる生産的な力や疎外的な力の両方を直に学んだ。彼の考え方は，「どんな材料を買っているのか」から「どんな機能を買っているのか」という方向にますます傾いていった。

ここから，パーカーの話である。

　1947年，マイルズは，エルリッカーに手紙を書き，生産ラインの責任がなくなり，中央購買部でコスト削減にすべての時間を割くことができれば，ゼネラル・エレクトリックにもっと利益が上がるだろうと述べた。エルリッカーは，その意見を認め，1947年の終わりに，マイルズをスケネクタディに戻し，彼の部署は，購買部コスト削減課（PDCRS（Purchasing department Cost Reduction Section））と名付けられた。

　彼は，1947年の終わりに，エルリッカーのスタッフとして購買部に戻り，彼の計画は認められ，工場や営業において，意思決定者がコスト効率を上げるための実行可能な方法を研究開発した。

　ウィリアム・A・スレデンスケックは，価値分析の「誕生」を回想した。彼

は，ハリー・エルリッカー購買担当副社長の引退後，その仕事を引き継ぐために，エルリッカーの補佐に選ばれた。彼が，1947年11月にやって来た時，その前月に，ラリー・D・マイルズという若いエンジニアが転勤してきていることに気づいた。マイルズは，ゼネラル・エレクトリックのバルティモア工場の購買代理人で，その時，割り当てられた仕事が終わったところだった。

マイルズは，購買部のコスト削減を行っており，彼の取り組みは，購買部コスト削減課（PDCRS）と呼ばれていた。スレデンスケックの上司であるエルリッカーは，こう述べた。「ラリー・マイルズは，しばらくここにいる。彼はコスト削減に取り組み始めたところだ。ラリーを君に任せる。仕事が順調に始められるように手助けしてくれ。」

ラリー・マイルズは，スレデンスケックに会って，次のように話し始めた。「このコスト削減プログラムは，ただ購入する材料の価格を引き下げるということではなく，それ以上の広い意味を持っている。材料のコストは，問題の核心ではない。本当に重要なのは，顧客が我々の製品に望んでいる機能を最も安いコストで提供することである。」（彼は，機能という単語を強調した。）

スレデンスケックは答えた。「私たちがやるべきことは，購入だ。一体どんな意味があって，君は機能のことを話しているのか。」ラリーは，その後も彼の話を続け，3時間後，二人は，このまだ名前も付けられていない考え方に賛成しているハリー・エルリッカーにあった。

初期の手法は，『タルボット・バナー』（メリーランド州イーストン，1984年1月11日発行）の中で（ラリー・マイルズによって）述べられている。

それは，他にないレベルで，何が重要か，何がそれについての知識を発展させるか，何がその分野での創造性を生むかを重視している。長年，他の考え方では考えられなかった，創造的なアプローチや回答の中から選択する，とマイルズは言った。マイルズが初めて彼のアプローチを使ったのは，冷蔵庫の制御装置のカバーを止めている青銅のクリップ（数百万回壊れずに曲がる）を，より価格の安い真鍮のクリップに変更した時だった。そのクリップは，冷蔵庫の寿命期間中，約6回しか曲げられることがなかったので，品質上の問題は生じなかった。年に7,000ドルの削減は，取るに足らないように

250 第Ⅲ部　VA創始者マイルズ師の思想

思われるかもしれないが，マイルズが，同じ方法を制御盤のすべての部品に適用すると，コスト削減額は，年間125万ドルにもなった[142]。

ゼネラル・エレクトリックでの価値分析

その新たな機能的手法は，エンジニアリング担当副社長であるウィン氏に伝えられた。ウィン氏は話を聞き，理解して言った。「これは，費用を抑えて品質を保つための，今までに聞いた中で最も良い方法だ。この方法を何と呼ぶつもりだ。適切なコストでの適切な品質イコール価値だ。価値分析と呼んではどうだ。」

こうして，この新しい方法論の名前が決まった。そして彼は言った。「製造担当副社長のダッチェミンが最も興味を持つだろう。」ダッチェミンは，マイルズとの20分間の面会を設定した。実際には，2時間話を聞いて内容を理解すると，彼は「年間1,000人の研修をして欲しい。」と言った。こういった人々の助力により，マイルズは，ゼネラル・エレクトリックの工場用の研修プログラムを立ち上げることができた。様々な工場から人を呼び，製品を受け取って，彼の方法を適用し，どうやって収益を挙げながら競争力を維持するかを示した。彼は，技術分野の人間が価値分析を使えば大きな利益が得られることを知り，彼らに合わせて研修内容を調整した。

その後3年間，社員の研修を行い，工場のために働いた。6名から8名のメンバーからなるチームを使ってこの仕事を行った。この研修は，年間1,000人の目標で，工場で行われるようになった。その後，この目標人数を超えることもよくあった。ラリーと彼の研修チームは，顧客や供給会社も，この価値分析の機能的な思考や方法論を使えば，大きな効果が出ることを学んだ。彼の提言により，ゼネラル・エレクトリックは，他の部門でも価値分析の研修を行うことに合意した。1948年から1952年までの4年間，価値分析により1,000万ドルの利益が計上された。

---

142 マイルズ著作 *Techniques of Value Analysis and Engineering*（1961年）の第1章の1-1価値分析とは何かで事例として紹介されている（翻訳者記載）。

資料3　　*251*

ダン・バーローは次のように回想している。

　1950 年に，初めてラリーと仕事をすることになった時，彼は，ゼネラル・
エレクトリックの購買担当副社長の下で働いていた。その頃のメンバーは，
ラリー，秘書のアン・メイル，製造エンジニア，バイヤーと私だった。私
は，工場に出かけてプロジェクトを調べ，価値分析のためにオフィスに持
ち帰った。一人で出かけて行って部署の責任者やエンジニアの前でプレゼン
テーションを行うのは大変な仕事だったが，効果を上げる事ができた。

　ラリーの家族的な面もよく目にした。彼は，人を育て，率先して物事を行
うリーダーだった。彼は，組織のメンバーのそれぞれが，また組織全体とし
てうまく機能するよう，組織をまとめることに配慮した。なすべき仕事があ
る際は，皆が協力してお互いに支え合った。ラリーは，大まかな指示を与
え，各自に責任を委託した。

　私を雇う際に，ラリーは私の妻テレサと面談し，私の家族に興味を抱い
た。私たち夫婦と子供たちは，ラリーの家族と親しくなった。ラリーは海や
川が好きで，私たちは一緒にボートに乗ったり，砂州でピクニックをした
りした。その結果，私たちの 14 人の子供たちの多くは，価値エンジニアに
なった。ラリーについて尋ねられると，CVS（認定価値専門家）の息子クリ
スは，よくラリーのボートに乗った時のことを話すし，ゼネラルモーターズ
の価値専門家のジュリーはピクニックについて，CVS のトリシャは，3 歳の
頃ラリーの膝に座っていた時のことを話す。他の価値専門家のアニー，ジョ
ゼフ，アンドリュー，ジョン，グレゴリーも彼らの思い出を語る。

　ある日曜に，ラリーの家族がバロー家に夕食にやってきた時，楽しく食事
して，その後，バロー家の慣習に従って歌を歌い祈りをささげた。私たちは
いつも長い祈りを行い，病気の親類や亡くなった親類のことやパパの昇給を
神に祈っていた。

　2 日後，ラリーは私をオフィスに呼び，昇給を与えてくれた。家に帰って
それを家族に話すと，みんな興奮して，クリスは言った。「正しい人のため
に祈らなければ。」と。

252　第Ⅲ部　VA 創始者マイルズ師の思想

　価値分析チームは，カナダの工場や，その後メキシコの工場の製造管理部での価値分析プログラムの立ち上げと開発を助けた。ラリーや彼のチームは，その後も時折工場を訪れてプログラムの手助けを行った。

　1950 年，ゼネラル・エレクトリックは，ラリーに最高の賞であるコフィン賞を与えた。この賞は初代社長に敬意を表して贈られるもので，価値分析システムを作りそれを使うことで会社に対してもたらされた利益を評価して贈られた。

　当時，この最高の賞を贈られるのは 1 万人の従業員のうち 1 人にも満たなかった。ラリー・マイルズは，購買部門でこの賞を受賞した最初で最後の人間だった。賞状には以下のように書かれている。

　　価値分析プログラムの策定，組織化，開発を通じて，多大な費用の削減に貢献した素晴らしい業績を讃える。

　1952 年，ニューヨーク州スケネクタディで最初の価値分析セミナーが行われた。その後まもなく，多くの部署や工場からの研修の要請を受けて，現場でのセミナーを始めた。マイルズは工場の人々が価値分析を教えられるように訓練し，プログラムを実践する手助けを行った。

　フレッド・シャーウィンは次のように書いている。

　　ラリーについての私の最初の記憶は，1952 年 10 月にニューヨーク州スケネクタディで行われた彼の最初の大掛かりなワークショップ，「価値分析研修セミナー」である。その時は，ゼネラル・エレクトリックの多くの部署の代表者が 60 名以上参加していた。それは 4 週間のセミナーで，ラリーとロイ・ファウンテンが中心になり，多くのゲストスピーカーや外部の供給業者を招いて行われた。それが，今日行われている価値エンジニアリングワークショップの形式や構成の元となった。ラリーの話は，どうやって多種多様な製品や部品の不要なコストを見つけ出すかについてで，私たちはそれに魅了された。価値分析の方法の持つ力についての彼の話は非常に説得力があり，誰もが，それが失敗のない方法であると確信した。それまでの実例に関する

話は，具体的な名前，日付，詳細を含んだ人間主義的なもので，非常に興味深かった。彼のやり方はコツを心得た独特のもので，彼の主張を明らかにし，その技法を証明した。彼のおかげで，そのセミナーに出席していたものは皆，価値分析における素晴らしいスタートを切ることができた。私たちは，早く自分たちの持ち場に帰って，自分たちの製品で試してみたくて仕方がなかった。

その後価値エンジニアリングを始めて5年間，ラリーは常に私の話を聞いて助けてくれた。その後，何度かスケネクタディでのセミナーの手助けをして，彼とより親しくなった。彼はいつも変わらなかった。親切で思いやりがあり，思慮深く，支えとなってくれ，慎重で，説得力があり，いろいろと教えてくれた。彼と話すといつも，新しい目標や動機，考えやアプローチを発見した。彼は常に改良を模索していた。彼は，熱心で建設的な考え方の持ち主だった。

著明な価値分析講師であるダスティ・フォークスは，最初の価値分析の講義を次のように回想している。

私たちが本当に意味のある会話を交わしたのは，私が彼のスタッフの新しいメンバーとして価値分析研修セミナーで最初に話す仕事を任された時だ。話のタイトルは，「専門技能の供給者の役割」だった。

たった一つの話に，鏡，レコーダー，3×5のカード，画架，図などを使って何時間もかかったにもかかわらず，私はずっと，ゼネラル・エレクトリックの効果的プレゼンテーション研修コースの講師に言われて，その後ずっと気になっていた言葉を思い出していた。「ダスティ，君の南部訛りは，ゼネラル・エレクトリックでの君の進路の障害となっている。なるべく人と会わないで済む仕事を探した方がいい。」

その最初のプレゼンテーションを苦労して終えた後，私は，そのひどさに気が付いていた2番目の人間だった。もちろん，ラリーが1番目だ。彼は，私の準備の不足や話のまずさを非難するのではなく，微笑んでこう言った。「一緒にコーヒーでも飲もう。多分これからもっと快適に仕事ができるよう

に教えてあげられると思うよ。」

　その時の彼の控えめな言い方をはっきりと覚えている。「ダスティ，人の前で話す機会があれば，聴衆の数が少なくとも多くとも，君は聴衆の誰も持っていないものを持っている。それは聴衆の最も重要な物だ。それは，彼らの目と耳だ。だから，常に，話の内容に対する自分の信念を表さなければならない。決して，人に理解させようとしてはならない。自分の信念に対する自信があれば，人生における君の役割は，君の望むとおりになるだろう。」

　ラリーは，価値分析セミナーに参加して部署に戻ってから，目覚ましい，ほとんど信じがたい結果を出した人のことをよく耳にした。すると彼は，その人の上司や上の立場の人間に対し，企業の価値プロブレムの役割について認識させるように努めた。

　ロイ・ファウンテンが一つの事例を覚えていた。

　それは，テレビ部門のフレッド・シュノーアとエリック・ピータースンだった。彼らの部門レベルでの上司は，W.R.G.「ドック」ベイカー副社長だった。ラリーは，「ドック」ベイカーは，彼らのいくつか上のレベルの上司なので，おそらく彼らの業績を知らないだろうと考えた。（そしてそれは事実だった。）

　ラリーは，彼らの業績を見せるために，「ドック」ベイカーと面会の約束を取った。ロイ・ファウンテンもその席に招かれ，彼らは卓上型コンピューター位の大きさの小さなテーブルに着いた。ラリーが一方に，「ドック」が反対側に座った。「ドック」は，その時体の具合が悪く，前屈みになって座っていた。ラリーは，まず，フレッド・シュノーアの取り組みの前と後の違いを示す例について述べた。最初の例は，8万ドルの節約，次の例は4万ドル，その次は12万ドルの経費削減になっていた。ラリーが数字を挙げるたびに，「ドック」は2, 3インチずつ姿勢を正し，腰を浮かせていった。最後には，半ば立ち上がり，今にもテーブルを飛び越えてくるかのような勢いだった。ラリーは，自分の主張が理解されたと分かり，「ドック」に言った。「フレッドはよくやっているよね。」「ドック」はドスンと椅子に沈み込

み，言った。「全く公正だ。なんてこった。全く公正だよ。」

　フレッドとエリックは，業績を正しく評価された。これらの結果から，「ドック」ベイカーは，テレビ部門で，100ドル未満のポータブルテレビを販売することを決めた。皆が，現在のテレビはキャビネットだけで100ドル以上するのに，それは不可能だと考えた。しかし，この計画は進められた。フレッドとエリックは，障害となるものをすべて取り除くという大きな役目を任された。彼らはそれに成功した。

　ノールズ原子力研究所の部長の一人が，原子力装置で最初の成功を収めた後，ラリーを呼び，彼らの納入業者の一つであるゼネラル・エレクトリックのモーター部門が，放射性流体の汲み上げ用のモーターとポンプシステムの入札を行ったことを知らせてくれた。この部門の提示したシステムは，指定された機能には程遠かったため，納品には至らなかった。その部長はラリーに挑んで言った。「もし価値分析がそれほど素晴らしいものなら，この問題を解決できるかどうか見てみようじゃないか。」ラリーは，ロイ・ファウンテンを調査に送った。

　製品の欠点は重大なものだった。設計された製品が機能しなかったとき，モーター部門の上層部の5人（統括マネージャーを含めて）が特別委員会を作って非常に努力したが，解決策は見つからなかった。彼らは，どんな方法でも試したいと思っていた。

　ロイは，原子力に関する知識がなかったので，まず，彼らにそのシステムに必要な機能を定義してもらった。その後，彼は「他にどんな方法があるのか。」と尋ねた。彼らは，「もし解決策が分かっていれば，価値分析は必要ない。」と答えた。少し質問してみると，その委員会のメンバーには，適切な知識が欠けているように思われた。彼らは，すでに原子力実験所の様々な専門家に確認していたが回答を得ていなかった。そこで，ロイは，ゼネラル・エレクトリックの研究開発所を何度か訪ね，博士号を持った二人の人物が必要な知識を持っているかもしれないことが分かった。彼らに助けを求めたところ，30分でやって来た。彼らに必要な機能について話すと，約2時間半で，良さそうな考えを思いついた。彼らは，自分たちの知識と委員会メンバーの知識を結び合わせ

256   第Ⅲ部　VA創始者マイルズ師の思想

て，解決策に到達した。二人は喜び，自分たちの知識が応用でき，「実際の現実的な問題について，エンジニアリングや製造部門の人たちとの仕事」ができて本当にうれしいと述べた。エンジニアリングや製造部門の人たちは，解決策が見つかって喜び，安心しただけでなく，社内に利用できる資源があることに驚いた。彼らは，もっと社内の専門家を使うようにすると誓った。彼らも，価値プログラムを開始した。

ロイは次のように回想している。

　　1954年に，ラリーが私にもっと価値分析に関わるようにと言ってくれたので，彼の監督の元，価値分析研修と指導者研修を終了した。

　　私は彼のもとで，1955年，1956年，1957年，1958年の，ゼネラル・エレクトリックの全社にわたる価値分析研修プログラムとワークショップセミナーの補佐を行った。この経験は，私にとって計り知れないほど貴重なもので，バーモント州バーリントンにあるゼネラル・エレクトリックの兵器部門での価値エンジニアリングプログラムを立ち上げるために必要な知識を得ることができた。

　　彼について，いろいろなことを思い出す。彼が自ら贈呈してくれた賞の事もそうだ。1964年に，彼の著書『価値分析の進め方』[143]を贈ってくれた。その時彼からの手紙にはこう書いてあった。「私が価値分析の父なら，君は息子だ。」

　　私は，1976年にゼネラル・エレクトリックの価値分析部長として引退したが，この仕事は楽しいものだった。それもラリー・マイルズとの関係があったからだ。

グレン・ウッドワードが初めてラリー・マイルズに合ったのは，1954年10月，スケネクタディで行われたゼネラル・エレクトリック価値分析セミナーであった。当時セミナーは3週間，120時間であった。彼は次のように回想して

143　マイルズ著作 *Techniques of Value Analysis and Engineering*（1961年）のことである。日本語で出版されたタイトルが『価値分析の進め方』（1962年）であり，訳としてこの日本語著書名とした（翻訳者記載）。

いる。

　1954年7月に価値分析家になって以来，ラリーについていろいろなことを耳にしていた。彼は親しみやすい人だったが，ゼネラル・エレクトリック全社に価値分析を広げるのに忙しかった。彼がリン工場での私の価値分析プログラムを助けにやって来てくれて，彼のことをよく知るようになった。彼はどんなに忙しくても，私たちの問題に耳を傾け，私たちの成功を喜んでくれた。彼はすでにゼネラル・エレクトリックの価値分析の「父」で，私たちのことを考え手助けしてくれて，より良くするために挑戦してくれた。私にとって，ゼネラル・エレクトリックの価値分析家としての最高の栄誉は，1957年の価値分析10周年の時に，ラリーが「年間最高価値分析家トップ10」に選んでくれたことだ。

　ジョイ・マニュファクチャリングの価値分析の責任者であるアート・マッジは次のように話している。

　　私は決してラリーを忘れない。彼と彼の系統的アプローチは私の人生の進

ラリーは，この1984年4月のゼネラル・エレクトリックと供給業者向けのセミナーを含め，多くのセミナーの講師を務めた。

路を変えてくれた。1953年に最初に価値分析セミナーに参加して，私は，人生をかける仕事を見つけたと思った。（後には趣味にもなった。）

　ラリーの情熱と献身は，周りの人にも波及した。私は，セミナーで学んだことで，ゼネラル・エレクトリック，レイセオン，バリュー・エンジニアリング，RCA，最終的にはジョイ・マニュファクチャリングで重要な地位に就くことができた。最初のセミナーに参加して以来，ラリーの系統的アプローチのおかげで，世界中の，このアプローチに刺激された何百人もの人と会うことができた。こんなにも自分の人生に劇的な影響を与えた人物をどうして忘れられるだろう。

　ゼネラル・エレクトリックの販売部門の人々は，価値分析は，顧客にとっても有用な手法であり，それによってさらに受注を増やすことができるだろうと考えた。例えば，フリント・アンド・ウォーリング社からのジェットポンプモーターの受注は，価値分析手法を適用するように指導してから1年の間に，1万1千ドルから31万3千ドルに増えた。マイルズは，常に価値分析の手法をより良いものにするための研究を行っていた。1956年には，セミナーの修了者が2,500名に達した。ゼネラル・エレクトリックのリン製造所で働いていた若いエンジニア，ゴードン・フランクは，手法と時間についての研究を行うエンジニアから，価値分析家に昇進した。1957年5月，彼は，その新しい仕事に向かう前に，ニューヨーク州ユーティカで，ラリー・マイルズとその他の価値分析チームのメンバーによって行われた3週間の価値分析ワークショップに参加した。

　ゴードンは次のように回想している。

　最初の朝，初心者の私は，まごまごして，典型的な価値分析ワークショップの装置であふれた大きな部屋に入っていった。私は，やはり私同様まごまごしている他の参加者と挨拶を交わし，ワークショップが始まるのを待った。9時になり，通常の事務的説明と紹介でワークショップが始まった。ちょうど1時間後，マイルズ氏が紹介された。彼は，研修を始めるため部屋の前に進み出た。そして，その始まりと言ったら，すごいものだった。」

彼は，時計を掲げ，「どれくらいの価値があるか。」と尋ねた。私たちは答えた。すると，「なぜ 5 ドルの価値があるのか。」と彼は尋ねた。私たちは非常に優秀なグループだった。率直で遠慮のない一人のメンバーが，電気時計の設計と製造についてマイルズ氏に伝授し，その時計を製造するために必要な人件費，材料費，間接経費に基づいてその価値を算出した経緯を詳細に語った。ラリーは，その自選の代表者に厚く礼を言った。

「他の人たちはどう思うか。」と彼は尋ねた。「彼の意見に賛成か。」私たちは皆うなずいた。「では，」と彼は思慮深くいった。「その理論をテストしてみよう。例えば，何か非常に費用の掛かる作業を付け加えたとしよう。それで価値は上がるか。」私たちはお互いに顔を見合わせた。もちろんそうだと，私たちはまた一斉にうなずいた。

そこで，ラリーは，その完璧に素晴らしい時計を手に取り，壁に向かって力いっぱい投げつけた。時計はバラバラに壊れた。私たちは震え上がった。部屋の中は静まり返った。誰かが思い切ってピンを 1 本落としたら，その音が聞こえるくらいの静けさだった。彼は静かに尋ねた。「さて，この時計の価値は何だ。」私たちは途方に暮れた。一体答えは何だ。

ラリーは静かに言った。「機能だ。時計は何かをする。その価値は，それが何をするかで決まる。製造コストは関係ない。」

私たち 40 人の生徒にとって，その壊れた時計は，価値の概念に関する私たちの新たな理解と，その後 3 週間価値分析の教訓を学ぶための新たな始まりを表していた。30 年経った今でも，あのバラバラに壊れた時計は私の記憶に鮮明に残っており，他の数千もの人々の心に価値の意味を刻み付けたのと同様に，私の心にも，価値の意味を永久に刻み付けている。

ラリーには，確かに少し芝居がかった面があった。ロイ・ファウンテンは時々思い出すことがある。すこし誤ったところがあるかもしれないが。

ノールズ原子力研究所で，統括マネージャーが会合を開き，40 名も入らないくらいの部屋に，75 名が興味を持って集まった。椅子はすべて埋まり，立つ場所も人で一杯だった。部屋の後ろには大きなファイルキャビネットが

いくつかあり，それに座っているものもいた。ラリーが立つ場所がかろうじてあり，統括マネージャーは，部屋の前のラリーの足元に座っていた。

ラリーは，話の中で，「習慣と態度」が決定に対して与える影響について述べた。彼は，「態度」について説明するために，新たに開発したガラス強化ポリエステル製の避雷器のキャップを使おうと考えていた。その前の製品は長年使われてきたが重大な短所があった。セラミックでできていたので，電柱の上から落ちると，粉々にくだけることだった。新しい製品は，3分の2のコストで落ちても壊れないものだった。

ラリーは，「プラスチックは壊れやすい」という態度を説明するために，その新しいキャップを床に投げつけて，壊れないことを見せようとしていた。しかし，投げつける場所がまったくなかった。彼は，その建物の壁はすべて放射能を防ぐために30センチほどの厚さのコンクリートでできていると聞いていた。壁は，下はすべて暗い灰色で，上は明るい灰色に塗られていた。彼は横の壁を見回して，床の代わりに壁を使おうと決めた。

彼は，キャップを力いっぱい投げた。すると，聴衆の注意がそれた。全員が壁を見つめていた。ラリーは，何とか注意を引こうとしたが，皆の視線は壁に注がれたままだった。ラリーはようやく壁を見て，壁に15センチほどの穴が開いているのに気付いた。（壁の向こうはカフェテリアだった。）その壁は，コンクリートではなく，両側とも2センチ足らずの厚さのボードが張られているだけだった。（放射能を遮蔽する必要がなかった。）避雷器のキャップは，壁の両側のボードを壊してカフェテリアに飛び込んでいた。

しかし，ラリーの言いたいことは理解された。研究所はスタッフを研修に参加させ，研究の価値を高めるため，非常に積極的で効果的なプログラムを開始した。

コンサルタントとしてのラリー・マイルズ

ラリーは，ゼネラル・エレクトリックやその供給業者に対して価値分析ア

資料3　　*261*

プローチを教え，広めながら，独自のコンサルティングのスタイルを作り上げた。最初の主な「顧客」は，アメリカ海軍だった。1953年の艦船局でのラリーのプレゼンテーションの後，局長のレゲット提督は，その新しいアプローチを試してみようと決めた。彼は，「ラリー，一つ問題がある。ここには「分析家」の地位（身分）がない，だが，「エンジニア」なら何人でも雇える。そのアプローチの名前を「価値エンジニアリング」に変えてくれれば，君のアイディアを海軍で実行できる。」と言った。

　ラリーは同意し，海軍は，アメリカで最初に価値分析を実施する連邦機関となった。1957年，このプログラムの成功を讃え，国家功労賞が授与された。この賞は，「海軍の組織化と訓練への顕著な貢献に対し」，アメリカ海軍省から授与されたものであった。マイルズは，ゼネラル・エレクトリックの価値分析サービス部の部長として，海軍の艦船局に価値エンジニアリング部を作り運営するのを助けるため，無償で時間とエネルギーを惜しみなく提供した。その結果，海軍は多額の経費を節約することができた。賞は，ワシントンDCにおいて艦船局のムンマ提督により授与された。

　1959年以後，この手法は，海軍省から軍の他の部局にも広がっていった。国防省は，価値分析や価値エンジニアリングによって膨大な恩恵が得られることを学んだ。合衆国政府の多くの部署が価値分析や価値エンジニアリングに興味を抱き，マイルズに研修ワークショップを開いてくれるように依頼した。ラリーは，一般公開される最初の価値分析・価値エンジニアリングセミナーのゲストスピーカーとなった。このセミナーは，フレッド・シャーウィンとグレン・ウッドワードが中心となり，1959年にボストンの産業教育協会で開かれたものだった。ラリーは，40社から参加した60名の出席者を見事に興奮させ，彼らの意欲を掻き立てた。彼は，全米中で2年間のセミナーシリーズを次々と開催し続けた。

　チャールズ・L・メイソンは次のように回想している。

　　1959年，私は，ただ自分の部署のノルマを達成するために，レイセオン社で行われた価値エンジニアリング研修セミナーに参加した。

　　価値エンジニアリングが何であるかも知らず，ラリー・マイルズの名前も

262　第Ⅲ部　VA 創始者マイルズ師の思想

聞いたことがなかった。しかし，40 時間（2 週間）のセミナーを終えたとき
には，価値エンジニアリングが好きになり，その体系的なアプローチに驚嘆
し，ラリー・マイルズの才覚に感嘆するようになっていた。

　その後数年間，私は，レイセオン社の製品エンジニアリング部で，設計の
審査において価値エンジニアリングを適用した。その後，北大西洋条約機構
のホークミサイル開発のため，レイセオン社の常駐エンジニアとしてイタリ
アに派遣された。そこで，イタリアの設計技師に価値エンジニアリングを適
用した。その際，ラリーの著書『価値分析の進め方』は，私の指針であり，
多くの章を，通訳を通じてイタリア人の設計技師に読み聞かせた。

　1965 年，私は，イタリアから戻り，レイセオン社のマサチューセッツ州
サドベリー工場で価値エンジニアリング部の常勤部長に就いた。ここで社内
の価値エンジニアリング研修が必要になり，またラリーの本を使用した。レ
イセオン社の設備課は，従業員や研修生用に，図書館にラリーの本を 50 冊
置いた。当然ながら，すべての価値エンジニアリング研修セミナーの講義
で，ラリー・マイルズによる価値エンジニアリングの設立の歴史について話
した。こうして，ラリーは，レイセオン社全体に名を知られ尊敬されるよう
になった。

　価値エンジニアリングは，ワシントン DC で急速に広がっていったため，マ
イルズと多くの価値エンジニアリングの指導者たちは，後に米国価値エンジニ
ア協会となる組織を計画し立ち上げた。マイルズは，初代会長に選ばれ，1960
年から 1962 年までその役を務めた。1950 年代中頃，よくゼネラル・エレクト
リックの顧客が価値分析や価値エンジニアリングを学ぶために価値分析部に
やって来たが，その中に日本からの小さなグループがいくつかあった。この素
晴らしい，お互いに利益となる関係は，マイルズのオフィスで始まった。
　トム・スノッドグラスは次のように回想している。

　ラリー・マイルズについて，私の記憶に強く残っていることがいくつかあ
る。最初は 1950 年代終わりから 1960 年代初めにかけて，私がゼネラル・エ
レクトリックのホットポイント部門のエンジニアリング部長だった頃であ

る。その前まで，私は，ニューヨーク州スケネクタディのオフィスで，製造サービス部の社内コンサルタントとして働いていた。価値サービス課（ラリーの部署）も同じ部に属していた。この時期に，ラリー，スヴェイン・ヴァム，ロイ・ファウンテンと知り合った。

その仕事を始めて1年程経った頃，ラリーから電話があった。彼は私に，価値分析を，既存の一部の製品のコストを削減するためのものから，全製品を評価し，価値基準を定めるための設計エンジニアリングへと進展させるための研究プロジェクトの支援をしてくれないかと依頼してきた。この価値基準は，その後，エンジニアリング部，製造部，営業部が「結果を生み出す」ために使用することになるものであった。

この提案で重要な点は，エンジニアリング部の部長やエンジニア達と直接一緒に仕事ができるということであった。ラリーと彼の部署は，製造サービス部と繋がりが強かったため，エンジニア仲間からは部外者だと見られていた。私は，以前は製造部門にいて現在はエンジニアリング部門に属しているため，彼の新しいアイディアの支援者として理想的であった。ホットポイントの顧客や顧客の志向性を探るため，彼が提案したエンジニアリングコストと製造に関する手法に市場リサーチを付け加えた。この2年間の研究は素晴らしい成果を挙げた。それは価値コントロールと名付けられ，研修はスケネクタディに場所を移して行われた。しかし，この方法には，あまりにも多くのラリーの発想が含まれていたため，前進的すぎてゼネラル・エレクトリックの上層部には受け入れられなかった。

私は，ゼネラル・エレクトリックでは，この第2世代の顧客志向の価値エンジニアリングに対する支援が不足していると感じ，1963年に退社してバリュースタンダート社を設立した。この会社は，この将来性のある手法の開発をさらに進めていくためのものだった。

1961年，マイルズは，彼の決定的な著書である『価値分析の進め方』（ニューヨーク，McGraw-Hill出版社）を出版した。この本は，現在12カ国語に翻訳されている。彼は，先進的技法を開発し，先進的な研修ワークショップを行い，企業団体，大学，工業団体，事業者団体に対し，価値分析や価値エ

第Ⅲ部　VA創始者マイルズ師の思想

セッジフィールドの自宅で多くのプロジェクトの一つに取り組むラリー

ンジニアリングの様々な面について、月に約10回の講義を行った。彼は講演者として非常に人気があった。この期間、ゼネラル・エレクトリックは、マイルズを多くの部署に送り、彼の価値分析や価値エンジニアリングの技法を紹介し、各工場でセミナーや研修プログラムを行えるように研修を行った。それらには、メキシコ、カナダ、イタリア、イギリスなどの海外の工場も含まれる。

『タルボット・バナー誌』（メリーランド州イーストン、1984年1月11日号）で、価値エンジニアリングに対する日本人の興味とその手法の導入について、ラリー・マイルズの回想録を掲載した。

　1960年代初め、日本の代表が、問題の解決法を求め、アメリカ価値エンジニア協会を訪問した。「製品の品質は高かったが、コストが非常に高かった」と初代会長であるマイルズは言う。「彼らは、ここに来て私たちの話を聞き、帰ってそれを実践した。」最初に価値分析と価値エンジニアリングを使ったのは、電子業界と自動車製造業で、これらは日本の主要輸出部門となった。

　「彼らが産業のリーダーとなれたのは、彼らの敏感な知覚能力、人の話を聞きそこから学ぶ姿勢ゆえである。」とマイルズは言った。「日本では、コストが高ければすぐにその仕事を失う。ここアメリカでは、問題があるとそれ

を解決しないで責任を転嫁する。」

回　　想

支援の手

　ラリー・マイルズは，指導や研修においてのみならず，価値分析・価値エンジニアリングに関わる人を進んで助けようとしたという点でも，最も利他的な人間であったといえる。

　グレン・ウッドワードは次のように回想している。

　特に，ラリーが価値分析・価値エンジニアリングについての最初の本を書いていた時のことを思い出す。彼は，その時，できる限りいろいろな人々を，価値分析・価値エンジニアリングの研修やコンサルティングに関わらせたいと考えていた。フレッド・シャーウィンと私は，ボストンのバリュー・エンジニアリング社（VEI）で，コンサルティング会社を立ち上げているところだった。彼は，私たちを励まし，彼の著書の中で，VEI をコンサルタント会社の中に含めてくれた。そのことが，私たちの会社が成長する大きな手助けとなった。

　トム・スノッドグラスは次のように回想している。

　1964 年にラリーがゼネラル・エレクトリックを退職してまもなく，ラリーは，スウェーデン最大の電気製品の製造業者である ASEA にコンサルタントとして招かれた。当時，私のコンサルティング業は，かろうじて何とか続けている状態で，将来の見通しは暗かった。ラリーから，ASEA でのプロジェクトを手伝わないかという招きを受け，私の世界は文字通り明るいものになった。彼は，新しい顧客重視の価値エンジニアリングを紹介して欲しいと言った。それは私にとって素晴らしい経験となり，バリュー・スタング

266 第Ⅲ部 VA創始者マイルズ師の思想

ド社を立ち上げるきっかけとなった。

　ラリーが亡くなるちょうど1年前に彼から電話があり，彼の著書『価値分析の進め方』の第3版の出版のための編集と出版社の選定をして欲しいと依頼された。私は，この時もまた，即座に承諾した。しかし，その時私は，アルフレッド・ベネック社の副社長であり，価値専門家，専門技術者であるムシア・カシと共に，*Function Analysis—The Stepping Stones to Good Value*（『機能分析—高価値への足掛かり』）という本を書いているところだということも伝えた。私は，ラリーの本の編集を手伝うために，その執筆を中断するつもりだと言った。

　数週間後，ラリーとエレノアから電話があり，編集の件は忘れて本の執筆に専念したほうがよいと言われた。そちらの方がずっと大切だということだった。私は，その本の前書きを書いてくれないかと頼み，彼は即座に了承してくれた。カシと私は，書き終えた部分の原稿と，ラリーから頼まれた背景情報を送った。

　前書きは，1985年6月後半に届いた。エレノア・マイルズによると，それが，ラリーの最後のプロジェクトだということだった。

ダスティ・フォークスは次のように回想している。

　私が，彼のスタッフを辞めて会社を作り，彼の作り上げた手法を外の産業界に提供したいと彼に告げると，彼は，ただ私の顔を見て微笑み，「その気持ちは100％確かなものなのか。」と尋ねた。私の決意を確かめると，彼は，「その気持ちが10％の時に来て欲しかったよ。そうすれば，この国が生産性においてトップの位置を維持するために，どうしても必要なプログラムをまとめる手伝いをさせてもらえたのにな。」と言った。

テッド・ファウラーは次のように回想している。

　1970年代終わりに失業していた頃，私は，師であるラリー・マイルズにアドバイスを求める手紙を書いた。その時の彼の返事は，なぜ私たちみん

なが彼のことを愛情を持って記憶しているかという理由を示す象徴的なものだった。それは単に彼の素晴らしい頭脳に対する称賛だけではない。おそらく，そしてこちらの方が大きな理由だと思うが，彼の素晴らしい心に対する称賛の気持ちだ。

彼の手紙全文：

〒 21601 メリーランド州イーストン，ルート 4，セッジフィールド，

マイルズ家

親愛なるテッド：

　君のことについて何度も何度も考えた。

　おそらく，いろいろな機会に恵まれた職を新たに得ようとするなら，最良の方法は，この人のために働きたいと思う人を決めて，その人に会いに行って話すことだと思う。

　君は，きっと今までにアメリカのどこかで，本当に「先進的な」部長に4，5人会ったことがあると思う。その中から一人を選んでその人のところを尋ねるといい。大体において，仕事の種類よりも，大事なのは上司の方だ。上司というものは，すべての段階においてドアを開けてくれる存在か，もしくは，何もしなかったり間違った行動を取ったりして，どんな素晴らしい仕事でもその恩恵を台無しにしてしまうかのどちらかだ。君もよく知っての通り，それは確かだ。

　仕事ではなく上司を選択した人を何人か知っているが，とても良い結果になったようだ。

敬具

ラリー

　ジム・オブライエンは，マックグロー・ヒル社に本の提案をした時のことを思い出した。オブライエンは，その当時数冊の本を出版していた経験豊かな執筆家で，米連邦政府一般調達局の公共建築物サービス部の建築管理チームの一員として，1971 年から 1972 年まで，価値エンジニアリングに関わっていた。ジムと彼のパートナーであるフレッド・クロイツベルタは，グレン・ウッド

ワードのコンサルティングの技術を使って，社会保障庁支払センター（サンフランシスコ，シカゴ，フィラデルフィア）向けに，価値エンジニアリングワークショップを行った。この1億ドルのプログラムには，価値エンジニアリングを含め，先進的な考え方が数多く含まれていた。オブライエンは，建設業の基本的なアプローチが，本来的に価値分析・価値エンジニアリングの考え方（良識的なコスト）と同じであることを示す本を出す必要があると考えた。

オブライエンは経験豊かな執筆者ではあったが，彼を担当するマックグロー・ヒル社の編集者は，他の執筆者のアドバイスや同意が必要だと考えた。編集者がそれを頼むとすれば，ラリー・マイルズの他に誰がいたであろう。オブライエンは，「価値分析・価値エンジニアリングの父」が，自分の書いたものを評価すると知って愕然とした。

余談だが，エレノア・マイルズは，（この話を聞いて）叫んだという。「でもラリーは，何事においても否定的だったことはないわ。」オブライエンは答えた。「その通りだ。でも，その時点では彼のことを知らなかった。」

オブライエンの懸念は，書評をするのが往々にして執筆者で，「この題材で本が必要なら私が書いたのに。」と言いかねないことだった。彼は，1963年に書いた最初の著作（今では古典となっている）に対して，書評者に「キャンプからの手紙を読んでいるようだ。」と言われ傷ついた思いを引きずっていた。

オブライエンは，心配する必要などなかった。ラリー・マイルズは，常に紳士的，肯定的に執筆を促してくれた。それだけでなく，時間を割いて，いくつかの建設的な提案をする非常に思慮深い手紙を送ってくれた。

インドのR・V・ゴパラクリシュナン博士は次のように回想している。

私が，1984年のサクラメントでの米国価値エンジニア協会の国際会議に足を踏み入れたのは，ある晴れた明るい朝のことであった。ベテランの認定価値専門家であるトーマス・クック氏が，少し離れた席に座っていた私の「師」ラリー・マイルズ氏を紹介してくれた。私は大喜びで，遠くからやってきた旅の「根本的機能」は満たされたと感じた。私は，「インドの価値管理の現状」についての私のささやかな発表のため，彼に国際セッションに参加してもらえないかと依頼した。彼はすぐに承諾してくれた。

私は，彼の 80 歳とは思えない機敏さと忍耐力に驚き，また非常に嬉しかった。彼は，会議の技術セッションの間ほとんど出席していた。彼は，多くのスピーカーにとって素晴らしい創造性の宝庫だった。私は，発表を終えた時に，彼のところに行って会議に出席してくれたことに対し感謝を述べた。

その後，少し話をした。彼の話を聞いていると，機能的志向は，彼の生き方となっていることが明らかだった。彼の言葉を引用する。「他の人々が機能について学んで，より良い解決法を得ているのを見ると本当に感動する。機能的な基準さえ求めれば，どれだけ問題に対してより良い解決法を得られるかを知って毎日驚いている。だれも椅子が欲しいわけじゃなく，座る場所が欲しいのだ。だれも冷蔵庫が欲しいわけじゃなく，食べ物を冷やしておきたいのだ。だから，機能がより良い未来を導く。機能を達成する方法は沢山あるが，例えば，箱を作る方法は一つか二つしかない。」

ラリー・マイルズは続けた。「インドのような偉大な国が，この強力な機能的手法を取り入れていることを聞けるとは非常に素晴らしいことだ。君が，インドでの価値管理で行ってきたことや，これからやろうとしていることを聞けてとても嬉しい。インドの人々を非常に称賛し尊敬している。きっと価値管理をうまく実践すると思う。それは君の国にとって素晴らしいことだ。」

マイルズを通じて，インドで，より集中的な価値管理の必要性を広めることは私の強い願いであった。私が彼を招いた時，彼は，ためらうことなく招待を受け入れ，言った。「ゴパル博士，どんな方法であれ，インドの人々の役に立てれば，ぜひやってみたい。」それは 1985 年の終わりか 1986 年の始めのことだと思うが，その時私は，彼の訪問のスポンサーになってくれる企業がいくつかあるだろうと思っていた。実際は，神の思し召しにより，それがかなわず非常にショックを受けた。

コミュニケーター

ラリー・マイルズは人が好きで，コミュニケーション力に優れていた。

アル・パーリーは次のように回想している。

　私が最初にラリー・マイルズに会ったのは，1976年のミネアポリスでの
米国価値エンジニア協会のシンポジウムの時だった。私は，そこで価値エン
ジニアリングに関する最初の論文を発表した。私は，ラリーが担当するセッ
ションに割り当てられていて本当に幸運だった。彼は，すべての発表者を呼
んで朝食ミーティングを開いた。私は，ラリーが私に対してだけ特別に注意
を払ってくれ，私が発表で最善を尽くせるよう，必要なものをすべて揃えて
くれていると感じた。

　そして，彼が他の発表者に話している様子をみて，みんながラリーに対し
て同じ思いを抱いていることに気付いた。彼は一人一人に注意を払ってい
た。彼はそういう人物だった。彼は，特に，私の価値エンジニアリングに関
する新しい見方を高く評価してくれ，それが，その後私がこの仕事を続ける
大きな支えとなった。

　私は，このシンポジウムや他のシンポジウムにおいても，米国価値エンジ
ニア協会のメンバーやゲストがラリーに対して示す尊敬と称賛に心を打たれ
た。また，その敬意は彼の人柄によるものだと感じた。ラリー・マイルズ
は，価値エンジニアリングの手法を教えてくれただけでなく，人との関わり
方についての模範をも示してくれた。

ジョン・マウラーは次のように回想している。

　私たちは，どうしてもラリーの技術的な業績に関して考えがちである。私
は，彼の死に際して記事を書くために彼の経歴を見直した。彼は，ゼネラ
ル・エレクトリックでの真空管エンジニアとしての最初の仕事で，12個の
特許を取得していた。

　しかし，私は彼のことを思うときに，技術的なことは思い出さない。私が
ラリーに関して抱いていた印象は，どの本にも書かれていない。彼が技術的
な面で達成したことについては書くことができる。しかし，個人的に思い出
すのは，彼の振る舞いややり方である。私が思い出すのは，彼とこの中庭で

にできて，私がとても嬉しかったということである。社会の恩恵となる以上に素晴らしい業績はなく，そして恐らく，社会に認められる以上の報いはないであろう。その日，ラリーは，彼の新たな業績をまた一つ確認し，彼の協力に対する私たちの深い感謝の念を感じてくれたことと思う。

ダスティ・フォークスは次のように回想している。

　彼の信条に関して私が証言できるのは，彼の亡くなる前の母の日に，彼の自宅で最後に1対1で交わした会話である。別れるまでに抱き合ったとき，彼は言った。「君と君のスタッフは，私の仕事に対して多くのことをやり遂げてくれた。それがずっと失われないようにしてくれ。」

アル・デリソラは次のように回想している。

　個人事業を始めてから，師に倣って，『建設業における価値エンジニアリング』という本を書くことを決意した。1972年，私がラリーに自筆の原稿を見せた時，彼の顔は誇りで輝いていた。私はその時，彼の本当の弟子になれたと思った。
　その頃のことを振り返ると，環境保護庁，一般調達局，復員軍人援護局，運輸省，米国電話電信公社の施設部門，ガラス繊維企業のオーウェンス・コーニングなどに価値エンジニアリングを導入したときなど，大きな節目がある度，ラリーと私はずっと連絡を取り続け，彼は私を助け，いつもあの特別の満足の笑みを見せてくれた。

腰の低い人

　ラリー・マイルズは，非常に腰の低い人であった。彼の妻エレノアもまたそうであった。彼らの人々に対する丁重さは，多くの障壁（またはその可能性）を取り除いた。
　グレン・ハートは次のように回想している。

276 第Ⅲ部 VA 創始者マイルズ師の思想

　私は，ラリー・マイルズの特別な特徴について述べたい。彼が価値分析の
開発によって世界の多くの国々で讃えられていることはよく承知している
が，私は，彼の丁重さを讃えたい。1957 年に初めて彼に会ってから，私は
常に彼の丁重な振る舞いに感謝してきた。彼の人との接し方は，人を心地よ
くさせるものだった。

　ラリーやエレノアの丁重さは，何かの機会に突然見せられるものではなかっ
た。ナンシー・ジェイは次のように回想している。

　1976 年に，私たちの支部が，ミネアポリスで全国大会を主催した時に，
幸運にもマイルズ氏に会うことができました。その頃，私は，価値分析のこ
とも価値分析学界のことも知りませんでしたが，最初にわかったことの一つ
は，ラリー・マイルズが誰かということでした。私は，彼のことを，すごい
偉人で華々しい有名人であり，私の住む世界からは遠い人だと思っていまし
た。次の朝，ラリーとエレノアと一緒にホテルのコーヒーショップで朝食を
共にして，彼らが，それまでに会った人の中で最高に親切で，気さくで，
オープンな「普通の人」であることが分かりました。

　ジム・ヘレンは別のことを覚えている。

　H 夫人と私は，サンディエゴでの 1969 年の年次総会に出席しました。エ
レノアとラリーがそこにいて，その晩受賞パーティーの前に一緒に過ごして
いました。受賞パーティーは，会議とは別のホテルで催されることになって
いました。
　パーティーまで時間が大分あったので，H 夫人と私は，早めにそのホテル
に行って座席の配置を見て，いいテーブルを取ろうとしました。宴会場に着
くと，すべて用意が整っていて，各席に名札が置いてありました。私たちの
座席は特に問題がなかったので，私たちはすることもなく，ディナーが始ま
るまで 1 時間ほど待っていました。他にすることもなかったので，私は高座
に行って誰が「上座」に座るのか見てみました。驚いたことに，そこにはエ

発表の終わりに，その人がやって来て，彼の両手で私の手を握り言った。「ジェリー，ジェリー，ジェリー，なんて素晴らしい発表なんだ。価値分析学界や価値分析分野では，君のように新しい考え方を開拓することを恐れない若者を必要としている。」

私は衝撃を受け，この人が，価値分析の創造者，伝説の人物ラリー・マイルズなのだと思った。

私は，帰宅してから，価値エンジニアリングを一つの課題ではなく職業にすることを真剣に考えた。一週間ほど，その良い点と悪い点を考えていた時，ラリーから励ましの手紙をもらった。それで決まりだった。私の進路は決まった。ラリーの偉大なところは，彼がラリーであるという事実，つまり，出会う人すべてに対し，自分自身の価値を高く評価し尊重する気持ちにさせるような暖かで思いやりがある人物であるということであった。それが，彼の偉大なところであった。彼は，人の話に興味を持って熱心に耳を傾け，私たちの最良の部分を引き出してくれる人だった。

私の仕事において，気付かない間に，ラリーが難しい決定をするのを助けてくれたことが数多くあった。難しい局面になると，私はいつも考えた。ラリーならどうするだろう，どうアドバイスするだろうと。

功績の共有

ラリーは，自分が認められようとはせず，機能的アプローチやそれを使った人々が認められるようにした。彼は常に，価値分析仲間に対し，称賛を惜しみなく与え，自分が特別であると感じさせてくれた。

トム・クックは次のように回想している。

昨年の8月に，後世の人々に『マイルズ─価値分析の歴史』というビデオに記録を残すための計画や登場する人物の選択を始めた。私は，19時間以上かけて，撮影と録音を何度も行い，価値分析の歴史の一部である彼の周りの人々が彼について回想したことを思い出す。この冒険的な企てを準備する中で，私たちは，ラリーが言うように，価値分析を共に開発した「巨人」で

ある人々について話した。ラリーは，常に，功績を他の人々と共有しようとした。

　ラリーとの20年以上の付き合いの中で，私は，特に称賛すべきラリーの3つの資質が記憶に残っている。それは，エレノアとの丁寧で親密な関係，将来に対する楽観的な考え方，生きることを喜ぶ姿勢である。彼は，「ひな鳥たち」がお互いにつつき合っている時は，どちらかを支持することは決してなかった。

ゴードン・フランクは次のように回想している。

　1984年4月4日，私は，光栄にも，オハイオ州デイトンのエンジニアクラブで行われたシンポジウムで話をするゲストに選ばれた。そのメンバーには，ラリー・マイルズがいた。彼は，健康状態がすぐれず公的な場面に出るのはこの頃が最後であった。私は，国防省の価値エンジニアリングプログラムでの活動と業績について話した。その25年前に，ラリーは，海軍において，連邦政府の最初の価値エンジニアリングプログラムを始めていた。しかし，他の仕事や関心のため，プログラムの拡大についていけないでいた。彼は，そのプログラムの規模や重要性がどれほど拡大しているかに気付いていなかった。

　プログラムが終了した後，ラリーが私のところにやって来た。彼独特の謙虚さで，代表者の一人として功績を求めることもなく，彼は私に言った。「すごい。皆さん（すなわち国防省のこと，私のことでは決してない）が，どれほど価値エンジニアリングに取り組んでいるか全く知らなかった。」その頃病気だったラリーが，私たちの行ってきた取り組みに対して，心から喜んでいることは明らかだった。その時の私の誇らしさと喜びは計り知れない。

　私は，国防省が，価値分析のコンセプトを助長し，納税者からの資金を，責任を持って管理するため，価値分析を私たちの取り組みにおける重要な要素と成しえたことを誇りに思った。しかし，もっと大切なことは，価値分析のコンセプトが一般大衆のために使われるのを，ラリーが実際に目の当たり

資料3　*271*

セッジフィールドの彼の自宅での米国価値エンジニア協会
役員会でビル・レンザーと歓談するラリー

話した時のことだ。彼と共に仕事をして時折この場所を訪ねる機会に恵まれた私たちすべての者にとって，大切な思い出である。

　彼は，いつも何分か話してから，私たちが何をしているのか，どんな活動をしているのか質問した。彼の心に深く染み付いた機能的な考え方からだったと思う。また，それによって何を達成しようとしているのかと尋ねた。5分ほど話すと，私たちは自分の能力や今やっていることに自信が付き，すぐに出かけていって今までの何倍も頑張りたい気持ちになった。

　5分ほど話をしてそんな風に感じながら別れることのできる人物を，私は他に知らない。

ローズマリー・A・フレイザーは次のように回想している。

　今日エンジニアリング業界で一般的になっている考え方は数多くあり，そ

の多くは米国価値エンジニア協会の柱となっているが，それらは，ラリーが開発したり広めたりしたか，より人々の注目を集めるようにしたものだ。私たち多くのものにとって，ラリーの著作や発表は，彼がいなくなった今，有用で価値ある資産である。

　業界全体にとって彼を失うことは辛いことであるが，個人的に彼を知る者にとっては一層辛いものである。彼は，人間として，エンジニアリングの基本や，機能，コスト，価値といった要素について以上のことを教えてくれた。彼は，人に関心を持ち，人の能力を信じ，素晴らしい人に個人的に尽くすことから始めなければならないことを，身をもって示してくれた。

　私の価値エンジニアリングの仕事において最も大切な出来事の一つは，私が最初に発表をした後，私を訪ねて私の仕事に対する関心を示してくれたことだ。ラリーの励ましは，最大の刺激となった。しかし，重要なのは，私たちの関係が特別だった訳ではないことである。彼は，出会った人すべてに対し，同じ暖かな個人的関心を示した。明らかに，世界はラリーの努力によってより良い場所となり，その恩恵は永遠に生まれ続けるのである。

　ラリーは，善良で慎み深い人間であると同時に思慮深い擁護者となりたいと願う私たちすべての者にとっての模範であった。彼は，本当に価値分析を機能させた。彼が価値エンジニアリングの技術を譲ろうとしたことは興味深い。多くの人は，自分たちのやり方を大切にして「一般大衆」に対して，ほとんどそれを漏らそうとしない。彼は，自分の手法を，産業界，政府，学界，一般大衆，誰に対しても惜しみなく提供した。彼がそうできたのは，常に自分の中にもっと多くのアイディアを温めていたからだ。そのアイディアが尽きることは決してなかった。

ジェリー・カウフマンは次のように回想している。

　30年程前，若いエンジニアだった頃，（当時の）軍の弾道ミサイル局での発表者に選ばれた。多くの聴衆の一番前に，軍の高級将校と並んで，優しい微笑みで励ましてくれる顔があった。私は，敵意に満ちた専門家たちの前で話す恐怖を克服するために，発表の間，ずっとその目を見続けた。

資料3　　279

ラリーと，メリーランドの自宅近くでの多くの楽しい時間を提供してくれた「デューク号」

1978年，自宅の美しい庭で日本から来た価値エンジニアの一行を案内するラリー

1978年10月東京で行われた日本価値エンジニアリング協会で話すラリー

9月,モーリーン・ファロンとカルロス・ファロンと共に日立からの一行を出迎えるエレノアとラリー

資料3

1973年，日立からの18名のグループに対する自宅でのプライベートセミナーでのカルロス・ファロン（右端）とラリー

1972年秋，日本の広島の川辺で朝食を振舞う田中武彦

1973年，セッジフィールドでのセミナーで，カルロス・ファロン，日立の通訳と乾杯するラリー

に待ち遠しいイベントは，エレノアとラリーの招きでメリーランド州東部にある彼らの自宅で催される年一回のミーティングだった。少なくともその頃は，理事会はよく，方針に関してや細かなレベルの問題，存続の問題すらも抱えていた。

しかし，その週末が終わると，私たちがどれだけ前向きで建設的な気持ちになれたかを思うと驚くべきことである。それもラリーとエレノアが醸し出してくれた雰囲気によるものであった。

ウィリアム・コッパーマンは次のように回想している。

新たな立場に就いたときは，激励やサポートが非常に貴重な財産となる。私は，10年以上，ラリー・マイルズとの付き合いと友情によって，この貴重な財産を得てきた。

皆さん知っての通り，価値エンジニアリングや価値分析を実行していくのは非常にもどかしく大変な作業である。政府関係者と仕事をしている時は特にそうである。通常の組織内での「障壁」に加えて，役所特有の障壁が存在する。

私はよく，ラリーと話すことでこれらの障壁を崩す良い方法を見つけることができた。障壁を崩すというよりは，うまく処理することができたと言っ

1983年，ワシントンDCでの会議のレセプションでのビル・コッパーマンとラリーとエレノア

てもよいかもしれない。

　ラリーの前向きな姿勢は，まさに人に伝染するもので，私のほとんどすべての物に対する見方を変えた。恐らく私が価値の仕事を選んだのは，彼が主な原因だと思う。

ドン・リードはラリーの肯定的な見方について回想している。

　1981年か82年のある時，私は，共通の知り合いである人物について，ラリーに否定的なコメントをさせようと懸命になっていた。私はその人物が苦手で，彼はラリーと同時期にゼネラル・エレクトリックで価値エンジニアリング部門にいたので，ラリーに私の否定的な気持ちを支持して確認させてもらおうとしていた。

　私は，出来る限りの手段を尽くし，ラリーに批判する言葉を言わせようとしていた。最も批判に近かったのは，ラリーの「正しい方向に進み出したときはよい男だ。」というコメントだった。

トム・クックはラリーが常に前向きだったことを覚えている。

　1984年4月，彼が最後に人前に出た時だったかもしれない。ラリーは，3日間の情報段階の分析を終えた，あるチームの価値分析研究結果を見せられた。彼がその時見出した特別なものとは何だったのか。

　それは，オハイオ州デイトンという場所でもなく，それが胆嚢摘出術という，病院での処置を対象としていた点でもない。彼は，その医療チームが，国家的問題を解決するために，FASTダイアグラムとユーザー・顧客測定という機能的アプローチを適用したことに感動したのである。

　彼は，「もし，価値分析が，飢餓，汚染，薬物依存，そして究極的に価値の低い戦争といった世界的な問題に適用されたらどうなるだろう。」と考えた。

　彼は，価値分析が成長し，仕事の場を超えた問題に対処することができるようになるに違いないと考えた。彼は，価値分析が世界の問題を解決する可

能性を信じ，その課題を我々に残したのである。

父親像

　ラリーを父親のように思っていたものは数多くいる。ジョン・グルーハイスは，こんなことを覚えている。

　ラリーに最初に会った時から，親子のような強い絆で結ばれているように感じた。その頃，私は20代半ばで，価値分析・価値エンジニアリングに関わってからまだあまり時間が経っていなかった。彼のいつも穏やかで自信に満ちた様子は，ラリーと同じくネブラスカで生まれ育った私の父を思い出させた。最初の頃はわずかしか話をしなかったが，彼はいつも，私の選んだ価値エンジニアリングにおいて最善を尽くすよう強く励ましてくれた。

　12年ぐらい後になると，私は，価値エンジニアリングによる個人的，具体的な恩恵を感じ始めていた。その頃，ラリーと話している時に，私は，彼のサポートと激励に対し感謝し，私の成功の多くは彼のおかげであると述べた。「あなたの機能的手法がなければ，今の私はありません。」と私は言った。すると彼は微笑み，いつもの控えめな言い方で「ありがとう。」と言い，私の価値エンジニアとしてのキャリアの中で最大の賛辞となる言葉を送ってくれた。彼は，時期が来たら個人的に私を価値分析学界のフェローに推薦したいと言ってくれたのである。それは10年以上前のことで，残念ながら，彼のその言葉は最後の数カ月まで実現しなかった。

　彼と最初に会ってからもう20年以上経つ。もう彼はいないが，彼の存在は，彼に会ったことのあるすべての人の中で生き続けていくだろう。彼のことをよく知る少数の者にとって，彼は，価値エンジニアリングという思考システムによって記憶されるだけでなく，それよりもっと大切なことは，彼の愛情に溢れた優しい人間性ゆえに記憶に残るであろう。

ウィリアム・ケリーも同じ考えを述べている。

ラリー・マイルズは，真の紳士であった。彼は，人に刺激を与え，努力を認め，アドバイスとサポートを与えた。彼は「価値エンジニアリングの父」と称されるが，その決まり文句についてあまり深く考えたことがなかった。彼は，価値エンジニアリングに関わる者すべてを家族とみなし，そのように扱ってくれた。彼は，彼のシステムとその無限の可能性に対する自信に溢れた理想の父親であった。親とは，家族と逆境の間の前線で戦う部隊である。親がいなくなると，子はその前線に進み出る。私は，その避けがたい事実と直面するのが嫌で，ラリーはサンアントニオで私たちと共にいた記録が残っているのに，本人が戻ってくるのだと思い込もうとした。

謙虚な偉人

エド・ニコルズは，ラリーを「謙虚な偉人」だと回想している。

私は，1963年にバリュー・エンジニアリング社という小さな会社に入り，すぐに最初の価値エンジニアリング研修ワークショップに押し込まれた。講師は，ずっとラリー・マイルズ氏（私はその名を聞いたことがなかった）のことを価値エンジニアリングの父と呼び，賛辞を送っていた。その後まもなく，私はまた別の価値エンジニアリング研修ワークショップに送り込まれたが，その講師（別の講師）もやはり，ラリー・マイルズ氏を価値エンジニアリングの父と呼び称賛していた。その時私は，この人物に会ってみたいと思った。私は，彼について，長年周りから認められ賛辞を送られて少々甘やかされた人物のイメージを抱いていました。それは全くの誤りでした。その後の米国価値エンジニア協会の大会でついに彼に会ってみると，長年の知り合いのように接してくれる，他に類を見ないほど謙虚な偉人でした。言うまでもなく，私は光栄でした。何度か大会で会いましたが，必ずいつもの親しみのある挨拶をしてくれました。その後の彼との付き合いはいつも心地よく，またそれ以上のものでした。私は，彼の思い出を大切にしており，よく「この道は一度しか通らない。」という詩を思い出す。

ラリーのことを「謙虚」と評したものは他にもいる。ラリーが，傲慢，横柄，尊大ではなかったという点では，この言葉は正しい。しかし，「謙虚」とは，肯定的な言葉ではない。ラリーは，本当にすべての人に対して興味を抱いていた。彼は，完璧な聞き手であり，リチャード・ブラッディハウスは彼についてこう述べている。

　かつて私の父は，真に偉大な人を示すものは謙虚さだと話してくれた。おそらくそれは，何か偉大なこと，人がやったことのないことを成し遂げた人は，その分野で少し上から他の人を見ることになることを分かっているからであろう。

　ラリー・マイルズの場合もまさにそうで，彼の場合は，謙虚さよりもさらに進んだものである。ラリーの特質は数多くあるが，そのうち印象的だった3つについて述べてみたい。

　人への支援

　他にも偉大な人に会ったことはあるが，彼ほど，大望を抱いた人に対して支援してくれる人には会ったことがない。彼は，同じ分野を学ぼうとしている人に対し，あらゆる機会をとらえて励ましてくれた。

　真の友情

　相手に何かして欲しいからとか，相手の持っているものが欲しいからといった理由で友好的に振舞う人はいる。ラリーは違う。彼は，真の友人であり，人のありのままの姿を認めて好きになってくれた。

　共有

　自分の知識を出し惜しみしたり，全部を教えなかったりと，利己的に自分の知識を防護しようとする人がいる。ラリーは違う。実際，彼は，聞いてくれる人すべてに対して自分の知識を分け与えようとしていた。彼が亡くなる数カ月前に彼を訪ねて，私がブラック＆デッカー社でやったことを話して彼を喜ばそうとした。彼はしばらく私の話を聞いてから言った。「さて，非常に興味深い話だが，君は一人でずっと会話を独占している。私には君に伝えたい重要な考えがある。」そして，彼は，価値分析がどのようにして始まり，今どうなっていて，これからどうなっていって欲しいと思っているか

資料3　287

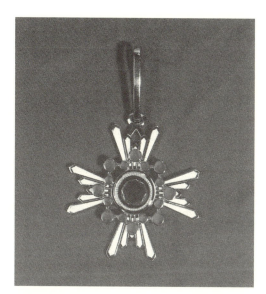

瑞宝中綬章

1985年日本価値エンジニアリング協会のレセプションで，参加者に勲章を披露するマイルズ夫人と上野博士

第Ⅲ部　VA創始者マイルズ師の思想

1941年に価値分析を始めるきっかけとなったB17スーパーチャージャーに敬意を表するマイルズ。「部品ではなく機能を買う」方針により，週の生産数が50個から2,000個に増えた。1984年4月，ラリーは，オハイオ州デイトンの空軍博物館でターボチャージャーを見つけた。

資料3 289

マイルズ夫人と上野博士

1985年，ラリーへの勲章の授与のため訪れた日本で，勲章を受け取るエレノア・マイルズ

語った。

彼の自分を目立たせない態度は，二つの事実に基づくものである。彼が「すべてを持った」人であったこと（責任を持って効果的に行動する）と，エレノアがいたことである。ダスティ・フォークスが言うように，彼は，まさにその時代の伝説であった。

今日の優れたものを求める挑戦も，過去とあまり変わらない。私たちにとって，その違いは，単に今までに出会ったことのないものだということである。ラリーの1940年代における挑戦も，彼にとってはやはり新たなものであり，彼は，過去の方法に頼るのではなく新しい方法を創造した。その時点における状況や将来の状況に対処するため，既存の方法の代用策ではなく補足的な手段を作り出したのである。

その中で，彼は，個人的な損失や嘲りを恐れることなく，伝統に挑戦することを根本とする，別の方向性を持った可能性を構築することを選んだのである。

あらゆる文明，社会，職業において，表面に現れるものは，今までよりも少々優れた結果である。ロジャー・バニスターの1マイル4分の記録も今や過去のものである。ピート・ローズは，不可能に思われた目標を達成した。ドワイト・グッデンは，1シーズン20勝を達成した最も若いピッチャーとなった。このような例は数知れず，これからも続くであろう。

偉業を達成した人物は，物事の可能性を捉える洞察力に優れ，現状に妨げられることなく，それを計画に変換することができる。それどころか，望ましい状況を作り出し，その可能性を高めるのである。

ラリーは，この主義に対する献身と専心を決して断念することがなかった。彼の指導を直接受けた数少ない人間の一人として私が言えるのは，私たちは常に，完全な成功以外の結果を予想することがなかったということである。ラリーの指導力とはそのようなものであり，周りの人に対する彼の信頼によって，仕事をやり遂げる環境を作り出していたのである。

資料 4

Miles Value Foundation, Video Message（『マイルズ財団のビデオによる
マイルズメッセージ』の翻訳）

　下記内容は Miles Value Foundation の本人またはナレーターによるビデオ
内容を翻訳したものである。全部で 5 篇であり各 10 分から 15 分の内容であ
る。
　「価値分析の物語（Part 1）」,「価値分析の物語（Part 2）」,「価値分析の物
語（Part 3）」,「ローレンス・マイルズが遺してくれたもの」,「ラリー・マイ
ルズってどんな人」である。

価値分析の物語（Part 1）

価値分析と呼ばれる問題解決プロセスの創造者
ローレンス・D・マイルズとの討論

ナレーター　1947 年，ローレンス・D・マイルズという若手の電気技術者は物
に対してコストがかかり過ぎていると感じていた。この物語は，将来を見通す
力のある GE 社購買副社長の支援がなければ始まらなかった。
　その後 5 年間で，彼は世界で初めての，コストと機能の最適化システムを作
り上げた。この価値分析（VA）というシステムは拡大し，強化され，世界の
注目を浴びた。
　1983 年 10 月，日本 VE 協会は，マイルズを日本に招待した。マイルズは，
VA を適用して優れた成果を上げた日本企業を表彰するため，授賞式に出席し
賞を贈呈した。

292　第Ⅲ部　VA 創始者マイルズ師の思想

　80 歳の誕生日の前夜，数名のメンバーとアメリカ VE 協会のメンバーが東海岸チェサピークの自宅を訪れ，VA 開発の物語，彼らが VA を採用した動機，マイルズへの称賛，VA がコストと機能に関わる問題を解決する究極の方法論であるという確信について語った。以下は，このインスピレーションに満ちた 3 日間の対談から抜粋したものである。

マイルズ　おはよう。この価値分析と呼ばれる新しい技術の始まりと主な強みをお話しできることを嬉しく思う。物の考え方に関する有効な技術が 100 年毎に 2〜3 出てきており，これらについてお伝えしたい。

　私は，農家の出身で，GE で技師として働くようになった。GE での勤務時代，すべてのものにコストがかかりすぎていると感じていた。どこにどれだけのコストがかかっているかということを誰も気にしておらず，そのことがずっと気になっていた。上司に相談すると，彼はその場で購買副社長に電話し私の意見を代弁してくれた。購買副社長は，私を副社長のところへ送るようにと言った。一か月後，私は，購買副社長の基で働いていた。そこで，私は，何にコストがかかるのかを掴むことができた。

　そのころ国は大変な状況で，飛行機や銃などすべての装備を作るための材料が不足していた。私の仕事は，それに必要な特別な材料を見つけることだった。そのわずかしかない材料をすぐに手に入れるために大変な努力を行った。1940 年代，どの工場も品切れ状態だった。しかし，私は，飛行機のターボスーパーチャージャーの生産量を週 50 個から 2000 個に増産するために必要な物資を調達しなければならなかった。他の製品も同様だった。

　自社工場にあった図面（仕様書）を持っていっても，それを手に入れることは難しいと思われた。しかし，機能に関する仕様書があって，その製品は何をするためのものかが分かっていれば，それができるものを何とかして見つけることはできた。この方法が多くの場合に役立った。ひとつ例をあげよう。市場では，2 年もの間コンデンサーと抵抗器は供給不可能になっていたが，私は次の週からコンデンサーと抵抗器のすべての注文を毎週納品するように言われた。私は，生産マネージャーに，誰がそれに賛成しているのか尋ねた。彼は，君の上司のハリー・エルリッカーも同意していると答えた。エルリッカーに尋

ねると，それは事実だった。だから従った。私が調達した部品は図面にあるものと同じではなかったが，機能は同じだった。それらは，非常に重要な電子装置の開発に使用された。こういった経験から分かったのは，最も興味深いこと，最も価値のあることは，図面や仕様書に指示されていることではなく，何が本当に必要で，何に使用するのかということだった。

時は経ち，私はある工場の購買責任者となった。しかし，必要なものの調達には材料仕様よりもっとよい方法がたくさんあるはずだという考えは私の頭から離れなかった。だから当時の購買副部長のハリーに「ここの工場での購買業務を辞めて研究をしたい。私はもっとよりよい方法で必要なものを調達して，その費用を支払う方法を見つけることができると信じている」と伝えると，ハリーはやってみなさいと言った。

1947 年 11 月末，スケネクタディに戻った。ウィリアム・スレデンスケックという営業マネージャーに出会った。彼はとても明敏で聡明な男だった。彼はその後購買副社長になったのだが，彼が私のオフィスにやってきて，ハリーに，「次の仕事を開始するまで少し時間があるから，やりたいことを聞いてきてくれと言われた」と言った。「私は君の上司だ」と。そして私たちは一緒に働き出した。

私は，ビル（ウィリアム）に，関係者との面会の予約を取って欲しいと頼んだ。私は「違う視点で見ることができる。ただ材料を購入するわけではなく，機能を購入することだ。材料を購入するのではなく，何かしらの機能を購入すれば，もっとうまくいく」ということを彼に伝えると，彼はそれがどういうことを意味するのか尋ねてきたので，私はたくさんの事例を彼に見せた。例えば，この冷却器の制御装置の留め具はブロンズ製で，年に 9,000 ドルかかっていたが，その機能はカバーを止めるというだけのもので，年 3,000 ドルでそれが可能だった。このチューブは年 50,000 ドルかかっていた。仕様書にあるものではないが他の部品を使えば年 25,000 ドルに抑えることができた。それを伝えるとビルは賛成した。そしてどうやったらよいかと私に尋ねた。私は，いくつかのサポートが必要で，予算もいることを伝えた。彼は「じゃあハリーに会いに行こう」と言った。彼はハリーに電話して私達は会いに行き，同じものを見せ，今までのアプローチとは違うということを示した。ハリーはこの方

法に賛成し，エンジニアリング担当副社長のハリー・ウィンに連絡し，会う約束を取り付けた。私は彼に機能を買うという方法を説明し，彼もこれに賛成した。ハリー・ウィンはこう言った。「これは，無駄なコストを探し出してそれを排除するために，エンジニアにとって最も役立つ方法だ。」

この方法は何という方法か聞かれてまだ名前がなかったので，なんと名付けようかという話になった。彼は言った。「これは，明らかに「経費削減」ではない。単なる「費用分析」でもなくそれ以上のものだ。「機能分析」でもない。「機能分析」という方法は別にあって，それとは違う。「価値分析」という名前をつけるのはどうか。何らかの価値を持つものはすべて適切な機能と適切なコストを持っている。その2つに注意しなければならない。」私は賛成した。GEのトップリーダーであるエンジニアリング専門家の賛同を得て私は非常に嬉しかった。

それから数日して，ハリーは私に製造副社長のニック・ドゥーシュミンと会う約束を取り付けてくれた。購買部は，彼に業務報告をすることになっていた。面会の約束はたった20分だったが，実際は，彼が面会を終了させたのは2時間以上後だった。私たちは，例を用いたりして，どのように行ったかを説明した。彼は私たちの話を聞き理解してくれた。私たちの話が終わると，彼は「君に年1000名を教育してほしい。頼んだぞ。何かを始めようとするときに，まずやらなければならないことは，それを行う優秀な人材を獲得することだ。」と言った。ビルは，「人を雇うときは，自分よりも優秀な人間を獲得しなければならない。優秀な人間は，それをちゃんと理解して実践するよ。」と言った。そして私はその理論に基づいて働き始めた。

トレーニングオフィスには工場からのエンジニアがやってきて，製品を持ち寄り，私たちの監督のもと，それについて検討した。エリーの機関車部門の1人の若いエンジニア，ロイ・M・ファウンテンは，初めはどうしたらよいか悩んでいたが，ある日，彼は変わった。製品を分解し，その性能とコストへの影響を分析した。彼は業務を終了し，エリーの工場に戻っていった。私は，事業部門の優秀な人材の進路に影響を与えて不評を買わないよう，GEで成功するために注意すべきだと思っていたので，彼に何のオファーもしなかった。

1カ月後，彼は工場の機関車部門に出した提案の手紙のコピーを送ってき

た。その提案は非常に有効で実行すべきものであることはすぐに分かった。しかし，それを受け取った彼の上司はそれを却下した。何という言葉であったかは覚えていないがそれは重要ではない。とにかく却下したのだ。それで私は，ロイは十分に力を発揮していないし，私は彼をオファーするに十分な給料をもらっていたので，ロイにポストをオファーし，チームへ引き抜いた。

　ロイの最初の仕事は年千人という人の教育だった。私達は一緒に働き，1952年10月に初めてとなる大きなセミナーを開催した。色々な職種部門から約60人もの参加者が集まり，4週間にわたるトレーニングを行い，価値分析を進展させた。これが価値分析の始まりである。

ナレーター　最初のセミナーから30年経つ今，価値分析は，コストと機能に関わる問題解決の一番の方法となっている。この方法がこれほど劇的に拡大したのは，真のニーズに応えるプランを提供してきたからであろう。そのようなプランはどのように生まれたのか，実行するためには何が必要だったのか。1952年から1959年までの非常に重要な時期にマイルズの補佐を行ったのは，ロイ・ファウンテンである。

価値分析の物語（Part 2）

社内・社外の人々を効率的に VA 教育するには

マイルズ　ロイ，君が行ったセミナーの後，参加者60名が100前後の部署に戻って行って価値分析の技術を広げるのはとても大変な仕事だったと思う。どうやって価値分析を会社全体に広げていったんだい。

ロイ　私が思うに，一番受け入れられるのは，何よりも結果であり，結果を出す人間がいることだ。君のオフィスで社内教育を受けた人々もそうだが，それに加えて，その第1回目のセミナーを受けた人々からとても早くに結果を出すことができた。興味深いのが，その1回目のセミナーの後間もなく，2回目の

セミナーの希望があったことだ。2回目のセミナーでは，4週間160時間というプログラムを効率化し80時間に短縮し，その後60時間，40時間と短縮することができた。こうして私達は1,000人という目標を達成した。たぶんあなたはどうやってそれを社外に広げたのかを少し話したいのでは？

マイルズ　それが重要なことで，私としてはそこが論点の中心だと思う。知っているとは思うが，実際，価値分析をわかっていない人々は，すでに大きな管理権限を持っている人々だった。彼らは自分たちのやり方に影響を及ぼす可能性のある自分たちが理解できないことを受け入れるということに不安を感じていた。それは確かに事実で，今でもそうだ。多くの管理職が，自分たちが理解できないことを他の人々がよくわかっていて，自分たちには学ぶ時間がなかったため躊躇した。しかし，ロイのグループは下のレベルの人たちに教えていた。私達は下のレベルの人々からやり始め，下のレベルから成果をあげてきた。

　そして，ある日，ビルがやってきて，「GEにとって，価値分析による利益は，顧客がそれを使ってよりよい製品を作り，GEに対するモータやスイッチギアの注文が増えてこそ生まれるものだ。」と言った。そこで，価値分析を社外に広めることにした。ビルは私達が出かけて顧客たちに面会できるよう準備してくれた。私たちはカリフォルニアに何度も話をしに行った。タービンの注文を取るためのユーティリティについて支援するため，ロサンゼルスに行った。何人かの管理職がためらっていたのを覚えている。ある副社長は私達が社外に出かけて行って，この方法について話すための経費は認められないと言った。社内だけにして社外には低いレベルだけに留めておくようにと。

　もう一つ重大な点は，GEは購買品に年に数億ドルというお金を支出していたことだ。もし私達の仕入先がこの方法を使用してくれたら経費を大きく節約できる。そうするとやはり，仕入れ先にもこの方法を使ってもらうには，出かけて行ってこの方法を示す他はなかった。多くのケースでこれを行った。数日かけて，価値エンジニアたちに，私たちが多く使っている仕入品を調べてもらった。ビルも言っていたように，社外で行うためには，ただ単にその方法を伝えるのではなく効果的に行うことが重要だった。まず潜在的な顧客から注文

を受け，次に仕入先に伝えるというやり方だ。

　1つ例をお伝えしたい。海軍に参入したことだ。どうやって参入したかというと，タービン部の責任者グレン・ウォランが船のタービンの2000万ドルの注文を取ろうとしていた。予断を許さない状況で，たくさんの競合がいた。そして彼は私に「これはとてもいい方法で，海軍にはこれが必要だ。私はこの価値分析を，2000万ドルの注文を取るためのサービスとして使いたい。」と言った。私はそれを認め，彼はその注文を勝ち取った。これが，価値分析が外部に伝わったステップの一つだ。

ロイ　価値分析という用語がどうやってできたかを説明してくれたね。今では価値に関する分野で，他に多くの用語があるが，価値エンジニアリングという用語がどうやって生まれたのかを説明してくれるかい。

マイルズ　もちろんだよ。船舶局の責任者アドミラル・レゲットは価値分析にとても興味を持った。数人を私たちのところに送ってきてセミナーを開き，ロイがそれを手伝った。その後セミナーをもう一度開いた。その後で彼が連絡してきて，問題があると言った。「価値分析はとてもすばらしいものだ，海軍でも非常に役に立つ。すぐに始めるつもりだが，これは違法になる。私達は合法的に人を雇ってそれを行うことができない。私達は価値分析者が必要だが，その人のためのポストは，海軍にも国のどの部門にもない。数百人のエンジニアを送れるのだが，音響エンジニアでも重量エンジニアでも何でもいいから，何かエンジニアに付ける名前を考えてくれないか。」そこでVA（価値分析）はVE（価値エンジニアリング）に名前を変えた。

　私は，「同時に，もう一つやらなければならないことがある。海軍が価値エンジニアリングで恩恵を受けるためには，他の軍に対しても同じように教えなければならない。価値エンジニアリングという用語を使い，他の軍に対してもそれを教える」と言った。そこからいろいろな恩恵があった。その頃，価値エンジニアリングという用語は，政府の他の様々な組織に広がっていった。ウォーターブリエット武器庫や，その他国中の十以上の場所に広がり，私達は出かけて行ってセミナーを開催した。あれはウォーターブリエット武器庫のレ

298　第Ⅲ部　VA創始者マイルズ師の思想

イ・スペナードだったかな。彼らはプロジェクトを行っていて，非常に熱心に取り組み，国のためにとても役立ち，この語が広がるのに貢献した。

ナレーター　マイルズは価値分析のパイオニア，R・グレン・ウッドナードを招いた。

グレン　一人だけで，効果的な価値分析プログラムを始めたり継続していきたいと考えている価値分析の実践者とその上司へ何かアドバイスはあるかい？

マイルズ　とても大事な点を言ってくれたね。たくさんの人が一つのことを同時に始めるというのは非常に難しいことだ。孤独な実践者は友人を作らないといけないし，助けてもらえるようにしなければならない。その人は，とても重要な任務を持つ人であり，新しいツールを使おうとしており，助けが必要だ。会計部門からの助けが役立つことがよくある。財務担当者はよいサポーターだ。ミーティングでもっと多くの収入が必要だとか，何が起きているかを話してくれる。それに上司に口を利いてくれる。財務の人々が仲間になってくれることが多い。エンジニアリング部には様々な人がいる。コストを気にしない人もいるが，気にする人もいる。個人的にもビジネスにおいても。そういう適切な人を選び，一人か二人と親しくなって，彼らのサポートを得る。実際そんな人たちはサポートすることに意欲的だ。

　他には，ご存知のように，私たちはまず購買部門から始めた。購買部の人々が，まず，最初にトレーニングを受けた。購買部の人々は，たいていがその仕事に向いていて，お金を払って物を手に入れるという仕組みを理解している。そのため，彼らは助けとなるし，具体的なアイディアや解決策を社外の供給業者を呼んで見出してくれる。管理職や会社の上層部からのサポートを得るための助けともなってくれる。

　つまり重要なことは，そういう人は本当に助けが必要だということだ。これまでに，これらの技術はまだ試行段階なのかと質問されたことがある。それに対して，私たちは「この技術の有効性を証明した人が世界中に数多くいる。そしてオームの法則と同じように確信をもって使っている。これらの技術は確か

なもので，試験段階ではなく，試験は終了している」と答えている。ただ一つ言えるのは，まだそのオームの法則を学んでいない人がいるということだ。どうやって実施するか，どうやって達成するかに関して，まず基本的なことから始めてみよう。私たちは経験から学んだ。それは価値分析によって業績をあげることだ。それは，その仕事に責任を持っている人たちが行うのが最もよい。エンジニアリングのプロジェクトであれば，エンジニアが関わっていなければならないし，エンジニアがコストや質の改善を望むべきだ。そして彼がどうやってそれを行うかを学んだら，それを現場に持ち帰って実行すればよい。これは簡単なことのように聞こえるが，簡単ではないし，実際今までも簡単ではなかった。しかし最近は，結果を出すという事が何より大切になってきているので，結果を得るために，この方法が他のどの方法よりも実践されるようになっている。どんな経験がある？

男性　私の経験ははじめのものと同じだ。1回目のプログラムを開催したとき，プロジェクトに対して責任を持たない人を対象にしていた。なぜなら，何かを創造するときには，責任がない方がやりやすいと思っていたから。もし問題があったとすれば，その時私達のスタッフには創造性についての専門家がいなかったということだ。それでよく，創造的エンジニアリングプログラムのマネージャーを呼んで，創造性について話をしてもらった。しかし，それは私たちの求める創造性と全く同じというわけではなかった。彼らは忙しいので，話し終わるとすぐに出て行ってしまった。創造性について学んだのはそれだけだった。

　価値分析についてだんだん理解し，教え方も分かってきた時，創造性についての専門家を見つけ，助言を得た。創造性の問題を解決しプロジェクトを成功させるためには，知識や経験があって，そのプロジェクトに責任を持つ人が1人でもいる方がよいということが分かった。彼は，少し違った表現をしたが。彼はこう言った。「生産ラインの責任者にこの技術を教えるなら，その人が最終的に自分のプロジェクトにその技術を適用することができなければ成果は出ない。

300　第Ⅲ部　VA 創始者マイルズ師の思想

ナレーター　マイルズのスケネクタディグループのメンバーの一人が 1959 年に公表された。ダスティ・フォークスが価値分析を形づくり，それをまとめた。それ以後，一週間の価値分析セミナーで何千人もの人々を訓練した。マイルズは彼を回想して 1983 年にシカゴを訪れた。

価値分析の物語（Part 3）

価値分析は，皆さんが学ばねばなりません。
そして教えなければなりません。
他の人達に教えさせねばなりません。
そして自分で使わなければなりません。　　　　　　（マイルズの結論）

マイルズ　どんな部署も企業も必要とする素晴らしいテクニックがこのようにまとまりました。上手く行く事は分かっていました。グループの研修もしていましたが，それでもまだ上っ面をなでているだけでした。問題は，どのように取りかかり，どのようにやって行くかでした。私達が実践した 1 つの方法は，いろいろな研修コースに行って，誰かを自分たちの価値分析部門に招いて 3 ヶ月から 6 ヶ月実際に任務を与える事でした。そのようにして仲間入りした人物で皆さんに知って頂きたい人物をこの後すぐにご紹介します。彼は製造研修プログラムにいたのですが，彼に決めました。彼は直ぐに取りかかりました。彼に与えた任務は何よりも特にプロセッサーや原材料，問題の答になりそうな物，製品の供給業者を全米中から見つけ出す事でした。この任務期間中彼は該当する千の異なる企業の完全なファイルを作ってくれました。それは私達のセミナーでは非常に有用でした。私達は彼を大いに頼り，彼も非常によくやってくれましたから，今一番良いのは，彼から色々聞く事でしょう。では，ご紹介しましょう。ダスティ・フォークスです。ダスティ，あの当時の事を思い出して少し話してくれませんか。それから更に進めて話してくれませんか。

ダスティ　初めて任務をまかされた時，私はロイ・ファウンテンの所にいまし

資料4　　*301*

た。それであなたのオフィスへ行く事になったのです。ロイの経営研修プログラムがきっかけです。あなたから任された職務は，特殊材料や製品，製造プロセスなどであなたが行っている仕事について責任を持って補完することでした。本当に啓発されました。特殊材料の供給業者が価値分析に大きな可能性を開かせてくれましたが，それだけではありません。他のどんな活動であっても責任を持って行えば同じことです。あなたの支えがあって実行できました。社内の他の部署に情報を伝える事も非常に興味深い事でした。それに，研修では直ぐに私を非常に信頼してくれました。そのことは非常に感謝しています。それに当時からあなたは研修の可能性について非常に自信をもっていました。ご承知のように，あれから色々な事が起こりましたね。

マイルズ　結果が出せる分野には自信を持たなくてはね。私達はかなりの年月，年間千人も研修を行ってきました。私は彼らにアンケートを送り，1つ単純な質問をしてみました。価値分析方法論研修によって自分の能力全般が高まったか？何パーセント？と問いかけました。サインは不要。ただ知りたかったのです。エンジニアか製造部門なのかチェックを入れてもらいました。どんな研修を受けたのか。どの部署で仕事をしているか，エンジニアリングか製造部門か。何なのか。驚いたのは，数千人から得た結果は平均で22%でした。そしてその結果を研究し，幾つか明確なコンセプトを得ました。1つは，優秀な人々ならばこれは明らかに大いに活かせる方法であるということ。能力がさほどでない人達については，そのような表現を使うのはやむを得ない事ですが，この方法からさほど利益を得る事はできません。結果について，私は研究して考えをまとめました。全ての領域で能力が下から25%の人はともかく，次の25～50%の人は能力や技術は更に50%伸びる事が期待できます。プラス50%の成果を上げるでしょう。それから上のトップ半分の人達の成果はまさに素晴らしい。彼らはこのテクニックの結果，100～500%能力が伸びます。この報告を私は示してきました。

ナレーター　過去30年，GE社内でのプロセスであったGE価値分析は世界的な問題解決システムとなりました。そしてバトンは引き継がれました。新世代

302 第Ⅲ部 VA創始者マイルズ師の思想

がこのプロセスを実践し，更に優れた物にしています。新世代の価値分析の専門家の1人は，スケネクタディでのマイルズの最初のメンバーの1人，ダニエル・バーローの娘です。パトリシア・バーローがこの職業についてマイルズと話します。

マイルズ　パトリシア，君の考えを少し話してくれないかな。

パトリシア　ラリー，ちょっと考えていたのです。この価値分析分野において1から10まで10段階あるとしたら，1は始めの段階で価値分析のコンセプトの段階。10は究極の段階，つまりこの開発プロセスの最終，終わりの段階です。その1から10までの段階で，現時点での価値分析はどの段階にいるとお考えですか？

マイルズ　パトリシア，私達は価値分析を今始めたばかりだから，2.5 かな。

パトリシア　2.5 ですか。ということは 10 まで進むには相当かかりそうですね。それで 10 って一体どういう物だとお考えですか？　価値分析で究極に達する段階とはどういうものですか？

マイルズ　究極のゴールには決して到達できないでしょう。なぜなら，人間は非常に多様で，価値方法論は人が達成したいと思う事を達成する手助けをする方法であり，基本的には人を育てる方法だからです。

パトリシア　人を育てる。人を育てるとはどのような意味ですか？　教えて下さいませんか。

マイルズ　人にはそれぞれ自分が成し遂げたいと思う何らかの活動があります。ミュージシャンならトップミュージシャンになりたいと思うし，エンジニアなら素晴らしい設備を設計したいと思う。自分でパンを焼く人なら，美味しいパイを焼きたいと思う。価値分析の方法は彼らがやりたいと思う事は何で

あっても実現できるよう助けます。それによって何が重要なのかを整理する事ができるからです。良い仕事をするには何が重要かということを整理できるのです。本来の性分から言って多くの人は自分が上手くできる事にはそんなにエネルギーを注ぎたいとは思わず，ただそうやっているだけです。ですから次の事に取りかかりたいと思う人が出てきます。

パトリシア　うーむ，価値分析が1〜10までの10段階の2.5だと仰っいましたが，私達価値分析に携わる者の中にはせっかちな者もいて，価値分析は経済界や一般の人々に受け入れられていないのではないかと感じている者がいるようです。ですから，私達，特に私はこの分野では新人なので，どうやったら変えて行けると思いますか。価値分析が受け入れられるように。

マイルズ　そんな風に君が感じるのは良い事だね。だってそれは非常にその通りだからね。この方法論を使うと，持っている資源がどんなものであれ誰もが更に多くの事を達成できる。また，順を追った考え方を学んで自分がしたい事は何なのか，目的は，機能は，働きは，費用はどうなのかなどをはっきりさせる。そうするとより良い決定を下す事ができます。

ナレーター　価値分析の歴史を通して，最も大きな支援は社長や最高経営責任者達から寄せられています。シカゴを訪れて，マイルズはそのような業界のリーダー達と会いました。

マイルズ　梱包，材料管理用の結束システムの世界的メーカー，シグノード・インダストリーズ社の社長，ジョン・ダイニンガーとこのようにお会いでき私はとても嬉しく思います。ジョン，価値分析を使ってあなたが実践してきた事について話を聞かせてもらえるのは興味深いですね。

ジョン　価値分析から私達が得た利益についてあなたにお話する機会がこのようにあって嬉しいです。大きなインパクトが我が社にはありました。従業員用に私達が準備したパンフレットをお見せします。この中には価値分析とは何

か，これがシグノード社にとって何をしてくれるのかが説明されています。マイルズさん，当社シグノードではあなたの価値分析は厳格な規則に沿った手続きです。それにより製品コストを削減し，製品の利益を高め，顧客に高い機能価値を確実に提供する，あるいはその価値を高めるものです。機能価値とはお客様に望みの物を提供する，あるいは我が社の製品からお客様が期待する物を提供し，お客様が必要としない物の提供を減らす事です。

マイルズ　ジョン，ほとんどの企業がこのような改善プログラムを行うのは，問題が起こってからです。通常は競争あるいは利益又はその両方の問題です。思うにあなたは次のように考えたに違いない。つまりこのようなプログラムを実施しなかったら早晩そのような問題が生ることになったと。ですから，どうしてこのプログラムに参加する事になったか，どんな事をしたのかお話しして下さい。

ジョン　率直に言って，「価値分析」や「価値エンジニアリング」という言葉はしばらく前から耳にしていました。従業員の中にもある程度経験している者もいました。しかし，表面的にすぎませんでした。正式なプログラムのメリットが分かって，そしてまさに厳格な手続きと仕組みが分かって初めて真のインパクトを発見し始めたと思います。

マイルズ　なまじっかな知識は予防接種のような物だと最初の頃から完全に分かっていました。人々に更に教えるのがもっと難しくなると。でもあなたはそのような山は越えているようですね。

ジョン　その通りです。私達は全力を挙げて最初のチームを選抜しようとしているところでした。様々に本格的な研究をさせました。その結果に驚きました。
　マイルズさん，私達は価値分析を採用して成し遂げた成果に非常に喜んでいます。そのおかげで顧客により大きな機能価値を提供でき，我が社の事業の幾つもの分野で生産性を向上できました。個人的にも本当に感謝しています。あ

なたのこれまでのご尽力の全てに。そしてかなり以前に開発したコンセプトをこうして伝えてきたあなたの努力がついに充分に認められるようになってきました。

マイルズ　どうもありがとう。

ジョン　この方法は私達が今使える最も強力な生産性向上ツールの1つだと思っています。

マイルズ　それは良かった。あなたのような方が実際に活かしてくれる。それが全てを語っています。産業界の皆さん，専門職の皆さんに申し上げます。専門的なテクニックが揃っています。これはどんな種類の問題であっても解決の手助けをしてくれます。ですが皆さんが学ばねばなりません。そして教えなければなりません。他の人達に教えさせねばなりません。そして自分で使わなければなりません。

ナレーター　1985年10月23日，故ローレンス・デロス・マイルズに対し，日本の通産省が天皇陛下に代わって，勲三等瑞宝章を授与しました。この勲章は長年にわたるそれぞれの専門分野での貢献が認められた市民に対して贈られる物です。アメリカ人でこの勲章を贈られたのは他に3人しかいません。リリアン・ギルブレス，ピーター・ドラッガー，そしてW・エドワーズ・デミングです。マイルズ氏の技術的な功績のレガシーはそのような評価にふさわしい物です。

ローレンス・マイルズが遺してくれたもの

　私達が知っているラリー・マイルズは20世紀のパイオニアです。リスクを厭わず，並外れた功績を立てた人物。これからお話するのは，未来のために彼が遺してくれたストーリーです。

306 第Ⅲ部 VA 創始者マイルズ師の思想

　ラリー・マイルズは引退した老後の年月を多くの友人達とともに故郷のメリーランド，イーストンで過ごしました。これは彼のボート，デューク号と一緒に写っているラリーです。このボートで家の近くの水上での楽しい時間を過ごしました。当財団には「ローレンス・D・マイルズ回想録（Recollections）」というタイトルの書が有り，米国 VE 協会のオフィスから入手できます。ラリーの生涯，そして世界や人類への彼の貢献についてもっと深く知りたいと思う方はどうぞ，ご覧ください。

　財団では価値分析および価値エンジニアリングについてのラリー・マイルズの著作，原著の出版を続けており，論文は全て一般利用できるようウィスコンシン大学，ウェンド図書館にアーカイブ化し保管されています。そして私達のホームページからアクセス可能です。

　ラリー・マイルズはネブラスカの農場育ちでした。聡明でハイスクールは 4 年ではなく 3 年で卒業，学士号を取得し，教師となりそれからハイスクールの校長，そして銀行の出納係。全て 26 歳までのこと。電子工学の学位を取り，28 歳になるまでにゼネラル・エレクトリック社で真空管の設計をしていました。35 歳になるまでに自分の名前で 12 の特許を取得しました。それから第二次大戦。

　ラリー・マイルズは第二次大戦中ゼネラル・エレクトリック社で購買担当でした。戦時中は至る所で材料供給が不足していました。彼は職責を果たすべく同じ機能を持つ代替品を購入し，非常に手際よく行いました。戦後，GE 社は引き続き費用効率性及び競争力優位性を保持できるよう彼が実践した事を文書化し形に残すよう彼に求めました。彼は従いました。1947 年，価値分析が正式に誕生しました。彼の方法論はほぼ 10 年間企業秘密でしたが，ついに 1954 年のある日，GE 社は米海軍艦船局と契約する事になりその手法が明かされ世間の知るところとなりました。1959 年，米国 VE 協会，現在の SAVE インターナショナルが創設されました。後は知っての通り。1963 年までに，国防省の 3 軍が積極的に価値エンジニアリングを使用していました。1967 年米国上院で第一回公聴会が開かれ，多くの政府機関が価値プログラムを開始しました。その中には GSA（一般調達局），EPA（米国環境保護庁）や連邦道路管理局等があります。1996 年連邦議会は連邦政府の全機関での価値エンジニアリ

資料4　*307*

ングの使用を広く進める公法を初めて通過させました。

　議会でそのような経緯になりました。というのも30年から価値分析の方法論が使用され，これはあらゆる物に適応できると確信していたからです。法規，規則，建設，設計，経営，製造，供給，サービス，手続き。まさに全てです。価値分析と呼ばれてスタートした同じ方法論が，応用分野によって他に色々な呼び方がされています。この方法論を使う者たちの間ではそれぞれ区別せずに用いています。その秘密は何でしょう。どうしてこの方法は全てのもの（物や物ごと）に応用できるのでしょう。その答は価値分析の定義にあります。

　ラリー・マイルズはそれを文書化し方法論として残しました。彼は価値分析の定義を計画的支出としています。偶然に発生するものではなく意図的なものです。時間とお金をかけた体系的組織的な取り組みです。1つの目的を持って行われるものです。それは，あらゆるものの機能を分析することです。システム，設計，基準など。それが秘密なのです。あらゆるものは機能を有しています。だからこそあらゆるものに応用できるのです。価値分析の目的は必要とされる品質の全てを満たし，使用者の要求を満足させる事です。信頼性，耐久性，メンテナンス性など，全てです。この定義は誰にも何の犠牲も求めません。使用者のニーズを全て満たす事を命じるだけです。しかしながら最適の総保有コストで。言い換えれば，ライフサイクルコストの最適化です。ライフサイクルコストは使用者のニーズの全てを盛り込んでいます。信頼性，耐久性，メンテナンスに必要な全てをです。

　ラリー・マイルズは価値の研究を行うために手順を明記しそれをジョブ・プランと呼びました。これは科学的な問題解決法です。2，3加わった物があります。先ずは「情報」の段階，その直ぐ後に「機能」の段階を加えました。2番目は，他とははっきり別の「創造的」，あるいは「推測的」な段階です。この段階は「情報／機能」段階や「判断／分析」の段階と決して結びつく事はありません。ジョブ・プランでの段階の数は重要ではありません。しかし，価値分析では，機能を果たすための代替方法を創造的に模索する前に，機能を明確にします。ラリーは日本で功績が認められました。彼の方法論が国の発展に貢献したと評価されたのです。そのような評価を受けたのは4人目で，あとの3人もアメリカの伝説的な人物ばかりです。

ラリー・マイルズは問題解決を試みる前に問題について考える事を私達に教えてくれました。それは非常に重要です。彼の有名な言葉「コストは全て機能に対するもの」が今も耳に響きます。彼はよく言っていました。「釣り人は魚を食べたいのであり，釣り針に餌をつけたいのではない。彼らは機能を果たすためにお金を使い釣りをするのです。」彼は教えてくれました。「どれほどよいアイディアを持っていても，人の感情が決断に影響を与える。」また，「障害を持ち出すのは言い訳をしようとする人間の本性です。」とも言いました。彼は成功するための特別なテクニックを教えてくれました。彼は「高品質なものは高コストである」という神話から私達を解き放ってくれました。

ほとんどの組織では価値分析は専従職で行っています。価値分析者に必要な技術は，リーダーシップ，文章力，話術，そして広い心。彼らに必要な性格は，忍耐力，如才なさ，粘り強さ，理解力，想像力，そして感受性です。価値分析者の職は過酷です。それに挑戦しようと意欲的に向かうなら，実は非常にやりがいのある素晴らしいものです。

これはラリー・マイルズがどのような人物だったかを示す言葉です。次の価値分析チームには是非とも欲しいと皆さんが思うそのような人。このような特徴は雇用主が最も欲しがるものです。

では，ラリー・マイルズのレガシー（功績）とは何でしょう？　ウェブスター辞典では，レガシーは「贈り物」と定義されています。贈り物というのであれば「受け取る側」がなければなりません。贈り物を受け取るのはこのプレゼンテーションに耳を傾けている全ての人です。

あなたが受け取る贈り物は，「自信」です。人生においていつでも何処でも使える問題解決のシステムを持っているという自信です。それは，個人の知識に関わらず，どんな事を学ぶ際にも使えます。この方法を使って全ての分野（建設，医療，産業，法律，コンピュータ等）での価値を高めようとするならば，次の事さえすれば良いのです。問題を明確にする方法を知り，その分野における適切な専門家チームを立ち上げ，そして彼らを成功へと導けば良いのです。私達のウェブサイトには価値方法論及びラリー・マイルズについて更に多くの情報が載っています。どうぞご覧下さい。

ラリー・マイルズってどんな人？

　ラリー・マイルズとはどんな人物だったのでしょう。また彼が遺した功績とはどのようなものでしょう。それでは彼の生涯を短くまとめてお話しします。

　ローレンス・D・マイルズは 1904 年生まれ。父親はデロス・マイルズ，公立学校の学長。母親はヴィネッタ・マイルズ，ネブラスカ州，ハーバードで小学校の教師をしていました。マイルズは非常に聡明で，通常は 4 年かかるハイスクールを 3 年で卒業しました。大学はネブラスカ州リンカーンにあるネブラスカ・ウェスリアン大学で，教育学の学位を取得し，卒業。

　1925 年，ネブラスカ州のウィナバゴのハイスクールで教師そして校長職に就きましが，1926 年，職種を変更し銀行業界に入りました。しかしそれには満足できず，工学を学ぶべく大学に戻りました。1931 年マイルズはネブラスカ大学工学部を卒業，電気工学の学位を得ました。

　1932 年ニューヨーク州スケネクタディのゼネラル・エレクトリック（GE）社での職を得，長期に渡り同社でのキャリアを積むこととなりました。最初の職務は真空管エンジニアリング部での設計技師。この職にいた 6 年間で真空管および関連回路の特許を 12 件取得しました。この間に，不必要なコストに対する意識が芽生え，物事を実践するためにより優れた方法を開発する必要があると考え始めました。コスト意識が高かったことで GE 社の購買部門に配属され，1938 年購買担当官に昇進しました。この間，マイルズは供給業者らと密に連携し，電子部品関連コストの削減を目指しました。その後さらに精密機械部品も対象としました。

　1944 年，マイルズは GE 社の子会社，ロック・インシュレーターに転属。ロックでの在職中，機能志向型問題解決法のプロセス開発を始めました。現在は価値分析の方法論として知られています。マイルズは価値分析の方法論の初期開発及び普及に重要な役割を果たしました。1959 年，彼は米国 VE 協会の創設に尽力，1960 年から 1962 年初代会長を務めました。このテーマについて彼の最初の著書，『価値分析の進め方』（*Techniques of Value Analysis and*

310 第Ⅲ部　VA 創始者マイルズ師の思想

Engineering）は 1961 年に出版。セミナーや講演活動をアメリカ国内や世界中で幅広く行いました。生涯多くの賞を受賞しましたが日本から授与された栄誉はその最たる物でした。

　1984 年，彼は亡くなった後で勲三等瑞宝章を天皇陛下より授与されました。日本によるマイルズの叙勲は，日本が工業経済大国になる際に，価値分析の方法論が大きい影響を与えたからです。更に，国際的にもドイツ及び南アフリカから彼は功績を認められています。ラリー・マイルズは製品，サービス，施設の価値を高めるのに価値分析の方法論がどのような役割を果たせるのかを例示してくれました。業務改善の分野の他のリーダー達，例えば W・エドワーズ・デミング博士やフィリプ・クロスビーらは，より華々しく知られていますが，ラリー・マイルズの業績は密やかに社会のためになり現在も息づいています。

付記　筆者のマイルズ師との出合い，そして VA との関わり

29歳　所属企業が実施した産能短期大学の VE72 時間ワークショップセミナーに参加。

32歳　所属企業 藤沢工場 VE 推進室勤務 兼 藤沢工場資材部兼務。
ラインファーン用消音装置の VE を実施（筆者の VE 取組み 1 件目）
（写真 3-2 参照）

33歳　日本 VE 協会全国大会で「サンドイッチ形機能系統図技法」を発表。
その年の最優秀論文賞を受賞。

33歳　所属企業 技術生産管理本部勤務 兼 本社 VE 推進センター兼務。
以降 53 歳までに約 350 件の VE プロジェクトに関わる。その内自社
以外（お取引企業や国プロジェクト）で 10 数件対応。

33歳　米国 VE 大会で発表（シカゴ）。マイルズ師宅を同行メンバーと一緒
に訪問。以後マイルズ師と 2 年弱の間で 5 通の手紙を交わす。

34歳　10 月マイルズ夫妻が日本 VE 協会全国大会に来られ 2.5 日間同行。

35歳　CVS（Certified Value Specialist）を 1984 年 12 月 5 日取得，後 Life
会員。

35歳　マイルズ師死去（1985 年 8 月 1 日）

35歳　マイルズ師夫人来日（10 月）に伴い，家族でおもてなし対応。

37歳　全日本能率連盟全国能率大会にて「研究開発段階における創造活動の
効率化とビジュアル化―アイディア展開図によるアイディア発想
法―」を発表。通商産業大臣賞を受賞。

38歳　米国 VE 大会で発表（マイルズ財団主催ハワイ）。

38歳　米国国防省海軍の潜水艦性能測定サーキットの水流発生装置の国際入
札で CVS として所属企業の技術評価と財務評価を行う（CVS 実務）。

40歳　EU 第 1 回 VM 大会で発表（イタリア ミラノ）。

40歳　所属企業が日本 VE 協会 1989 年度マイルズ賞を受賞（筆者事務局）。

41歳	日本VE協会VE普及研修研究会主査（総勢23名で2.5年間活動）。ブレイクスルーVE研修テキストとその教授法をまとめた。
41歳	米国VE協会認定ワークショップセミナー取得。5年間で認定者75名。その後，この取得者の中から3名がCVSを取得された。
42歳	横浜国立大学経営学部非常勤講師。「原価企画」を講義，その後9年間実施）原価企画講義の早い取り組みであった（延べ500名余に教育）。
40歳代	主要VEプロジェクト参画支援（フルタイム，要所参画，ライン業務）。 土壌改良技術事業化，真空式汚水収集システム事業化，小型焼却技術コスト削減，半導体製造装置（CMPほか）コスト削減，関係子会社の開発VEや管理システムVEを実施（内1社東証1部上場）。 本社スリム化プロジェクト，グループIT推進プロジェクト他。
43歳	日本VE協会ブレイクスルーVE講習会の主席講師（以降7年間で延べ600名余に教育）。
44歳	米国VE大会で発表・副団長（ニューオリンズ）。
44歳	日本の国家資格技術士（経営工学）取得（1993年5月1日）。
44歳	著書出版『ブレイクスルーリエンジニアリング』産能大学出版部（共著）。
45歳	日本VE協会第27回全国大会実行委員長を務める（1994年11月15〜17日）。会場の変更，プログラムサイズ変更などブレイクスルーを実施した。
45歳	日本VE協会参与（現在まで）。
46歳	日本バリューエンジニアリング協会よりVE普及功労賞を受賞。
47歳	米国VE大会に参加（シアトル）。
49歳	所属企業 調達本部勤務 兼 本社VE推進センター兼務。
50歳	日本大学大学院グローバルビジネス研究科非常勤講師（「戦略的研究開発マネジメント」「PPM」講義，その後10年間実施（延べ200名余に教育）。
51歳	日本VE協会東日本支部 支部長を務める（2001〜2002年度）。

付記　筆者のマイルズ師との出合い，そして VA との関わり　　*313*

53 歳	所属企業 情報通信制御事業本部勤務。
55 歳	所属企業 本社管理本部勤務。
58 歳	日本創造学会日本創造学会論文誌 Vol. 10，2006「有用な特許出願のできる技術者の創造性評価に関する研究」2006 年度の論文賞受賞。
58 歳	横浜国立大学後期博士課程修了。博士（技術経営）を取得。
58 歳	著書出版『VE ハンドブック』産能大学出版部（一部執筆）。
59 歳	東京工業大学産学連携推進本部勤務（中小製造企業の VA 活動支援）。
60 歳	金沢星稜大学教授（中小製造企業のイノベーション開発活動支援）。大学教員就任後 9 年間で 41 回講演（VA ／ VE，イノベーション，創造性開発，アクティブラーニング，技術経営）。
63 歳	日本経済大学大学院教授（中小製造企業のイノベーション活動支援）。
63 歳	著書出版『創造的変革の探求』中央経済社（共著）
63 歳	日本を元気にするプロジェクトの継続推進で VA アプローチを実践（国土交通省主催のインフラ国民会議の革新的技術フォーラム等）。
64 歳	日本創造学会理事長（3 年間）日本 VE 協会主催全国大会の後援など。
67 歳	著書出版『ファジーフロントエンド活動による技術革新創成』文眞堂。日本創造学会著作賞を受賞。
67 歳	著書出版『成功に導く中小製造企業のアジア戦略』文眞堂（共著）。
68 歳	日本 VE 協会 CVS 会研究会主査。アクティブラーニングへの VE 適用。
69 歳	著書出版『イノベーション創成の研究開発マネジメント』文眞堂。
69 歳	本書『イノベーション実現のための価値分析のすすめ』を脱稿し文眞堂へ渡す。新年号『令和』発表後の 2019 年 4 月 5 日。

おわりに

《本書執筆過程のこと》

　本書を書く動機は「はじめに」で書いた通りである。その意味からすると相当以前から本書を書く構想はあった。しかし本格的に執筆作業に入ったのは約3年前であった。まず，マイルズ夫人から頂いたマイルズ回想録を一読した後で，第Ⅲ部資料3の記載頁分を翻訳した。その後，マイルズ師の原著（第一版）の第1章と第2章が気になり翻訳した。本翻訳は10回以上読み直してはレビューした。その後，第二版の翻訳本で，第一版もすでに50年以上前に翻訳されていることを知り翻訳本を購入し読んでみたが筆者文章とニュアンスが違ったので逆にほっとした。訳者が違うと，だいぶ違いがあるものである。その後，さらにマイルズ師が書いた論文を三菱日立パワーシステムズの赤城さんからいただき，それも翻訳した。そうしたら欲が出て，マイルズ財団のビデオが無料公開されておりそれも翻訳した。この一連の翻訳作業は，私にとってマイルズ師との36年前から33年前の3年の間の出来事（直接話したことやいただいた手紙などの詳細な内容）が鮮明に蘇ったのである。その内容は研究ノートに新たに書き加え，本書文章の結章に掲載できたのである。

　110頁分の翻訳文章だけでは，何の価値もないと思い，10年前企業人から大学教員になり自分の研究ノート10cm幅のキングファイル165冊にVA絡みの内容や筆者が考え実行したことでVA書に掲載可能な内容はないかを再チェックした。その作業中，その内容がいつであったかわからない場合には，日本VE協会の常勤理事・事務局長の宮本さんにメールで問い合わせを行い，教えてもらうことができた。またほぼ内容がまとまり，出版の方向で進んできたところでマイルズ財団，米国VE協会の翻訳許諾を受けるために日本VE協会の上杉さんから許諾打診をお願いし，約1カ月後に承諾が得られ出版準備ができた次第である。

おわりに　315

《本の題名のこと》

　日本では，VE に関する図書が沢山出版されてきた。筆者の手元にも 10 数冊ある。一部は産能大自由が丘校舎の図書館で借りてきてコピーしファイリングしたものなどもある。本書のタイトルを『イノベーション実現のための価値分析のすすめ』としたのは，日本語で出版された図書で 1960 年代から 1970 年代に出版された図書題名は「価値分析」という言葉が入っていたことと近年「価値創造」とか「価値変革」などといった言葉がやたらと使われ，その本質を理解されていないのではないかと思うような使われ方をしているのを見聞したからである。本書はその回答になるレベルよりは低い水準ではあるが，1947 年にマイルズ師が価値分析（VA）を創始された時にはその概念がまだ世になかったわけで，その点でマイルズ師の偉業の一端を本書で書ければ，少しでも世の中に貢献できるかなあとの思いで本ネーミングとした。副題の『―創始者マイルズ師の思想を生かし越える―』は筆者も無論だが，本書を手に取り読まれた読者がそうなってほしいの願いを込めたつもりである。どんなことでも良いと思いますので，価値分析の考え方を活用し社会に役立ち，末永く貢献できることを実施しましょう。

《良き先生に恵まれた謝意を表したい》

　私は 29 歳で VA を初めて知り，ちょうど 40 年が経過した。32 歳の時に VA 部門の専任となり 3 カ月間必死になって VA に関する本を読んだ。当時私が所属していた会社が産能短期大学に VE-WSS を依頼していたこともあり，産能大学自由が丘校舎の図書館の入館証をいただき，図書館にある VA 関係図書はすべて読んだと思う。また管理者教育の講師として来られていた産能短期大学の玉井先生からは，VE-WSS 開催ごとに米国国防省や米国 VE 協会発刊の資料コピーを頂いた。その当時は実務が忙しくなかなか読めなかったのではあるが，頭の隅に玉井先生から「このページのここが重要だ」とか，「このところはどう思うか」などいろいろ個人指導を受けたことを思い出す。その時いただいた資料はもう手元にはないが，本書を書くためには大変参考になった。遠い記憶ではあるが，そのことが自身の身になっていたのかも知れない。玉井先生に感謝したい。

《VA の友人たちからのアドバイスが所属企業 VA 活動を充実発展させた》

　本書には記載はしていないが VA 関係の友人（相手はそう思ってはいないかも知れないが）は沢山いる。筆者が 30 歳前半，松下電器にいた神谷さん（VE のデーターベースシステムをこっそり見せてもらった），川崎重工にいた大西さん（明石工場のティアダウンルームをこっそり見せてもらった）には無名で VE を始めたばかりの若造である筆者にいろいろアドバイスをしてくださった。感謝である。神谷さんのお蔭で所属企業ではデータベース化はせず，単年度の成果記録のみ整理することにした。これにより労力削減と利用率の向上を実現できた。大西さんのお蔭で，所属企業では新規事業の立ち上げ後，数年して自社製品（半導体製造装置）のティアダウン活動を新工場建設中建屋で実施（通常の体育館の 6 倍以上のスペースで実施）し大きなコスト低減のアイディアを出せた。このほか，ミツバの女屋さんには都合 3 回新里工場を訪問（TPM 活動ノウハウ聞く）した。そのお蔭で全社利益実現活動の目標策定時に全社（生産・技術・販売・管理）で計画立案し，実施しフォローする活動を実践できた。

　その他，多くのバリューエンジニアの方々の個別のテーマごとの進言で所属企業の生産性向上，コスト削減活動が実現できた。感謝する次第である。

《日本 VE 協会の研究会活動や部会活動》

　日本 VE 協会ではいろいろな研究会に参加させていただいた。印象的な研究会は WBS 研究会で当時電通大におられた荻原先生から指導いただいたように記憶する。また筆者が主査をした VE 普及研修研究会では 2 期に渡り活動した。

　1 期目は 1990 年 5 月〜1991 年 9 月で新たにブレイクスルー VE の核となる考え方をまとめ，2 期目は 1991 年 11 月〜92 年 11 月で，ブレイクスルー VE の啓蒙マニュアルを作成し VE 資料としてまとめ，その後 7 年間東日本支部主催の VE 研修会として実施した。この研究会に参加された方々は合計で 23 名だった。その中で印象に残っている方は日産の子会社におられ，当研究会に参加された当時はすでに会社を退職されコンサルタント会社を経営されていた西本さんである。彼は研究会では余り発言されなかったが，自身が自動車の VAをされていた当時の活動の思いを胸に，酸素ボンベを付けた姿での参加であっ

おわりに　*317*

た。毎回終わりにご意見を求めると「楽しかった。このような活動を継続してください」と励ましてくれた。研究会終了後，数年後に他界されたとのことで奥様にお悔やみ状をお送りすると，返書があり，「研究会参加を毎回楽しみにし帰宅後にはその話題を話し楽しく語っていました。楽しい研究会であるように思えました。主人の晩年の楽しい思い出になったと思います。皆様方によろしくお伝えください」であった。筆者はすでに当時の西本さんと同年代となり，その当時の西本さんの気持ちに近い心境になっている。

《幅広い知恵を提供してくれた恩人》

　鹿島建設にいた上野さんとは業界が違ったのだが時々あってはお互いを励ましつつ研鑽を積んできた VA 同志である。知恵は下記のようなリラックス環境から生まれる。「VA は恋人探し」「CVS は国際バリュースペシャリスト」命名秘話を簡単に記述する。

　（1983 年秋）2 人で飲んでいる時 TQC のキャッチフレーズの「犯人捜し」に対比し，VE は「恋人探し」と命名した。

　（1985 年春）上野さんが 1983 年，筆者が 1984 年に CVS 資格（米国 VE 協会認定の VE 資格）を取得し，名刺に CVS と書くとコンビニエンスストアーだねと話し，両名は名刺に「CVS（国際 VE スペシャリスト）」と書こうと約束した。

　日立電線にいた関さんとは日本企画計画学会の関東支部でブレイクスルーをするにはどうすれば実現できるかを研究し，その後，日本 VE 協会の VE 普及研修研究会でブレイクスルー VE の核となる考え方をまとめる時，喧々諤々討議したことを思い出す，VA の神髄を理解し合える VA の良き先輩である。彼とは青年の船で中国に一緒にいったり，共著で本を出版したりした思い出がある。

　（1993 年 6 月 9 日）現皇太子徳仁親王（後 1 カ月足らずで天皇に即位される親王）と小和田雅子様のご成婚の義の後のパレードが行われている最中，東京都杉並区荻窪のオフィスを借り，その後，発刊された『ブレイクスルー・リエンジニアリング』の構想と章立て決めをし，世に問うわかりやすい図書出版に取り組んだ。

関さんからは，彼が趣味としている絵画をすることを薦められ，筆者はその後，ペン画をはじめ，1996年の米国VE大会参加時にはランチョンパーティー時に同じテーブルにいた方々の似顔絵を書いて渡した思い出がある。

その他沢山の方々がおられますが書き切れません。ご容赦ください。心から感謝申し上げます。

《本書を読まれた読者に一言》

ここまで読み続けていただき感謝します。

VAを初めて知った方々へ

・VAの能書き（本書の内容の効能を人に話すこと）はどうでも良いです。

・それよりも自らがやりたいと考えておられる事柄（会社のことにこだわりません。趣味でも，ボランティアでもなんでもOK）をどのようにしたらより楽しく，より充実し，より社会のためになるか，より社会に貢献できるかを考え実行してください。その時，参考にしてください。

VAをすでに学び知っている方々へ

・こんな内容VAではない。結構です。そう考える方は自分流を貫いてください。実は筆者もそのタイプでした。今回マイルズ師の書物他で「温故知新」しました。気にせず自己流を貫きましょう。

・VAの実践を是非してください。世の中はそう甘くありません。成果を出してその見返りでインカムがあるのです。実践成果が自身の勲章です。

VAを知り実践している方々へ

・筆者の所属していた企業は，VA専任を置きませんでした。したがって筆者は32歳の7月1日から同年9月30日までの3カ月間だけVA専任でした。それ以外はライン業務＋VA室（兼務）でした。ライン業務をしながらのVA活動はとてもきつかったのですがラインの気持ちが理解できました。したがってVAを手法と捉えず，VA思想と捉え，成果を上げることに邁進すべきです。

・自分の得意技を1つ持とう。そうすれば「VAを知っている。実践したこともある。そして彼（彼女）は○○の専門家だ」となれば鬼に金棒。

本書を出版するに当たり，日本 VE 協会の宮本彰夫氏・上杉聡子氏には協会行事内容の確認や米国 VE 協会・マイルズ財団の翻訳承認などにご支援いただきましたことをこの場をお借りしお礼申し上げます。出版社文眞堂の社長前野隆氏にはこれで 4 冊目の出版をお願いし了解していただきました。無名の学者の叫びを発刊いただけることに感謝します。

2019 年 4 月 3 日
自宅書斎にて

参考文献

英文（アルファベット順）

Aaker, D. A (1984), *Strategic Market Management*, John Wiley & Sons

Abernathy & Wane (1974), "Limits of the Learning Curve", *H.B.R*, Sep.-Oct.

Adams, J. L. (2012), *Good Produts, Bad Produts*, The McGraw Hill Companies, Inc.（石原薫訳『よい製品とは何か　スタンフォード大学伝説の「ものづくり」講義』ダイヤモンド社，2013 年）

Almond, B. & Wilson, B. (1988), *VALUES*, Humanities Press International, Inc.（玉井治・山本慶裕訳『価値―新しい文明学の模索に向けて』東海大学出版会，1994 年）

O'Brien, J. J. (1987), *Lawrence D. Miles Recollections*, MILES VALUE FOUNDATION

Bytheway, C. W. (1972), "Innovation to FAST" *S.A.V.E Proceedings*（玉井正寿訳「新しい FAST ダイヤグラム」『バリューエンジニアリング』No. 37，1973 年 10 月号）

Doyal, L. & Gough, I. (1991), *A Theory of Human Need*, NewYork Macmillan

Fleisher, C. S. & Bensoussa, B. E. (2002), *Strategic and Competetive Analysis*, Pearson Education, Inc.（菅澤喜男監訳／岡村亮・藤澤哲雄共訳『戦略と競争分析』コロナ社，2005 年）

Kline, S. J. (1985), "Innovation is not a linear process", *Research Management*, Vol. 28, No. 4, pp. 36-46

Kline, S. J. (1990), *Innovation Styles*, Stanford University（鴫原文七訳『イノベーション・スタイル』アグネ承風社，1992 年）

Miles, L. D. (1961), *Techniques of Value Analysis and Engineering*, McGRAW-HILL BOOK COMPANY, INC.（産業能率短期大学価値分析研究会訳『価値分析の進め方―生産コスト引き下げのために―』日刊工業新聞社，1962 年）

Miles, L. D. (1971), *Techniques of Value Analysis and Engineering*, Second Edition, McGRAW-HILL BOOK COMPANY, INC.（玉井正寿監訳『VA/VE システムと技法』日刊工業新聞社，1981 年）

Mudge, A. E. (1971), *VALUE ENGINEERING: A Systematic Approach*, McGraw Hill, Inc.（玉井正寿監修『実例による分析の手順　VE アプローチ』産業能率出版部，1974 年）

Nadler, G. & Hibino, S. (1990), *Breakthrough Thinking*, Prime Publishing & Communications（佐々木元訳『ブレイクスルー思考』ダイヤモンド社，1991 年）

Naumann, E. (1995), *Creating Customer Value: The Path to Competitive Advantage*, Cincinnati, OH: Thompson Exective Press

Prahalad, C. K. and Ramaswamy, Venkat (2004), *The Future of Competition: Co-creating Unique Value with Customens*, Harvard Business Shool Press（有賀裕子訳『コ・イノベーション経営—価値共創の未来に向けて—』東洋経済新報社，2013 年）

Sakurai, K. (2013), "Why Would the Excessive Quality Happen in Japan", ICPM2013 Eastern International University, Vietnam, September

Snodgrass, T. J. (1972), "Customer Oriented FAST Diagramming", *S.A.V.E. Proceedings*（玉井正寿訳「顧客本位 FAST ダイヤグラム」『バリューエンジニアリング』No. 38, 1973 年 12 月号）

Walsh, C.M. (1926), *The Four Kinds of Economic Value*, Harvard University Press

Wojcihowski, F. (1978), "The Various Types and Uses of the Fast Diagram" *S.A.V.E Proceeding*（中神芳夫訳「FAST ダイヤグラムの種類とその活用方法」『バリューエンジニアリング』No. 69, 1979 年 5 月号）

和文（アイウエオ順）

井熊均『性能限界　モノづくり日本に立ちはだかるもう一つの壁』日本工業新聞社，2012年

伊丹敬之・加護野忠男『ゼミナール経営学入門』日本経済新聞社，1993 年

小川進『ユーザーイノベーション』東洋経済新報社，2013 年

戒野敏浩「宗教的価値観と企業経営（1）」『青山経営論集』No.45, 第 1 号 2010 年 a

戒野敏浩「宗教的価値観と企業経営（2）」『青山経営論集』No.45, 第 2 号 2010 年 b

戒野敏浩「宗教的価値観と企業経営（3）」『青山経営論集』No.45, 第 3 号 2010 年 c

河野五郎『使用価値と商品学』大月書店，1984 年

小阪裕司『価値創造の思考法』東洋経済新報社，2012 年

櫻井敬三「サンドイッチ形機能系図技法」『第 15 回 VE 全国大会 VE 研究論文集』日本バリューエンジニアリング協会，1982 年，pp. 3-14

櫻井敬三「研究開発段階における創造活動の効率化とビジュアル化—アイディア展開図によるアイディア発想法—」『第 38 回全日本能率連盟表彰論文集』1987 年

櫻井敬三「手段・原理連想法」『日本創造学会第 11 回研究大会論文集』1989 年

櫻井敬三「日本の製造業の過剰な顧客優先主義の根源的要因は何か」『第 28 回年次学術大会講演要約集』研究・技術計画学会，2013 年 a

櫻井敬三「ものづくりの本質を見失った日本メーカーの再興の可能性」経営行動研究学会，第 23 回全国大会，2013 年 b

櫻井敬三『ファジーフロントエンド活動による技術革新創成』文眞堂，2017 年 a

櫻井敬三・渡邊惠「創造性テストの心電計による自律神経計測評価」『日本創造学会論文誌』Vol. 20，日本創造学会，2017年b

櫻井敬三「特別寄稿～300号に寄せて　価値分析とは新たな効用を生み出すこと」『Value Engineering誌』No. 300-2号，2018年

櫻井敬三『イノベーション創成の研究開発マネジメント』文眞堂，2019年

蘇哲・櫻井敬三・于金「乗用車の機能的価値と意味的価値の購買時の日中比較研究」『第30回年次学術大会講演要旨集』研究・技術計画学会，2015年

蘇哲「乗用車の機能的価値と意味的価値の日中比較研究」日本経済大学大学院経営学研究科，2016年

高橋誠編著『新編 創造力事典』日科技連出版社，2002年

玉井正寿監修『VE活動の手引』日本バリューエンジニアリング協会，1971年

玉井正寿・土屋裕・中野文人・中神芳夫・森岡一成『価値分析』現代経営工学全書8，森北出版，1978年

中央教育審議会『新たな未来を築くための大学教育の質的変換に向けて～生涯学び続け，主体的に考える力を育成する大学へ～』2012年8月答申書

土屋裕総監修『VE用語の手引き』日本バリューエンジニアリング協会，1992年

土屋裕監修『新・VEの基本』産業能率大学出版部，1998年

手島直明『VE用語の研究会報告書―用語の選定と分類体系―』日本バリューエンジニアリング協会，1981年

延岡健太郎「価値づくりの技術経営―意味的価値の創造とマネジメント―」一橋大学機関リポジトリ HERMES-IR 2008-10，2008年

延岡健太郎「価値づくりの技術経営：意味的価値の重要性」『一橋ビジネスレビュー』2010SPR，2010年

日比野省三・櫻井敬三・関昭二『ブレイクスルー・エンジニアリング』産能大学出版部，1994年

松岡由幸『モノづくり×モノづかいのデザインサイエンス』近代科学社，2017年

村上哲大『仕事の価値を劇的に高める 目的発想法』ごま書房，2003年

村山卓郎「ブレイクスルー思考を導入したVE活動―荏原製作所の事例を中心として―」『企業会計』Vol. 47，No. 4，April，中央経済社，1995年

インターネット

ER Synonym Dictionary Online（http://synonym.englishresearch.jp/details/worth.html，2019年3月8日検索）

ITmedia エンタープライズ FAST ダイヤグラム（https://www.itmedia.co.jp/im/articles/1003/23/news093.html，2019年2月27日検索）

株式会社ファンクショナル・アプローチ研究所オフィシャルブログ（https://www.fa-ken. jp/blog/todays-function/what-is-fast/，2019 年 2 月 27 日検索）

索　引

序章，第Ⅰ部，第Ⅱ部，結章索引

【数字・アルファベット】

1st Look VE　3

2nd Look VE　4

4つの視点（信頼性・便利さ・満足度・魅力度）　56

100円ショップの功罪　116

ABC（アクティブ ベースド コスティング）　65

Blast, Create, Refine（破壊し，創造し，洗練化せよ）　64, 94, 104, 108, 109, 174, 185, 194

Discount and cheap（割引き・格安）　30

FAST ダイヤグラム　54

──（スノードグラス）　56

──（バイザウェイ）　54

──（ラグルズ）　55

GE（ジェネラル・エレクトリック）社　2

GM（ジェネラル・モーターズ）社　18

Perfect Value（充分な価値）　31

VA（Value Analysis）　1, 2, 5

──の活動のキーワード　62

──ワークショップ活動　9

──を創始　84

VE（Value Engineering）　1, 3

──奨励条項　6

──定義　6

──定義式　6, 7, 81

──ハンドブック　6

V（価値）= F（値打）／C（コスト）　87

VM（Value Methodology）　7

Value（相対価値）　87

── Up（価値の向上）　30

── = Worth（絶対価値）／Cost（コスト）　88

Why–How の論理　54

Worth（絶対価値）　87

y = f（x）　70

【ア行】

アイディア具体化系統図　60

アクティブラーニング　121

アスベスト事件　5

アート（美術）　114

新たな機能の付加　56

生き残り戦略　93

意匠デザインの出現　110

イスラム教　157

いつ（When）　56

一神教　154

イノベーションの連鎖モデル　34

意味的価値　21, 89, 113

──分析　21

イングルハート－ヴェルツェル図　99

腕時計の価値は何か　192

お客様は神様　161

同じ基準で比較　69

オリジナリティー　135

──の評価　135

【カ行】

解決目的の決定　31

解決目的の評価尺度把握　31

改善活動前後での総費用　66

外注で一括生産　68

概念化行動　60

開発 VE　6

──活動　3

開発期間の3分の1の短縮　189

価格　13, 14

索　引　*325*

——競争　93
——の安さ　21
——破壊　116
——は妥協しない姿勢　69
科学的価値　137
課題解決案を実施する　43
価値　13, 14, 87, 192
　　——＝機能／コスト　8, 81
　　——＝機能／資源　7, 81
価値概念　88
　　——の多元化　90
価値観の創出　31
価値教育　121
価値研究　92
価値工学　3, 193
価値向上　8, 11, 13, 16, 30
　　——の創意工夫　76
価値志向　187
　　——の戦略　17
価値指数＝機能／コスト　7, 81
価値創成のメカニズム　137
価値判断の事例　30
価値判断の正当性　65
価値判断をする基準　65
価値評価のための価格比較　66
価値分析　1, 3, 5, 7, 8, 16, 85, 192
　　——の命名　90, 192
感情の果たす役割　128
感情を制御する　128
願望の把握　31
管理会計　66
管理間接費の直接的指標　75
機会費用　69
企業経営の要の石　62
技術への翻訳　62
期待顧客価値　25
貴重価値　1, 5, 14, 15, 18, 28, 84, 89, 93, 110,
　　113
　　——の実現　18
気づきシート　125
機能　5, 6, 13, 14, 28, 37, 49, 53, 87, 192
　　——（目的，働き）　62
　　——確認　28, 36, 63, 81, 85, 188
　　——系統図　58

——重視　5, 190
——でチェック　42
——に全部変換　58
——の相互関係　55
——表現　50, 53
——分析　3, 7, 8
——分野別に機能分析　58
——を基に顧客価値を判断する　42
——を理解　51
機能的価値　4, 7, 21, 89, 113
　　——＝性能／コスト　81
基本機能系列　55, 58
義務の道徳　164
逆展開法　21
ギャラップ調査　159
強制連想法のキーワード　51
競争的価値分析　25
キリスト教　157
金銭的価値　36
具現化行動　60
グランドデザイン　148
クリティカルパス機能系列　55
グローバリゼーション　101, 153
経営者目線　69
経済価値　84
経済的価値　13, 98, 110
　　——の4種類　13
計算機付の腕時計　178
刑法　163
結果にコミットする　91
研究開発期　92
限定的価値　84
交換価値　15, 89
行動を決定する　98
購入後評価　26
購入し長期使用後評価　26
購入前評価　26
効用・感動（要望・要求）　62
顧客価値　30
　　——分析　27
顧客が求める性能　187
顧客の目的から顧客価値を判断する　36
個々人が信奉する　98
個人的価値　98

326 索　引

コスト（Cost）　4
　　——削減の創意工夫　77
　　——低減研究　92
異なる価値であっても容認する　98
個別機能　55

【サ行】

最高のアイディア　187
最高の価値　187
最高の情報　187
最低限のコスト　187
財務会計　66
サービス属性利益　25
差別化機能　58
三権（立法，行政，司法）　164
市場調査　21
実績的価値基準値　113
実績的価値標準　113
実体的価値　163
自動運転車の開発　168
自動運転の安全基準に関する法律　167
渋谷のハローウィンのごみの総量と内容物把握
　　調査　124
渋谷ハロウィンのごみの回収ボランティア
　　124
司法的価値　13, 99, 163
社会的価値　13, 98, 129, 139
社会での自らの行動　129
宗教的価値　13, 98, 153
宗教統計総数　157
宗教の信仰人口数　156
集団的価値　98
自由な選挙　150
手段価値　163
熟考　188
守破離　185
主目的の価値観創出　31
主目的の列挙　31
主目的のレベル把握　31
上位の機能　59
生涯 V ＝ F ／ C 式を認めなかった　83
使用価値　1, 7, 14, 15, 18, 28, 84, 89, 93, 110,
　　113
　　——が実現　18

　　——誕生　110
状況のまとめ結論　189
上下関係のパートナー　162
常時発生する機能　55
情緒的価値　89
情動反応が作用　129
消費財の直接的指標　72
消費者側の価値認識　93
商品価値　21
情報　188
　　——収集力　64
所有　18
　　——するシステム　20
信念をぶつける　134
真の顧客の価値評価基準　79
信頼性の向上　189
好き嫌いといった感情　128
ズッカーマン調査　159
スペーサースタッドは筆者の宝物　176
成果物（製品・サービス）　62
成果を出す人間を教育　193
正義　163
生産財の直接的指標　73
政治的価値　13, 98, 149
成熟期　92
青少年のインターネット利用環境実態調査
　　139
製造 VE　4
製造原価　66
製造コストの半減　189
成長期　92
性能（Performance）　4
　　——研究　92
　　——志向の戦略　17
製品 VE　4
製品属性利益　25
製品の裏返しが機能　58
製品の機能　128
制約条件　55
世界価値観調査　99
設計着想機能系統図　60
全体価値　21
全体の価値　84
創唱宗教　154

索　引　*327*

創造的手法　1, 3, 84
創造力　64

【タ行】

大学生の生活実態調査　142
代替策開発　28, 36, 63, 82, 188
単純な機能　51
知覚犠牲　25
知覚利益　25
知識の塊　8
駐車監視員資格者　164
駐車監視員制度　164
直接原価　66
直接的指標　70
低価格製品　113
デカルト思考　137
電通総研調査　159
統合思考　137
同等のパートナー　162
道徳観　127
道徳的価値　13, 98, 127
　　──の形成　130
特別な値段　69
どのようにして（How）　55
取引コスト　25

【ナ行】

なぜ（Why）　54
日本 VE 協会　6, 39, 81, 82
　　──の VE 定義　8
人間の根源的欲求　129
ネックを除く解決策を作成　43
ネックを見つける　43
熱望の道徳　164

【ハ行】

売価引き下げの戦略　17
働き　5, 37, 53
抜本的コスト低減　40
販売価格　66
販売原価　66
比較による機能評価　28, 36, 63, 81, 188
ビジネスにアートのセンス　114
非譲渡性　98

非置換性　98
必要は発明の母である　190
美的価値　13, 98, 132
非分割性　98
評価尺度によってアイディアの選択と具現化
　　31
費用価値　15, 89
ヒンドゥー教　157
フォード社　18
付加価値製品　113
不可知論者　159
複数機能　55
仏教　157
不必要なコスト　17
　　──の特定化　1, 84
普遍的価値基準　129
不要コスト　187
　　──を排除する　66
ブレイクスルー（現状打破）　114
プログラムの計画　188
プログラムの実施　189
文学的価値　137
分析　188
　　──判断力　64
米国 VE 協会　6, 81, 82
　　──の VE 定義　7
米国国防省　3, 6, 81
　　──の VE 定義　7
　　──の研究開発　189
米国バリューエンジニア協会　3
米国連邦政府　6
補助機能　55
ボトルネック解消策結果　43, 48

【マ行】

マイナス機能　55
マイルズ財団　5
マイルズ師が VA で初めて成果を上げた事例
　　191
マイルズ師が創始した VA の定義　8
マイルズ師が肉声で言われた言葉　194
マイルズ師からの最初の手紙　173
マイルズ師作成ワークショップ活動の指導書
　　175

328　索　引

マイルズ師との出会い　171
マイルズ師の 13 のテクニック　64
マイルズ師の行ったワークショップ　192
マイルズ師の経歴　196
マイルズ師の講演の骨子　183
マイルズ師の好物　196
マイルズ師のジョブプラン　195
マイルズ師の付けていた腕時計　179
マイルズ師の肉声　86
マイルズ師の発刊図書　85
マイルズ師の遺言　193
マイルズ師は温厚な性格　191
マイルズの愛弟子　172
マルクスの主張　93
民法　163
無神論者　159
名詞＋動詞　49, 51
メーカーへの期待値　21
目的　53
　　――手段関係　54
　　――手段の論理　58
　　――展開　31
　　――の確認　188

【ヤ行】

有用性（機能）　14, 38
有用な機能　52
良いアイディア　40

【ラ行】

ライフサイクルコスト　25
リスクコスト　25
利用　18
　　――するシステム　20
輪廻転生　155
労働者への搾取　120
ローカライゼーション　101

【ワ行】

ワークシート　125
割引き・格安　16

第Ⅲ部索引

【数字・アルファベット】

5 つの質問　219
1985 年 10 月 23 日，勲三等瑞宝章を授与しま
　　した　305
GE 価値分析は世界的な問題解決システム
　　301
GE 社購買副社長の支援　291

【ア行】

あらゆるものの機能を分析すること　307
一般的な摩擦　211
エンジニアにとって最も役立つ方法　294
教えなければなりません　300

【カ行】

開発期間の 3 分の 1 の短縮　233
価値　202, 259
　　――エンジニア　251
　　――エンジニアリング　242, 261
　　――エンジニアリングワークショップ　252
　　――工学　233
　　――コントロール　263
　　――の概念　204
　　――の重要性　204
　　――方法論は人を育てる方法　302
　　――を高めるための考察　208
価値志向の取り組み　206, 207
　　――が市場を拡大する　207
　　――の時期　213
　　――の測定不能　210
価値分析（Value Analysis）　201, 243, 250
　　――エンジニア　234
　　――研修セミナー　252
　　――サービス部　261
　　――者に必要な技術は，リーダーシップ，文
　　章力，話術，広い心　308
　　――者に必要な性格は，忍耐力，如才なさ，
　　粘り強さ，理解力，想像力，感受性　308
　　――者の職は過酷　308
　　――では，創造的に模索する前に，機能を明
　　確にします　307

索　引　*329*

——という名前をつける　294
——と価値工学の技法　201
——によって業績をあげる　299
——の基本的ステップ　214
——の作業計画　223
——の手法　219
——の父　241
——の方法は実現できるよう助けます　302
——を社外に広める　296
——を，注文を取るためのサービスとして使
　　いたい　297
技術的価値　242
貴重価値　202, 211, 212
機能　249, 259
——確認　214
——重視　247
——的アプローチ　215
——的手法　247
——は同じだった　293
——分析でもない　294
——を購入する　293
——を提供する　246
客観的データ　220
金銭な価値　212, 217
経費削減ではない　294
結果を出すという事が何より大切　299
結果を出す人間がいること　295
研究開発エンジニア　238
研究開発段階　204
研究開発における価値工学　233
原子爆弾の研究開発のため　247
交換価値　203
購買部コスト削減課　248
高品質なものは高コストであるという神話から
　　私達を解き放ってくれた　308
誤解　211
コストと機能の最適化システム　291
コストはどれだけか　219
国家功労賞　261
コフィン賞　252
コミュニケーションの不足　211

【サ行】

最高のアイディア　209

最高の価値　209
最高の情報　209
最大価値　203, 217
最低コスト　203
探し，交渉し，入手する　246
資源や能力の割り当て　205
自分で使わなければなりません　300
熟考　225
主要機能　214
使用価値　202, 211, 212
状況のまとめと結論　227
使用者のニーズを全て満たす　307
少年時代　244
情報　225
ジョブ・プラン　307
真の価値　242
真のニーズに応えるプランを提供　295
信頼性の向上　233
優れた価値を獲得　221
優れた価値を達成　222
すべてのものにコストがかかりすぎている
　　292
すべて利用できるコスト　220
成熟段階　205
製造コストを半減　233
成長段階　204
性能志向の取り組み　206, 207
性能と価値の最適なコンビネーション　209
製品の機能　211
設計の意図する機能　218
ゼネラル・エレクトリック時代　245
総合的な金銭的価値　217
その製品は何をするためのものか　292
その製品は何をするものか　219

【夕行】

大学時代　244
対象物は何か　219
代替策開発　214
代替策として何を行うか　219
代替策のコストはどれだけか　219
他の人達に教えさせねばなりません　300
通常の価値　203
適切な性能　209

330 索　引

徹底的な万能選手　235
同等の性能　201

【ナ行】

何が重要かということを整理できる　303
二次的機能　214
人間的価値　242
年間最高価値分析家トップ10　257

【ハ行】

破壊し，（Blast）創造し，（Create）洗練せよ。
　　（Refine）　238
バリューエンジニアリング　233
比較による価値　212
比較による機能評価　214, 216
費用価値　202
費用分析でもない　294
部品ではなく機能を買う　288
不要なコスト　204
　　──が削減　207
プログラムの計画　226
プログラムの実施　226
分析　226
米国価値エンジニア協会　241, 262
他の人達に教えさせねばなりません　300

【マ行】

皆さんが学ばねばなりません　300
魅力的な価値　209

無限にある技術的情報を利用　214
目的の確認　225
目的は，機能は，働きは，費用はどうなのかな
　　どをはっきりさせる　303
物の考え方に関する有効な技術　292
問題解決を試みる前に問題について考える
　　308

【ヤ行】

より低いコスト　201

【ラ行】

ライフサイクルコストの最適化　307
ラリーが常に前向き　283
ラリーから励ましの手紙をもらった　273
ラリーならどうするだろう　273
ラリーに出会う　241
ラリーの3つの資質　274
ラリーの肯定的な見方　283
ラリーの励まし　272
ラリーは，善良で慎み深い人間　272
ラリーは熱心な研究家　278
ラリーは，非常に腰の低い人　275
ラリーは，人々が認められるようにした　273
ラリーを思い出す　241
ラリーを知る　241
ラリーを父親のように思っていた　284
ローレンス・D・マイルズ回想録　239

著者紹介

櫻井 敬三（さくらい・けいぞう）

日本経済大学大学院経営学研究科特任教授

1949 年 東京都生まれ。
1984 年 Certifid Value Specialist 取得。
1993 年 技術士（経営工学）取得。
2007 年 横浜国立大学後期博士課程修了，博士号取得（技術経営）。
2008 年度までは民間企業勤務。その後，東京工業大学，金沢星稜大学，日本経済大学，2018 年より現職。
2014〜2016 年第 12 代日本創造学会理事長。
主な著作に単著にて『イノベーション創成の研究開発マネジメント』（文眞堂），『ファジーフロントエンド活動による技術革新創成』（文眞堂），共著にて『成功に導く中小製造企業のアジア戦略』（文眞堂），『創造的変革の探求』（中央経済社），"China: A bird's-eye view"（Intelligence Publishing），『ブレイクスルーリエンジニアリング』（産能大学出版部），『アイデア収束と具体化技法』（工学研究社）など。発表論文多数。
日本バリューエンジニアリング協会最優秀論文賞（1982 年），全日本能率連盟通商産業大臣賞（1987 年），日本創造学会論文賞（2007 年），日本創造学会著作賞（2019 年）など受賞。

イノベーション実現のための
価値分析のすすめ
──創始者マイルズ師の思想を生かし越える──

2019 年 8 月 31 日　第 1 版第 1 刷発行	検印省略

著　者　櫻　井　敬　三

発行者　前　野　　隆

発行所　株式会社　文　眞　堂
東京都新宿区早稲田鶴巻町 533
電　話 03（3202）8480
ＦＡＸ 03（3203）2638
http://www.bunshin-do.co.jp/
〒162-0041 振替00120-2-96437

印刷／製本・モリモト印刷
©2019
定価はカバー裏に表示してあります
ISBN978-4-8309-5045-2　C3034